교과서가 쉬워지는
이야기 한국사
고대-고려

교과서가 쉬워지는

이야기
한국사

강태형 지음

현직 초등교사가
풀어쓴
모든 세대를 위한
역사 상식

고대-고려

유아이북스

1. 본문에 나오는 인명, 지명 등은 원래 발음대로 적었고, 중국의 인명, 지명은 우리나라 한 자 발음을 사용했습니다.
2. 왕의 재위년도는 즉위년부터 세었습니다.

들어가는 글

역사는 참으로 재미있는 학문입니다. 역사가 재미없다는 사람들은 아마도 역사책을 읽은 것이 아니라 역사 요약본을 읽었기 때문일 것입니다. 소설 대신 소설 요약본을 읽는다면 제대로 소설을 감상한 것도 아닐뿐더러 당연히 재미도 없습니다. 시간이 걸리더라도 차분히 역사책이나 소설을 읽어야 합니다. 그러면 점점 흥미진진해지고 나중에는 밤을 새워 가면서 읽게 됩니다.

하지만 불행히도 중학 교과서의 역사는 요약본에 불과합니다. 게다가 이해도 되지 않는 어려운 역사 용어를 잔뜩 써놓고는 외우라고 강요하니 재미가 있을 턱이 없습니다.

이 책에서는 어려운 역사 용어를 모조리 쉬운 말로 풀었기 때문에 쉽게 읽을 수 있습니다. 여전히 어려운 부분이 있다면 필자의 전작인 《사회교과 문해력을 높이는 개념어 교실》을 참고하시기를 바랍니다.

그리고 중학교 교과서에 나오는 역사적 사건을 원인부터 결과까지 이야기로 만들었습니다. 읽다 보면 역사가 얼마나 흥미진진한지를 느낄 수 있을 것입니다. 이 책은 역사만 다루며 야사나 혹은 정사에 실렸더라도 거짓인 이야기는 모두 뺐습니다. 글을 읽다가 자신이 알고 있는 얘기가 나오지 않으면 반드시 역사인지 야사인지 검증해 보시기 바랍니다.

영국의 역사학자 에드워드 카는 자신의 저서 《역사란 무엇인가?》에서 '역사란 역사가와 그의 사실들 사이의 지속적인 상호작용의 과정이며, 현재와 과거 사이의 끊임없는 대화이다'라고 했습니다. 이 책을 통해 옛사람들과 대화를 나누어 보시기 바랍니다.

목차

8장 가야의 멸망과 살수대첩

세계사 이야기

9장 치열한 전투의 시대

세계사 이야기

10장 발해라는 국가

세계사 이야기

11장 왕권을 위한 싸움

세계사 이야기

12장 후삼국의 끝과 고려의 등장

세계사 이야기

13장 거란의 침입이 시작되다

세계사 이야기

1장

태초에
인류가
시작되다

세계사 **이야기**

우리 역사		세계사
	기원전 300만 년	구석기 시대 시작
구석기 시대 시작	기원전 70만 년	
	기원전 1만 5천년	신석기 시대 시작
	기원전 9600년	최초의 도시 괴베클리 테페 건설
신석기 시대 시작	기원전 8000년	
	기원전 7000년	보리 재배
	기원전 5000년	벼 재배
	기원전 3500년	청동기 시대 시작
단군 조선 건국	기원전 2333년(?)	
	기원전 1600년	철기 시대 시작
청동기 시대 시작	기원전 1500년	
	기원전 1046년	중국 춘추 시대 시작

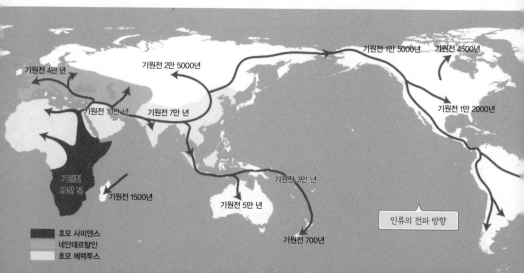

인류의 전파 방향

인류의 시작 기원전 400만 년

유인원들은 자신에게 필요한 칼로리를 얻기 위해 하루 종일 나무 사이를 오가면 열매를 따 먹습니다. 열매의 칼로리가 그리 높지 않기 때문입니다.

어느 날 나무에서 내려온 유인원이, 우연히 부서져서 끝이 날카로운 돌멩이를 발견합니다. 유인원은 이 돌멩이를 사용하여 죽은 동물의 살을 찢고 뼈를 부수어 먹을 수 있게 되었습니다. 고기의 맛을 본 유인원들은 돌멩이를 일부러 부딪혀 조각을 낸 다음 조각난 돌멩이를 사용합니다. 나중에는 더 정교한 석기를 만들게 되면서 강한 이빨과 날카로운 발톱이 없는 유인원들도 동물을 사냥할 수 있게 됩니다.

고기는 열매보다 훨씬 칼로리가 높습니다. 즉 고기를 얻을 수 있게 되면서 자유시간이 생깁니다. 이 자유시간을 이용해 춤도 추고, 노래도 부르고, 그림도 그립니다. 이렇게 문화가 탄생하고 유인원에서 인류로 변신합니다.

인류의 진화

역사학에서는 도구를 가공하여 사용하는 것을 인간과 동물을 구별하는 기준으로 삼습니다. 침팬지는 나뭇가지를 이용해서 흰개미를 낚시하고, 수달은 배 위에 조개를 올리고 돌로 깨서 먹지만, 나뭇가지나 돌을 가공하지 않고 자연 그대로인 것을 사용했기 때문에 문명을 가진 동물이 아닙니다. 그렇다면 과연 인류라고 부를 수 있는 종이 출현한 것은 언제일까요?

1974년 11월 24일, 동아프리카 에티오피아 북동부 하다르의 아프리카 삼각주 지대에 있는 한 계곡 부근에서 미국의 조사단에 의해 약 400만 ~300만 년 전에 살았을 것으로 추정되는 유인원의 화석이 발견되었습니다. 조사단 일원 중 한 명이 자신이 즐겨 듣던 비틀스의 곡인 〈루시 인 더 스카이 위드 다이아몬즈 Lucy in the Sky with Diamonds〉에서 따서 이 유인원에게 루시라는 이름을 붙였습니다.

연구 결과 루시는 직립 보행을 하였고, 그 결과 두 손이 자유로워져 도구를 사용했을 가능성이 있다는 것이 밝혀졌습니다. 이 유인원 종류를 남쪽 원숭이라는 의미로 오스트랄로피테쿠스라고 하며 인류의 시작으로 봅니다.

읽을거리

막스 플랑크 연구소의 과학자들은 태국 팡응아 국립 공원에 서식하는 긴꼬리 마카크 원숭이(게잡이 원숭이)가 석기를 제조한다는 사실을 발견했습니다. 이들은 석기를 이용해 단단한 견과류 껍데기를 깨서 먹는다고 합니다.

300만 년 후 인류가 멸종하고 긴꼬리 마카크 원숭이들이 문명을 만들 수도 있겠습니다.

마카크 원숭이와 그들이 만든 석기

선사시대　기원전 400만 년

선사시대先史時代란 역사 이전의 시대를 말합니다.

역사란 문자로 기록된 것입니다. 입에서 입으로 전해지는 것은 신화나 전설이 됩니다. 그렇다면 역사책에서 선사시대를 배우는 이유는 무엇 때문일까요? 인간의 역사가 어느 날 갑자기 '짠'하고 나타나는 것이 아니기 때문입니다.

역사를 배우는 이유를 한마디로 표현하자면 온고지신溫故知新이라고 할 수 있습니다. 옛것을 익혀서 새로운 것을 알기 위한 것입니다. 문자가 없던 시절에도 인간들은 생활하며 문화를 만들었습니다. 선사 시대를 알아야 역사 시대를 이해할 수 있고, 과거의 역사를 알아야 미래를 예측할 수 있습니다.

선사시대는 인간이 유인원에서 분류된 때부터 문자로 역사를 기록하기 시작한 때까지입니다. 그렇다면 인류의 조상으로 추정되는 오스트랄로피테쿠스가 출현한 기원전 400만 년~기원전 200만 년 사이에 선사시대가 시작되어, 기원전 3000년경 메소포타미아 문명에서 최초로 쐐기문자로 기록을 남겼을 때까지가 선사시대입니다.

하지만 인류가 살았던 시기의 99퍼센트나 되는 선사시대의 생활은 역사책에서 아주 짧게 다루고 넘어갑니다. 그럴 수밖에 없습니다. 글자로 기록된 것이 없다 보니 오직 유적, 유물 등을 통해서만 당시의 생활상을 알 수 있기 때문입니다.

대략 선사시대는 도구를 기준으로 삼아 구석기, 신석기 시대로 나눕니다. 문자는 청동기 시대에 발명되어 다른 지역으로 전파되었습니다. 때문에 역사시대는 지역에 따라 청동기 시대, 혹은 철기 시대에 시작됩니다. 한반도에 사람이 살기 시작한 것은 약 70만 년 전인 구석기 시대입니다. 구석기 시대에는 추운 빙기와 따뜻한 간빙기가 여러 차례 번갈아 나타났습니다.

빙기에 관해 설명하려면 먼저 빙하기에 관해 설명해야겠네요.

빙하기氷河期, ice age는 남북 양극과 대륙, 산 위의 얼음이 존재하는 시기를 의미합니다. 따라서 지금도 빙하기입니다. 빙하기를 좀 더 세분하면

추운 시기는 빙기glacial, 비교적 따뜻한 시기는 간빙기interglacial로 나눌 수 있습니다. 빙기에 지금의 한반도 지역에는 사람들이 이미 들어와 살았고 일부는 지금은 해협이지만 당시에는 얼음으로 연결되어 있던 베링육교를 건너 아메리카대륙으로 이동하였습니다.

빙기가 끝난 후, 해수면이 높아져 해안선이 변화되면서 지금의 한반도의 모습이 나타납니다. 그리고 한반도라는 같은 지역에서 비슷한 문화를 가지게 되면서 한민족韓民族이 형성됩니다.

우리 민족은 황색 피부, 검은색 머리 등의 신체적인 특징을 지녔으며, 언어는 알타이어족에 속합니다. 우리 민족을 몽골족에 속한다고 하지만, 몽골은 알타이어족 언어를 사용하는 여러 민족 중 하나일 뿐입니다. 차라리 알타이어족에서는 지배자를 공통적으로 칸(돌궐의 이리가한, 몽골의 칭기즈칸, 신라의 박혁거서간)이라고 했으니 칸족이라고 하면 어떨까 합니다.

흔히 민족이 있고 문화가 생긴다고 오해하지만, 실제로는 문화가 있고 민족이 형성됩니다.

일찍부터 만주 지역과 한반도를 중심으로 넓게 자리 잡고 자신들의 문화를 가졌던 사람들이 신석기 시대와 청동기 시대를 거치면서 정복 혹은 교류를 통해 같은 문화를 가지게 되면서 한겨레가 되었습니다.

지구상에 인간종(Homo)은 현생인류(호모 사피엔스, Homo sapiens)만 있는 것이 아닙니다. 10만 년 전까지 호모 에렉투스(Homo erectus)라는 인간종이 있었습니다. 호모 에렉투스는 오스트랄로피테쿠스의 후손이지만, 현생인류의 조상은 아닙니다. 호모 에렉투스는 대략 150만 년 전 처음으로 불을 사용했다고 알려졌고 어쩌면 현생인류는 호모 에렉투스에게 불의 사용법을 배웠는지도 모르겠습니다.

그리고 약 4만 년 전까지 유라시아에는 네안데르탈인이 살았습니다. 현생인류보다 월등한 신체능력과 비슷한 지능을 가진 네안데르탈인은 돌과 뼈, 나무 등을 이용해서 창이나 손도끼 등 다양한 종류의 도구를 만들었고, 불을 사용했으며, 문화도 가지고 있었습니다.

사냥능력도 월등히 뛰어나 아프리카코끼리보다 두 배 이상 거대한 팔라이올록소돈속 코끼리를 사냥했고, 현생인류의 주거지를 공격해 현생인류를 밀어내고 자신들이 차지했다는 연구 결과도 있습니다. 그런데도 호모 에렉투스나 네안데르탈인은 역사를 만들어내지 못하고 사라졌습니다. 이유가 무엇일까요?

여러 가지 가설들이 나오지만 정확하게 알려진 것은 없습니다.

그런데 호모 에렉투스의 유전자는 사라졌지만, 인간과 가까운 종이었던 네안데르탈인들 중 일부는 현생인류와 사랑을 나누었고, 그 결과 인간의 유전자에 네안데르탈인의 유전자가 조금 섞였다는 설도 있습니다. 이런 주장에 따르면 우리의 비만, 당뇨, 탈모는 네안데르탈인의 유전자 때문에 생기는 것입니다. 하지만 사하라 이남 흑인들은 네안데르탈인과 혼혈이 없으므로 대머리가 없다고 합니다.

네안데르탈인

네안데르탈인이 만든 석기

네안데르탈인이 만든 피리

구석기 시대 기원전 300만 년경/한반도 기원전 70만 년경

석기시대石器時代, Stone Age는 인류가 돌을 주요한 도구로 사용한 시대를 말합니다. 최초에는 돌을 깨서 만든 뗀석기 이용했고, 몇백만 년 후에는 돌을 갈아서 만든 간석기를 이용했습니다. 뗀석기를 이용하던 시기는 구석기 시대舊石器時代, Paleolithic Period라고 하고, 260만 년~300만 년 전부터 시작되어, 9000년~1만 5000년 전까지의 시기입니다.

구석기 초기의 뗀석기는 돌끼리 부딪혀서 부서진 것을 썼습니다. 그 때문에 전문가가 아니면 자연적으로 파손된 돌멩이인지 석기인지 구별할 수도 없습니다. 하지만 시간이 흐르면서 지능이 높아지고 손기술이 교묘해지면서 아주 정교한 뗀석기를 만들게 됩니다. 주먹도끼는 사용의 편리를 위해 좌우 대칭으로 만들었습니다.

흔히 석기시대 인류는 지능이 떨어지고 정교한 작업을 할 수 없다고 생각하는데 현대인들에게 주먹도끼를 만들어보라고 하면 그런 말이 쏙 들어갑니다.

우선 도구로 사용할 수 있는 단단한 돌부터 찾아야 하고 돌에 정확한 힘을 가해 때려야만 도구로 쓸 수 있는 돌조각을 떼어낼 수 있습니다. 그리고 돌조각을 좌우대칭으로 다듬는 작업을 해야 합니다. 현대인들은 못 할 일을 구석기

주먹도끼

좀돌날몸돌과 좀돌날

인들은 쉽게 해내었습니다.

구석기 후기에 가면, 사냥을 할 때 적당한 크기의 몸돌을 가지고 다니면서 돌조각을 떼어 사용하고는, 석기가 망가지면 다시 몸돌에서 돌을 떼어 석기를 만들어 사용했습니다.

석기 재료 중 최고 품질의 재료는 흑요석인데 화산 활동으로 만들어진 검은색의 유리입니다. 흑요석이 깨지면 단면이 굉장히 예리한 데다가, 결이 없기 때문에 어느 방향으로든 깰 수 있어 석기 제작이 편리합니다. 중남미의 아즈텍인들은 나무 방망이 양쪽 끝에 흑요석 날을 달아 칼처럼 사용했습니다.

흑요석 화살촉

아즈텍 전사의 흑요석 무기

하지만 화산 활동으로만 만들어지다 보니 한반도에서는 백두산 일대에서만 구할 수 있었습니다. 그런데 대구 월성동 유적에서 1만 8000년 전 구석기시대 흑요석 석기가 출토되었습니다. 또한 울산의 울주군과 부산 동삼동에서 발견된 흑요석 화살촉은 현재 일본 규슈 화산지대에서 만들어진 것입니다. 즉 구석기인들은 좋은 석기 재료를 얻기 위해 원정을 가거나 혹은 무역을 했다는 소리입니다.

전기 구석기인이라면 모를까 후기 구석기인은 절대로 모자란 사람들이 아닙니다. 만약 타임머신을 타고 후기 구석기 시대 아이를 데려와 교육시 킨다면 현대인과 전혀 차이점을 발견할 수 없을 것입니다. 그리고 석기 시 대라고 해서 모든 도구를 석기로 만든 것은 아닙니다. 나무, 동물의 뿔, 뼈나 조개껍질 등도 도구로 이용했습니다. 다만 썩지 않는 석기가 끝까지 남아 현대인에게 발견된 것입니다.

구석기 시대 사람들은 어디서 어떻게 살았을까요?

구석기인들은 짐승과 물고기를 잡아먹는 수렵, 식물의 열매나 뿌리를 채취하는 채집 생활을 하였습니다. 또, 계절에 따라 이동하는 생활을 했 습니다.

수렵을 할 때는 돌도끼뿐 아니라 창, 심지어는 돌촉을 이용한 활도 사

동굴은 지금의 공원과 같은 모임의 장소로 사용되었습니다.

용했습니다. 창은 석기 촉과 나무 자루의 결합입니다. 처음에는 자르는 용도였다가 후기에는 멀리서 던지는 창으로 바뀝니다. 화살은 최초로 인력이 아닌 다른 에너지(탄성에너지)를 사용한 도구입니다.

때문에 수렵채집하기 좋고, 물과 석기를 만들 돌멩이들이 많은 강가에 막집을 짓고 살았습니다. 물론 근처에 동굴이 있다면 비, 눈, 바람을 피할 수도 있고 맹수로부터 몸을 지킬 수도 있으니 최고의 선택입니다. 그래서 원시인들은 동굴에서 사는 것으로 많이 묘사됩니다.

하지만 동굴이 수렵채집을 하는 장소와 멀거나 물을 구할 수 없다면 어떻게 될까요? 출퇴근에 서너 시간이나 걸린다면 차라리 막집에 사는 것이 더 좋은 선택입니다.

읽을거리

주먹도끼(아슐리안형 뗀석기)를 만들기 위해서는 상당한 지능과 솜씨가 있어야 합니다. 그런데 주먹도끼는 1977년 이전 동아시아에서는 발견되지 않았습니다. 그래서 모비우스라는 학자는 인류 중 일부가 아슐리안 석기가 개발되기 전에 동아시아로 진출했고, 개발된 후에 인류가 유럽으로 들어갔다고 추정했습니다. 한마디로 동아시아가 유럽보다도 열등하다고 주장했습니다.

하지만 1977년 고고학에 관심이 있던 그렉 보윈(Greg Bowen, 1950~2009)이라는 주한미군 공군 상병이 연천 전곡리 한탄강에서 애인인 이상미와 데이트를 하던 중 이상미가 주워 온 '이상한 돌'을 챙겨와 프랑스의 고고학자에게 편지를 보냅니다. 이후 이 고고학자는 서울대에 조사를 요청했고, 이 이상한 돌은 아슐리안형 뗀석기라는 것이 밝혀집니다. 나중에 '전곡리 주먹도끼'로 이름 지어진 이 석기로 인해 모비우스학설은 완전히 폐기됩니다.

여러분도 역사 공부 열심히 하십시오. 역사책에 길이길이 이름이 남을 수 있습니다.

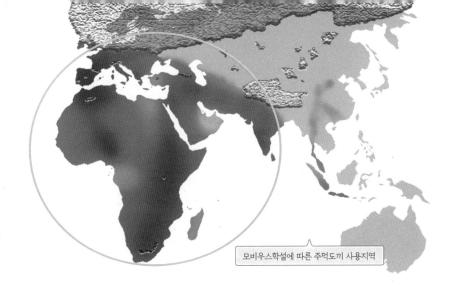

모비우스학설에 따른 주먹도끼 사용지역

신석기 시대 기원전 15000년경 / 한반도 기원전 8000년경

신석기 시대가 되면 인류는 돌을 갈아 만든 간석기를 사용합니다. 그리고 곡식을 저장하기 위한 토기도 사용됩니다. 이는 매우 중요한 의미로, 토기를 사용한다는 것은 저장할 만큼의 곡식이 있었다는 소리입니다. 즉 인류가 농업을 시작했다는 증거입니다. 그래서 사용하는 토기로 시대를 구분하기도 합니다.

한반도에서 신석기 시대는 대략 기원전 8000년경부터 시작됩니다. 그리고 기원전 8200년부터 기원전 1500년까지 한반도에서는 빗살무늬 토기가 사용되었습니다. 그래서 이 시대를 빗살무늬토기 시대 또는 즐문토기 시대櫛文土器 時代라고 합니다.

신석기 시대에는 주로 강가나 바닷가에서 살았습니다. 그래서 모래 바닥에 박아넣기 위해 토기 바닥이 뾰족합니다.

빗살무늬 토기

제작과정

구석기 시대의 채집 경제로부터 신석기 시대의 농업 생산경제로 발전은 인류 문화사상 매우 중요한 사건이기 때문에 신석기 혁명Neolithic Revolution이라는 거창한 용어를 붙입니다.

인류가 농경함으로써 한곳에 머무르며 생활하는 정착생활을 하게 됩니다.

마을은 대부분 뒤에는 산이 있고, 앞에는 물이 있는 배산임수背山臨水 지형에 터를 잡았습니다. 그래야 쉽게 물을 구할 수 있고, 평야에서는 농사를 짓고, 뒷산에서는 과일을 딸 수 있습니다. 강이 크면 강에 배를 띄워 운송도 가능합니다. 이러한 조건은 지금도 마찬가지입니다.

신석기 시대 사람들은 땅을 파고 그 위에 지붕을 씌운 움집에서 살았습니다. 화덕은 집 중앙에 설치되었는데 일본의 전통 가옥에서 볼 수 있는 '이로리'가 이런 형태입니다. 아마도 신석기 시대 집 구조를 계승한 것일지도 모르겠습니다.

압사동 구석기 유적지

일본 전통 난방 이로리

　곡물은 한 번에 많은 사람을 먹여 살릴 수 있기 때문에 사람들이 모여 살게 됩니다. 같은 핏줄의 씨족들이 모여 마을을 형성하고, 나아가 몇 개의 씨족이 모여 부족을 이룹니다. 인간이 무리를 지으면 사회가 만들어지고 사회를 관리할 사람이 필요해집니다. 즉 지배자가 생기고 법이 만들어지고 계급이 발생합니다. 또한 남는 곡식을 개인이 가지게 되면서 사유재산이라는 개념도 생기고 당연히 빈부격차도 발생합니다.

　사실 현대 사회가 가지고 있는 모든 사회적인 문제는 신석기 혁명에서 비롯되었습니다. 그런데 이렇게 문제가 많은 사건을 일으킨 이유가 무엇일까요? 앞에서는 농경을 하면서 많은 사람을 먹일 수 있게 되었기 때문에 정착생활이 시작된 것처럼 설명했지만, 사실은 정착을 하게되면서 많은 사람을 먹여 살려야 하고 어쩔 수 없이 농경을 시작했다는 정착과 농업의 역전 가설이 있습니다.

　신석기인들은 해와 달, 별과 같은 천체나 바위, 강, 바다 등 자연물에 신령神靈이 있다고 믿고 숭배하는 애니미즘Animism, 부족, 씨족 구성원과 특별한 관계를 맺고 있다고 여겨지는 동식물, 자연물인 토템을 숭배하는 토테미즘, 신과 이야기할 수 있는 샤먼이라는 사람을 통해 신을 숭배하는 샤머니즘이라는 원시 종교를 가지고 있었습니다.

토테미즘

애니미즘

샤머니즘

원시 종교를 위해 성소가 세워지고, 성소에서 의식을 치르기 위해 사람들이 정기적으로 모이다 보니 집단이 되었고, 그 집단을 먹여 살리기 위해 종교시설 근처에서 농경이 시작되었다는 가설입니다. 실제로 신석기 시대인 기원전 9600년경 만들어진 튀르키예에 있는 괴베클리 테페가 이 가설의 강력한 증거입니다. 다만 아직까지는 주류 학설이 아니며, 좀더 연구가 필요합니다.

괴베클리 테페

읽을거리

기원전 1만 년 쯤 해수면 상승 때문에 한반도와 일본 열도가 완전히 분리됩니다. 이때 고립되어 일본 열도에 정착한 사람들은 한반도와는 다른 독자적인 신석기 문화를 이루고 삽니다. 한반도의 신석기 시대를 당시 사용하던 토기의 이름을 따서 빗살무늬토기 시대라고 하는 것처럼, 일본 열도의 신석기 시대는 당시 사용하던 토기를 장식한 새끼줄 문양인 '조몬(繩文, 승문)'에서 유래한 조몬시대라고 합니다.

조몬 토기

조몬 시대 석상(石像)

청동기 시대 기원전 3500년경/한반도 기원전 1500년경

인류가 청동으로 도구를 만들기 시작하면서 청동기 시대가 시작됩니다. 불에 광물질을 녹여서 도구를 만든다는 발상은 이미 구석기 후기에 나타납니다.

독일 쇠닝엔에서 호모 에렉투스가 만든 불에 그슬린 나무창이 발견되었습니다. 나무를 불에 그슬리면 조직 내부의 수분이 날아가 더욱 단단해집니다. 즉 불을 이용해 도구를 가공한 것입니다.

2만 2000년 전 유럽의 구석기인들은 뗀석기를 만들기 전에 돌멩이를 불에 달구었습니다. 규질의 암석을 불에 달구면 돌 속의 성분이 녹아 유리처럼 변하는데, 녹은 유리가 석기를 더욱 단단하게 만듭니다.

아마도 누군가가 불에 달궈진 암석에서 안에 들었던 구리가 녹아 흐르

솔류트레기 석기

는 것을 우연히 관찰했을 것입니다. 녹아버린 구리는 곧 굳어버립니다. 이것을 보고는 칼 모양의 거푸집을 만들어 그 속에 녹은 구리를 부으면 구리칼을 만들 수 있다고 생각했을 것입니다.

실제로 신석기 시대 이후 잠깐 일부 지역에서 구리로 도구들을 만든 시대가 있는데, 이 시기는 동기시대銅器時代, Copper Age라고 합니다. 구리뿐 아니라 금, 은도 있었겠지만 구하기 힘든 금, 은보다는 상대적으로 흔한 동을 사용했습니다. 하지만 동기는 잘 휘어지고 강도도 떨어지는 약점이 있습니다. 그러다가 우연히 구리에 주석 같은 다른 금속이 섞이면 단단해지고 잘 휘지도 않는다는 것을 발견합니다.

구리와 주석의 합금을 청동이라고 하며, 청동으로 도구를 만들던 시기가 청동시대입니다.

청동을 재료로 도구를 만들면 거푸집을 이용하여 원하는 모양대로 만들 수 있고, 균일한 품질로 대량 생산이 가능합니다. 또한 석기는 부서지면 다시 사용할 수 없지만 청동기는 부서지거나 구부러지면 녹여서 다시 사용할 수 있습니다.

그런데 청동기 시대에도 대부분의 도구는 석기였으며 청동으로 만든 도구는 무기나 권력자의 장식용, 제식祭式용으로 사용되었습니다. 왜냐하면 청동 도구를 생산하는 것은 엄청난 인력과 기술이 요구되기 때문입니다.

석기 시대에는 개인이 직접 재료를 구해 도구를 만들었습니다. 그러나 청동기는 우선 재료부터 구하기 힘듭니다. 구리나 주석이 땅속에 덩어리로 들어있는 것이 아닙니다. 금속이 들어있는 돌멩이를 채굴하여 정련을 통해 불순물을 제거해야 하는데 실제로 돌멩이에서 1퍼센트의 금속만 뽑아내어도 대단히 많은 양입니다.

구리도 귀하지만 주석은 더욱더 구하기 어렵습니다. 한반도의 경우 주석이 거의 산출되지 않기 때문에, 청동기를 만들기 위해 중국 북쪽 내몽골 지역과 장강 이남 지역에서 주석을 수입했을 것으로 추정합니다. 그리고 거푸집을 만들고, 구리와 주석의 비율을 결정하는 것도 숙련된 장인이 없으면 불가능합니다.

즉 어느 지역에서 청동기를 사용한다는 것은 전문적인 직업의 분화가 일어났고, 먼 거리까지 교역할 수 있으며, 수많은 사람을 부려 먹을 수 있는 지배자가 있다는 증거입니다.

한편 청동기 시대에는 부족장이 샤먼의 역할까지 도맡아 권력을 집중시킵니다. 이를 제사와 정치를 모두 주관한다고 하여 제정일치祭政一致사회라고 합니다. 그럼에도 만들 수 있는 청동기의 양은 매우 적기 때문에, 청동기는 다른 지역을 공격하거나 자기 나라를 방어하기 위한 무기나 권력자의 장식용, 즉 제식祭式용으로만 사용된 것입니다.

일반 백성들은 단단한 나무로 만든 농기구로 농사를 지으며 땅을 넓히고, 반달 돌칼로 곡식을 자르고, 갈돌과 갈판으로 곡물을 가공했습니다.

그리고 농작물을 토기에 보관했습니다. 당시 토기는 무늬가 없습니다.

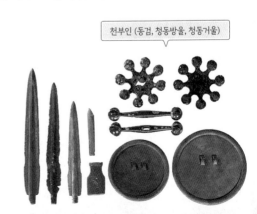

천부인 (동검, 청동방울, 청동거울)

반달돌칼

갈돌과 갈판

민무늬토기

민무늬토기 또는 무문토기無文土器라고 하고, 이 시대를 민무늬토기 시대라고 합니다. 또한 주거방식에도 변화가 일어나 집이 땅 위로 올라오고 화덕도 구석으로 옮겨 생활공간이 넓어집니다. 물론 마을터는 여전히 배산임수입니다.

한반도에서 주로 재배된 곡식은 조, 보리, 콩, 벼 등입니다. 조는 강아지풀을 작물화한 것으로 강아지풀을 비비면 좁쌀 같은 낟알이 떨어지는데 먹을 것이 없던 시절에는 이 낟알을 먹기도 했습니다.

콩도 한반도와 만주가 원산인 작물입니다. 콩으로 만든 된장, 간장이 없는 한식은 있을 수 없습니다. 그만큼이나 한국인에게는 기본적인 작물입니다.

보리는 중동이 원산입니다. 기원전 7000년 이전부터 메소포타미아에서 재배했습니다. 來(래)라는 한자는 보리의 모양을 본뜬 것인데 보리가 중동에서 중국으로 전래(傳來)되었기 때문에 '오다'라는 의미가 있습니다.

벼는 동남아가 원산인 작물로 기원전 5000년 이전부터 재배했습니다. 열대작물이라 한반도에서는 기르는 것이 굉장히 까다롭습니다. 조, 콩, 보리는 그냥 둬도 저절로 자랍니다. 하지만 벼는 수확량이 많고 영양가가 다른 작물에 비해 높기 때문에 악착같이 기르고 있습니다.

고인돌

비파형 동검

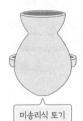

미송리식 토기

탁자식 고인돌

우리 민족 청동기 시대 대표 유물은 비파형 동검, 미송리식 토기, 탁자식 고인돌입니다.

비파식 동검은 요하강 일대에서 한반도 전역에 걸쳐 출토되는 청동검의 한 종류로, 위쪽이 가늘고 아래쪽이 두꺼운 모습이 현악기인 비파를 닮았기 때문에 붙여진 이름입니다. 청동기 후기에는 세형동검이 만들어집니다.

미송리식 토기는 청동기시대 한반도 북부 지방에서 사용되던 민무늬 토기의 일종입니다. 1959년 평안북도 의주군 미송리에서 발견되어서 미송리식이라는 이름이 붙었습니다.

고인돌은 덮개돌을 받침돌로 괴어 놓았다고 해서 '고인돌'이라고 하고 지석묘(支石墓), 석붕묘(石棚墓)라고도 불립니다. 고인돌 아래에서 무덤방과 청동 유물이 발견되었기 때문에 청동기 시대 무덤 기념물이라는 것을 알 수 있습니다. 고인돌은 크게 두 종류로 나눌 수 있습니다.

탁자식 고인돌은 굄돌의 밑동을 지하에 파묻고, 그 위에 덮개돌을 올립니다. 무덤방이 지상에 드러나 있습니다.

바둑판식 고인돌은 지하에 무덤방을 만들고 굄돌 4개 위에 거대한 덮개돌을 올립니다. 고인돌의 규모는 어마어마합니다. 영국 호킨스라는 학자에 의하면 70톤 덮개돌 운반에는 1120명, 50톤 받침돌 운반에 800명, 받침돌 세우기에 200명이 필요하다고 합니다.

그래서 예전에는 수많은 사람을 동원할 권력을 가진 청동기 시대 지배자의 무

덮개돌은 흙으로 받침돌 주위를 채워 비탈을 만들고 여러 명이 비탈 위로 밀어올림

탁자형 고인돌

덤이라고 생각했습니다. 하지만 그렇다고 보기에는 고인돌이 너무 많습니다. 고인돌은 전 세계적으로 분포하지만 우리나라에 압도적으로 많이 분포합니다. 전 세계 고인돌 약 6만 기 중 3만 기 정도가 우리나라에 있습니다. 전라남도에 있는 고인돌만 해도 1만 9068

기입니다. 그것도 띄엄띄엄 있는 것이 아니라 모여있습니다. 그래서 현재는 고인돌이 부족장뿐 아니라 부족민들에게도 만들어 준 무덤 기념물이라고 여겨집니다.

읽을거리

고인돌처럼 거대한 돌을 이용해 기념물을 만드는 것을 거석문화(巨石文化)라고 합니다. 세계적으로 잘 알려진 대표적인 유적으로는 영국의 스톤헨지가 있습니다. 그런데 한국인들은 막상 스톤헨지를 보면 실망합니다. 스톤헨지의 높이는 고인돌 높이 정도이고 돌의 무게는 고인돌과 같거나 가볍습니다. 즉 우리나라 고인돌을 동그랗게 배치하면 딱 스톤헨지가 됩니다.

스톤헨지

철은 쉽게 구할 수 있는 재료임에도 불구하고 인류는 청동을 사용했습니다. 이유는 철의 녹는점이 높아(1538도) 일반적인 화력으로는 철광석에서 철을 녹일 수 없기 때문입니다.

최초의 철기를 사용한 민족은 히타이트(기원전 1600년경~ 1178년)입니다. 철광석을 녹여 사용한 것이 아니라 하늘에서 떨어진 철운석을 이용해서 만들었습니다. 철운석은 거의 순수한 철로 된 데다가 하늘에서 떨어지면서 고열에 의해 저절로 단련이 되어 강철이 됩니다. 강철로 만든 칼은 청동칼을 손쉽게 잘라낼 수 있습니다. 그야말로 하늘이 내린 선물이라 할 수 있지요.

히타이트는 강철 칼로 주위를 정복했지만 철운석이 고갈되면서 멸망하고 맙니다. 그들은 강한 바람으로 불의 온도를 올려 철광석을 녹이는 방법을 개발하지만, 강한 바람이 항상 부는 것이 아니라 생산량은 턱없이 부족했습니다.

히타이트인들이 믿던 신은 바람의 신이고 이름은 입으로 바람부는 소리를 본뜬 '야훼'입니다.

철기가 본격적으로 생산되는 것은 풀무를 이용해 바람을 불

히타이트 (현재 튀르키예 지역)

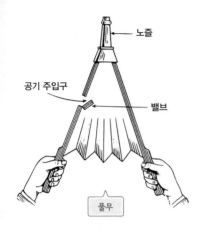

노즐

공기 주입구

밸브

풀무

어넣어 불의 온도를 높이는 기술이 개발되고 나서부터입니다.

　기원전 12세기 메소포타미아 지역과 그리스, 기원전 11세기 인도, 기원전 8세기 유럽, 기원전 6세기 중국까지 철기가 사용됩니다. 단, 이때 사용된 철은 강도가 약한 연철 혹은 강도는 강하지만 쉽게 부러지는 무쇠(주철)입니다. 아직 제련 기술이 발달하지 않아 강하면서 잘 부러지지 않는 강철은 망치로 연철을 수천 번 두드리는 '단련'이라는 과정을 거쳐야 하기 때문에 쉽게 만들 수 없습니다. 그래서 19세기까지도 대포는 여전히 청동으로 만들었습니다.

　강철을 대량 생산할 수 있게 된 것은 1855년 영국의 헨리 베서머가 '베서머 제강법'을 발명한 뒤입니다. 영국은 산업혁명이 일어나면서 강철을 대량 생산하여, 강철로 만든 도구를 사용해 전 세계를 침략합니다.

2장

신화로
시작된
민족의 역사

우리 역사	세계사	
	기원전 700년 (?)	자라투스트라 탄생
	기원전 571년	노자 탄생
고조선 시대 (기원전 2333년~)	기원전 560년	석가모니 탄생
	기원전 551년	공자 탄생
	기원전 470년	소크라테스 탄생

　독일 철학가 칼 야스퍼스는 기원전 8세기부터 기원전 3세기까지 인도의 석가모니, 중국의 공자, 그리스의 소크라테스와 같은 여러 사상가가 등장하여, 인간의 사고방식이 신화적 사고에서 이성적 사고로 변하였으며, 이것이 학문의 시작이라고 주장합니다. 그리고 이 시대를 축의 시대 Achsenzeit라고 부릅니다.

　부연설명하자면 기원전 8세기 철기 시대가 시작되고 민족들이 자신들의 세력을 확장하다 보니 문명의 충돌이 일어나고, 결국 기원전 3세기 정도에 4대 정복왕에 의해 여러 민족과 문화를 아우르는 제국이 건설됩니다. 다민족, 다문화가 특징인 제국에서는 여러 민족과 문화를 하나로 묶어줄 사상이 필요했고, 여기에서 등장한 것이 세계종교입니다.

자라투스트라교 상징

공자 노자를 만나다.

최초의 세계종교는 자라투스트라에 의해 만들어진 자라투스트라교입니다. 최소 기원전 7세기에 이란에서 만들어진 자라투스트라교는 페르시아 제국의 국교가 됩니다.

기원전 6세기에 완성된 노자의 도교와 공자의 유교는 중국에서 일어난 제국들의 국교가 됩니다.

노자보다는 젊고 공자보다는 나이가 많은 석가모니가 창시한 불교는 마우리아 제국의 국교가 됩니다.

기원전 4세기 그리스의 철학자 소크라테스는 서양 철학의 시조입니다.

여기에 예수와 무함마드를 보태야 합니다. 예수가 만든 기독교는 로마 제국의 국교가 되고, 무함마드가 만든 이슬람교는 아랍 여러 나라의 국교가 됩니다.

소크라테스의 최후

석가모니

예수

가브리엘에게 계시 받는 무함마드

읽을거리

자라투스트라교는 예전에 사라진 종교로 생각하는 사람들이 있는데 현재도 엄연히 존재하는 종교입니다. 현대의 자라투스트라교 신자로 유명한 사람은 록 밴드 퀸의 보컬인 프레디 머큐리입니다.

단군 신화 기원전 2333년

고조선이 건국되면서 우리 민족의 역사가 시작됩니다.

고대 국가의 건국이야기는 신화의 영역에 속하는데 국가가 건국되며 신들의 지배가 끝나고 인간들이 세상을 지배한다는 의미가 있습니다. 단군 신화에서 역사적 사실을 뽑아내 보겠습니다. 흔히 알려진 단군신화는 1281년 일연이 지은 《삼국유사》〈기이〉편의 가장 첫머리인 '고조선'조에서 나옵니다. 내용 중에서 주목할 부분은 아래와 같습니다.

▸ 하느님(환인)의 아들 환웅이 바람의 신인 풍백風伯, 비의 신인 우사雨師, 구름의 신인 운사雲師와 3000명의 무리를 거느리고 하늘에서 내려온다.

천손강림天孫降臨 신화입니다. 왕의 조상이 신이라는 것을 주장하려는 의도입니다. 역사적으로 따져보자면 머나먼 곳에서 왔다는 것이겠지요.

▸ 환웅은 천부인 세 개를 가지고 온다.

천부인이 무엇인지는 확실히 알 수 없으나, 정권을 상징하는 (비파형) 동검, 제사를 상징하는 거울, 풍요를 상징하는 방울로 추정됩니다. 즉 청동기 문명을 가진 집단이겠지요.

▸ 곰과 범이 인간이 되고자 쑥과 마늘을 먹는 시험을 받는다. 범은 실패하지만 곰은 마침내 웅녀라는 인간이 되고 환웅과 결혼하여 단군을 낳는다.

아마도 곰 토템과 범 토템을 모시는 토착 집단이었을 것입니다. 결국 곰 토템을 믿던 집단이 환웅 집단과 결합한 것이겠지요. 곰은 신神을 의미합니다. 왕을 의미하는 '임금', 고위 관직을 이르는 '영감' 등에 흔적이 남았습니다.

▶ 단군이 기원전 2333년 조선을 건국하고 아사달을 수도로 정한다.

(후대 이성계가 세운 조선과 구별하기 위해 옛 고古를 써서 고조선이라 합니다.) 이제 선사시대가 끝나고 우리 민족의 역사가 시작됩니다. 사마천의 《사기》에서는 기원전 2711년 태어난 황제 헌원을 중국 역사의 시작으로 서술합니다. 아마도 우리 민족도 중국에 뒤지지 않는 역사를 가지고 있다고 주장하려고 기원전 2333년을 고조선 건국의 날로 정한 것 같습니다.

▶ 단군왕검이 나라를 1500년 동안 다스리다가 기자箕子에게 물려주고 장당경藏唐京으로 옮겼다가 뒤에 돌아와 아사달에 숨어서 산신山神이 되었는데 나이가 1908세였다.

인간이 이렇게 오래 살 수는 없습니다. 물론 성경 창세기에는 수백 년을 산 사람들이 수두룩하게 나오지만 그중 가장 오래 살았다는 므두셀라도 969세까지밖에 못 살았습니다. 단군의 경우는 므두셀라보다 두 배 가까이 오래 살았습니다. 그래서 단군이라는 칭호가 왕이나 제사장을 뜻하는 단어라는 설이 있습니다. 고대로부터 유라시아 유목 민족은 하늘 신을 텡그리라고 했습니다. 어쩌면 단군은 텡그리를 한자의 음으로 표현한 것일지도 모르겠습니다. 그렇다면 왕검은 1대 단군의 이름입니다.

한가지 더, 단군 왕검王儉이 아니라 단군 임검王이 아니었을까요? 왕을 부르는 우리말 명칭인 임금의 유래가 아닐까 합니다.

읽을거리

역사는 기록과 함께 시작됩니다. 그렇다면 글자는 왜 만들었을까요?

글자가 만들어진 목적은 세금을 기록하기 위해서입니다. 메소포타미아 지방에서 최초로 문자를 점토판에 새겼는데, 초기의 점토판에는 누가 세금으로 얼마를 내었다는 기록뿐입니다. 글자로 역사를 기록한 것은 한참 후의 일입니다.

점토판의 설형문자

세계 최초의 국가는 기원전 4000년 메소포타미아에서 수메르인들에 의해 만들어졌습니다. 그리고 단군왕검이 고조선을 세우기 1년 전 사르곤이라는 사람이 수메르의 국가들을 모두 정복하고 세계 최초의 제국인 아카드 제국을 세웁니다.

단군왕검과 달리 사르곤 대왕은 기원전 2279년 사망합니다. 사르곤 대왕의 어머니는 대제사장이고, 사르곤을 낳은 후 바구니에 넣어 유프라테스강으로 흘려보냈습니다. 다행히 정원사였던 아키가 발견하고 키웠습니다.

이러한 사르곤 대왕의 이야기는 물에 떠내려가는 아기를 건졌더니 영웅으로 자라는 이야기의 원형이기도 합니다.

사르곤 대왕

아카드 제국

✦ 고조선의 영토 ✦

단군조선의 영토는 어디며 크기는 어느 정도일까요? 단군신화에 한 가지 실마리가 있습니다. 《삼국유사》에 나온 단군신화는 환웅이 사람이 되고 싶은 호랑이와 곰에게 쑥과 마늘만 먹고 100일간 참으면 인간이 된다고 알려주었다고 합니다. 그다음은 아시다시피 곰이 21일 후 사람이 되어 환웅과 맺어집니다.

그런데 여기에 나오는 두 종류의 식물에 주목할 필요가 있습니다. 쑥이야 지금의 한반도나 중국, 일본에서 흔히 볼 수 있는 식물이지만 마늘은 그렇지 않다는 것입니다.

사실 마늘의 원산지는 중앙아시아입니다. 우리가 지금 먹는 마늘은 한나라 때에 장건이 중앙아시아에서 가져온 것입니다. 그렇다면 환웅이 쑥과 마늘을 호랑이와 곰에게 줄 수 있었다는 것은 환웅의 나라가 서쪽으로 중앙아시아부터 동쪽으로 한반도까지 이르는 대제국이라는 결론이 나옵니다.

한 가지 덧붙이자면 중앙아시아에 있는 카자흐스탄의 수도는 아스타나입니다. '타나'가 땅을 뜻하는 '달'이라면 '아스타나'는 '아사달'입니다. 단군왕검의 수도 위치도 알아냈습니다.

카자흐스탄

정말로 엄청난 발견이지요? 하지만 설마 그럴 리가 있겠습니까? 단군신화에 나오는 쑥과 함께 먹은 마늘은 사실은 산마늘입니다. 蒜이라는 한자는 지금은 마늘이라는 뜻으로 쓰이지만 마늘이 중국에 들어오기 전에는 산마늘을 의미했습니다. 정확히는 우리나라에 있던 마늘이라는 식물이 외국에서 들어온 식물에게 이름을 내어주고 '산'마늘이 된 것입니다.

이렇듯 세월이 흘러 뜻이 바뀌었는데 현재의 뜻으로 생각해서 빚어진 착각입니다. 역사는 지나간 일을 기록하는 것이다 보니 역사책에서 과거의 일을 현재의 상황에 맞추어 해석하는 경우가 많이 있습니다. 그래서 역사를 공부하는 사람이라면 역사책에서 왜곡되거나 잘못된 사실을 가릴 줄 아는 안목이 필요하지요. 특히나 고대사와 같이 사료가 부족하고 시대 상황이 많이 달라진 경우는 왜곡의 정도가 상상을 초월합니다.

그래서 필자는 그 잘못을 정정해 보자는 시도로 이 글을 쓰고 있습니다. 필자도 또한 틀릴 수 있습니다. 그래서 애매모호한 부분은 반드시 추측이라는 단서를 달 것입니다. 사실 역사는 추리소설과 같습니다. 여러 가지 사료를 바탕으로 실제 있었던 일을 재구성하는 것이죠. 이 글을 읽는 여러분도 필자와 함께 추리하는 즐거움을 느끼기를 바랍니다.

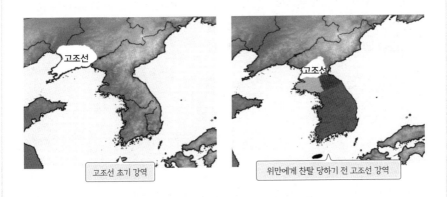

그럼 고조선의 실제 강역은 어디일까요? 아마도 초기에는 압록강과 요하 사이였을 것입니다. 전국시대 연나라 소왕 대에 진개가 고조선을 쳐서 2000리를 뺏기고, 진나라 때 다시 땅을 뺏겨 청천강 이남만 남게 됩니다. 아마도 이때 고조선의 중심지도 요동에서 평양으로 이동했을 것입니다.

(위의 지도를 그대로 믿어서는 안 됩니다. 고대 국가의 영토는 지금처럼 면이 아닙니다. 당시의 영토는 사람이 모여 만들어진 도시를 점으로 하고, 도시와 도시를 잇는 도로를 선으로 하는 점과 선으로 이루어졌습니다. 그 외는 그냥 자연 상태, 야만 상태입니다. 비유하자면 미국 서부시대 유럽인들은 서부에서 원주민을 내쫓고 도시를 만들었습니다. 명목상으로는 서부 전체가 미국의 영토이지만 실제로는 도시 안에서만 안전을 보장받을 수 있습니다.)

인도·유럽인들이 믿는 신은 아수라족과 데바족이라는 두 신족으로 나뉩니다. 인도에서는 바루나와 같은 데바족의 신을 믿습니다. 데우스와 같은 아수라족의 신은 악마 취급을 당합니다. 반대로 유럽에서는 데우스(그리스에서는 제우스, 북유럽에서는 티르)와 같은 아수라족의 신을 믿습니다. 바루나(그리스에서는 우라노스)와 같은 데바족의 신들은 악마 취급을 당합니다. 북유럽에서는 아수라족을 아스(복수형은 에시르)라고 하고, 에시르의 거처를 아스가르드라 합니다.

그런데 말입니다. '가르드'는 '땅'이라는 의미로 고대 우리말인 '달'과 같은 뜻입니다. 즉 '아스가르드=아사달'입니다. 단군 신화에는 나오지 않지만 날씨의 신에는 풍백, 운사, 우사 외에 번개의 신인 뇌공(雷公)도 있습니다. 아스가르드에 살고 있는 토르도 번개의 신이지요. 여기서 이야기를 마치겠습니다. 더 하다가는 역사책이 아니라 판타지 소설책이 될 것 같습니다.

✧ 예맥족 ✧

우리 민족은 한(韓), 예(穢), 맥(貊) 세 종족이 합쳐져 이루어졌습니다.

예족은 송화강 일대부터 함경도, 강원도 북부에 걸쳐 존재했던 종족으로 부여와 동예가 예족입니다.

맥족은 요동에서 만주에 걸쳐 존재했던 종족으로 고조선과 고구려가 맥족입니다. 현재의 유전자 연구 등을 따르면 예족과 맥족은 서쪽에서 육로를 통해 왔다는 것을 알 수 있습니다.

한족은 한반도에 존재했던 종족으로 마한, 진한, 변한이 한족입니다. 동남아시아에서 배를 타고 한반도로 들어왔습니다.

이 세 종족이 한데 섞여 우리 민족이 됩니다. 맥족인 고구려의 주몽은 부여에서 나와서 그 후손이 결국 예족인 부여를 흡수합니다. 예족인 백제는 고구려에서 나왔지만 한족인 마한을 정복합니다. 그리고 나중에는 남부여라고 이름을 바꿉니다. 또한 고구려는 스스로 마한이라고 주장하기도 합니다. 고대 일본인을 일컫는 왜(倭)도 예에서 나왔다는 설이 있습니다.

그런데 예(穢)는 더럽다는 뜻이고 맥(貊)은 동물의 한 종류입니다. 아마도 세(歲)와 백(百)이라고 불리었을 텐데 여기에 더러움과 짐승을 나타내는 부수를 더해서 예맥(穢貊)이라고 부르는 것입니다.

그러면 도대체 무슨 의미로 우리 조상님들은 스스로를 세(歲)와 백(百)이라고 불렀을까요?

추측하자면 세는 새롭다의 '새'나 동쪽을 나타내는 고유어 '새'가 아닐까 합니다. 백은 밝다의 '밝'인 것 같습니다. 흥미롭게도 이를 다시 한자로 쓰면 '새'는 동(東), '밝'은 명(明)입니다. 동명(東明)왕이 바로 우리 민족의 왕을 나타내는 말입니다. 덧붙이자면 '한'은 크다는 뜻입니다.

우리 민족을 가리킬 때 배달민족이라고 합니다. 그런데 '배달'이라는 말이 처음 등장한 것은 구한말입니다. 1909년 대종교의 문건에서 처음 등장합니다. 무슨 뜻인지도 모릅니다. 단군(檀君)의 檀이 박달나무를 뜻하니 박달에서 배달이 나왔다는 주장도 있지만, 신채호 선생님은 단군(檀君)도 박달나무 檀이 아닌 제단 壇으로 쓰면서 부정할 정도입니다.

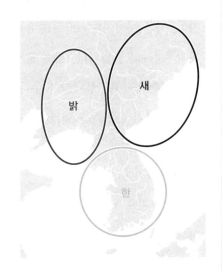

읽을거리

중국은 자신들을 괴롭힌 이민족들을 흉노(匈奴), 선비(鮮卑), 갈(羯), 저(氐), 강(羌) 등으로 불렀습니다. '훈'족은 흉악한 노예라는 뜻으로 흉노(匈奴)라고 부릅니다. 선비족도 일부러 적을 선(鮮), 낮을 비(卑)를 써서 선비(鮮卑)라고 했습니다. 갈(羯)은 거세한 염소를 뜻하고, 저(氐)는 바닥입니다. 강(羌)도 가면(羊)을 쓰고 다니는 야만인(儿)이라는 의미입니다.

기자조선 기원전 1046년

고조선을 시대로 구분하면 단군조선, 기자조선, 위만조선으로 구분합니다.

기자箕子는 중국 상나라 왕족입니다. 상나라의 왕성이 자子이니 성은 자子, 이름은 서여胥餘 또는 수유須臾입니다. 기箕라는 곳에 봉토를 받아서 기자箕子라고 불립니다. 뒤에 붙는 자子는 자작子爵을 뜻합니다.

기원전 1046년 상나라가 주나라에 멸망하자 조선으로 망명하였는데, 후에 조선의 군주가 되어 그의 후손이 1000여 년 동안 고조선을 다스렸다고 전해집니다. 이렇게 되면 우리는 3000년도 전에 중국의 지배를 받았다는 말이 되지요.

기자조선은 단군조선과 차이가 있습니다. 왜냐하면 기자조선의 지배자는 단군이 아니라 왕이기 때문입니다. 위략에는 연나라 역왕 대에 고조선 국왕이 왕을 칭하자, 대부 예가 고조선 국왕에게 칭왕을 말렸던 일화가 있습니다.

단군왕검이 제사와 정치를 동시에 주관하는 지도자를 칭하는 명칭임에 비해, 왕은 정치의 지도자를 칭합니다. 그러면 정말로 기자가 단군조선을 계승한 것일까요?

우리 조상들은 기자가 왔다는 것을 사실로 받아들였습니다. 외부인이 와서 지배자가 되는 이야기는 우리 겨레 역사에서 대단히 흔한 얘기입니다. 고조선의 시조는 하늘에서 왔고, 고구려 시조는 부여에서 왔고, 백제

시조는 고구려에서 왔습니다. 신라의 석탈해도 바다 건너왔습니다. 심지어 고려 왕건은 스스로를 중국 황제의 후손이라고 했습니다. 오히려 외래에서 선진 문물이 들어오면 그만큼 문화가 발전하는 것입니다.

그리고 소수의 지배자가 다수의 사람에게 동화가 되는 것이지, 다수가 소수에게 동화되는 것이 아닙니다. 예를 들어 1901년 영국의 왕이 된 에드워드 7세는 독일의 작센코부르크고타 왕가Herzogtum Sachsen-Coburg und Gotha 출신입니다. 그런데 1차 세계대전으로 독일과 사이가 나빠지자 에드워드 7세의 아들이자 후임인 조지 5세는 영국 왕실의 이름을 윈저 왕가House of Windsor로 바꿉니다.

그렇다면 기자동래설 또한 나쁘게 생각할 필요가 없습니다. 실제로 조선시대에는 성인으로 모셔지는 기자가 조선의 왕이었다는 것을 자랑스러워하기까지 했습니다. 특히 율곡 이이는 자신이 지은 《기자실기》에서 기자를 공자, 맹자에 버금가는 성인으로 치켜올리며 기자 덕분에 조선이 오랑캐의 나라에서 중국에 버금가는 문화국이 되었다고 칭송합니다. 고조선 시대에 있던 8조법도 기자가 만들었다고 전해졌습니다. 하지만 기자는 조선에 온 적이 없습니다.

1973년에 요령遼寧성 객좌喀左현 북동北洞 고산孤山에서 '기후箕侯'명, '고죽孤竹'명 청동기가 발견되었습니다. 이 발견으로 기자 일행이 머무른 곳이 요서라는 것이 밝혀졌습니다.

중국의 청동기와 고조선의 청동기는 유래가 달라서 서로 구별됩니다. 중국 청동기와 고조선의 청동기가 섞여 있다면 기자동래설이 사실이겠지만 아직은 그런 경우가 없습니다. 즉 고조선은 요동, 기자는 요서에 있습니다.

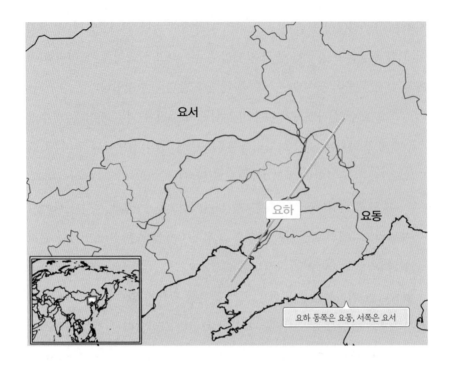

요서

요하

요동

요하 동쪽은 요동, 서쪽은 요서

오히려 역발상으로 기자조선을 인정하면 어떨까요? 그러면 단군조선은 최소 기원전 1046년 이전에 존재했고, 고조선의 영토는 요서까지 뻗어 있다라는 것을 중국이 인정할 수밖에 없습니다.

그런데 중국은 왜 '기자'를 역사에 끌어들였을까요? 고구려에서는 왕을 '개차皆次'라고 불렀습니다. 어째 '기자'랑 발음이 비슷하군요. 중국의 사서 《주서周書》를 보면 백제왕을 귀족들은 어라하, 백성들은 건길지라 부른다고 합니다. 건길지는 일반적으로 '큰鞬+왕吉+높이는 말支'로 풀이됩니다. 한반도에 있던 부족의 지도자는 거수, 마한에서는 지도자를 견지라고 했는데 이 또한 '기자'와 발음이 비슷합니다.

그리고 조선 선조 대에 발간된 광주판 《천자문》에서는 王자에 대해 '긔즈 왕'이라는 훈과 음을 달고 있는데, 이때의 긔즈가 바로 개차, 길지, 견지이며 '기자箕子'입니다. 중국 측에서 고조선이 왕을 기자라고 부른다는 사실에 착안해서 견강부회牽强附會(이치에 맞지 않는 말을 억지로 자기에게 유리하게 함)한 것이 아닌가 합니다.

한무제가 위만조선을 공격할 명분을 만들려다 보니 위만이 몰아낸 조선은 기자의 후손이 세운 나라이고 따라서 중국 땅이라는 논리를 세운 것이 아닐지 생각됩니다. 기자동래설이 나타나는 최초의 문헌인 《상서대전》과 《사기》가 하필이면 이때 만들어진 것을 보면 충분히 의심이 갑니다.

읽을거리

현재 8조법 중 3개 조항만 전해집니다.

- 사람을 죽인 자는 즉시 죽임으로써 갚는다.
- 남에게 상해를 입힌 자는 곡물로써 배상한다.
- 남의 물건을 훔친 자는 재산을 몰수하여 노비로 삼되, 속죄하려면 한 사람당 돈 50만 전을 내야 한다.

첫째 조항은 생명 중시, 둘째 조항은 사유 재산의 인정을 뜻합니다. 셋째 조항은 신분 사회이며 화폐 사용을 했던 사회라는 것을 알 수 있습니다. 하지만 기자가 조선에 온 적이 없듯이, 8조법도 후대에 만들었을 가능성이 높습니다.

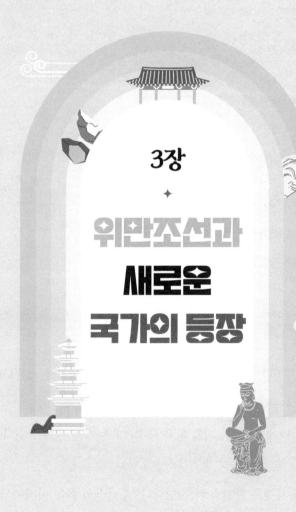

3장

위만조선과
새로운
국가의 등장

우리 역사		세계사
신라 건국	기원전 57년	
고구려 건국	기원전 37년	
	기원전 27년	로마 아우구스투스 즉위
고구려 유리명왕 즉위	기원전 19년	
백제 건국	기원전 18년	
고구려 대무신왕 즉위	기원전 14년	
	25년	후한 시작
가야 건국	42년	
고구려 태조대왕 즉위	53년	
신라 석탈해 이사금 즉위	57년	
신라 김알지 탄생	65년	
고구려 고국천왕 즉위	179년	

　　기원전 1046년 주나라는 상나라를 무너트리고 국가를 세웁니다. 주나라 왕은 상나라를 무너트리는 데 도움을 준 신하들에게 땅을 나누어주고 스스로 다스리게 합니다. 이를 땅을 주고封土 나라를 세우게 한다建國하여 봉토건국封土建國, 줄여서 봉건封建이라 합니다.

　　하지만 속사정은 완전히 딴 판입니다. 주나라의 힘이 미치는 곳은 주나라의 수도밖에 없습니다. 이곳을 중국中國, 중원中原, 중화中華라고 하고, 나머지는 야만인들이 사는 곳이라고 멸시하며, 동이東夷, 서융西戎, 남만南

蠻, 북적北狄이라고 멸시했습니다. 이름에 일부러 시체尸, 창戈, 벌레虫, 개犭 같은 부수를 넣어 호전적이고 짐승 같은 것들이라고 표현했습니다. 이런 곳에 가서 알아서 개척하고 살라고 한 것입니다.

그런데 아이러니하게도 동이, 서융, 남만, 북적으로 간 제후가 개척에 성공하여 춘추시대(기원전 761년~기원전 376년)에는 동쪽의 제齊나라, 북쪽의 진晉나라, 남쪽의 초楚나라, 서쪽의 진秦나라가 주나라를 압도하는 상황이 됩니다.

기원전 376년 북쪽의 진晉나라가 위魏, 조趙, 한韓으로 나뉘는데, 이때부터 기원전 221년 진秦나라가 중국을 통일할 때까지를 전국戰國시대라 합니다. 전국시대에는 앞에 말한 여섯 나라와 연나라가 강국이 되어 치열하게 싸우는데, 이 일곱 나라를 전국 칠웅이라 합니다.

조선도 이 와중에 연나라에 땅을 뺏기게 됩니다.

진나라는 불과 10여 년 만에 무너지고, 기원전 206년 한나라가 다시 중국을 통일합니다.

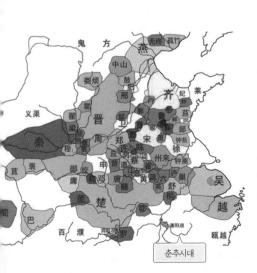

춘추시대

전국 시대
(기원전 260년경)

전국시대

동이는 원래 중국 산둥반도 지역을 말합니다. 그런데 제나라가 동이지역을 개척하면서 만주와 한반도를 '동이'라 부르게 됩니다. 그래서 중국에서는 우리 민족을 동이라고 부릅니다. 우리나라에서도 일부 사람들이 자신을 동이족이라고 하는 데 절대로 써서는 안 되는 표현입니다. 이夷의 옛날 글자는 틌입니다. 시체尸라는 부수가 들어간 것에도 알 수 있듯이 좀비 같은 놈들이라는 의미입니다.

참고로 한漢나라 이후 남만은 베트남, 서융은 티베트, 북적은 몽골 등을 뜻하는 의미로 바뀝니다.

한편 전국시대 말기에 세계에는 4대 정복왕이 등장합니다. 알렉산드로스, 찬드라 굽타 마우리야, 유방, 묵돌 선우입니다. 공교롭게도 이 4명은 활약한 시기도 비슷합니다.

우선 알렉산드로스 대왕입니다. 본인도 대단하지만 그의 아버지인 필리포스 2세 또한 대단한 사람입니다. 필리포스 2세는 변방 야만국이던 마케도니아가 그리스를 제패하도록 만든 인물입니다. 그래서 알렉산드로스가 "아버지가 전부 정복해버리면 나는 어디를 정복해야 하나?"라고 한탄했다고 하지요. 그러나 아버지가 암살당하면서(알렉산드로스가 암살했다는 얘기도 있습니다.) 그에게 정복왕의 기회가 옵니다. 알렉산드로스의 부대와 전술은 아버지인 필리포스 2세 시기에 이미 완성

알렉산드로스 대왕

된 것입니다.

하지만 알렉산드로스는 아 버지를 능가하는 전략과 야망 을 품었기에 그리스 제패에 만 족하지 못하고 그리스의 숙적인 페르시아까지 정복하고자 합니다. 그리고 기원전 330년 이소스 전투에 서 다리우스 3세를 물리치고 유럽과 아시아 의 왕이 됩니다. 이 전투에서 승리한 것은 기적입니다. 마케도니아의 전투력은 페르시아와 상대가 안 됩니다. 그럼에도 페르시 아가 이기지 못한 것은 알렉산드로스의 천재적인 전술 덕이기도 하지만 겁을 먹고 전투 도중 도망친 다리우스 3세에게도 책임이 있습니다. 아무 튼 알렉산드로스는 자신이 알고 있는 모든 땅을 차지했습니다.

그런데 페르시아 옆에 새로운 땅이 있을 거라고는 생각지도 못했을 것 입니다. 추운 곳으로 갔다면 상앙의 변법과 파촉 정벌로 한참 강대국으로 부상하는 진秦나라 혜문왕과 격돌했겠지만, 따뜻한 곳으로 발길을 돌립 니다. 결과는 난다 왕국에 패배하게 되는데 실제로는 고향으로 돌아가고 싶은 병사들 때문에 싸울 수 없는 상태였다고 하는 게 정확합니다. 북쪽 으로 갔더라도 결과는 마찬가지였을 듯합니다. 교통과 통신의 한계로 더 는 정복하지 못한 셈이지요.

이때 알렉산드로스 군과 전투를 벌인 인도의 장군이 있습니다. 바로 찬 드라 굽타 마우리야입니다.

알렉산드로스의 정복과 통일국가 건설에 강한 자극을 받아 민족 저항

알렉산드로스 제국

찬드라 굽타 마우리야

아라비아해

마우리야 제국

벵골만

의식을 일으키고 이를 이용해서 알렉산드로스 사후 그리스 세력권이었던 편자브 지방과 서북 인도를 정복합니다. 또한 기원전 322년 마가다 국 난다 왕조를 공격, 다나난다왕을 죽이고 마가다의 수도 파탈라푸드라를 점령하여 마우리야 제국의 수도로 삼습니다. 그리고 60만 대군을 이끌고 각지를 정복하여 현재 인도 영토와 거의 다를 것 없는 땅을 정복하며 최초로 인도를 통일시킵니다.

그다음으로는 유방입니다. 진시황이 아닌 유방을 꼽은 이유는 진시황은 왕이지 실제 전투를 한 사람이 아니기 때문입니다. 유방과 항우의 전쟁은 《초한지》에 잘 나와 있습니다. 지금도 중국인들은 자신들을 한족이라 합니다. 즉 현재 중국 땅을 정한 사람이 진시황이라면 중국 인민이라는 개념을 만든 사람은 유방입니다.

유방

이랬던 유방을 패배시킨 사람이 있으니 바로 묵돌선우입니다. (여기서 선우는 왕을 뜻합니다.)

알렉산드로스나 유방도 속이 시커먼 인물이지만 묵돌선우는 유방을 뛰어넘은 사람입니다.

묵돌은 흉노선우였던 두만의 태자였습니다. 그러나 두만이 다른 부인으로부터 얻은 작은 아들을 후계자로 삼기 위해 묵돌을 제거하려 합니다. 두만은 일부러 묵돌을 월지에 볼모로 보낸 후 월지를 공격합니다. 월지인들의 손으로 죽이려는 계책이지요. 그러나 묵돌은 기지를 발휘하여 명마를 훔쳐 타고 본국으로 돌아옵니다. 두만은 아들의 용기를 가상하게 여겨 1만기를 거느리는 대장으로 삼습니다. 후에 그는 아버지를 죽이고 선우가 되는데, 다음과 같은 방법을 사용합니다.

우선 소리 나는 화살을 만들어 모든 부하에게 자신이 쏜 화살을 따라 쏠 것을 명령합니다. 그러던 어느 날 묵돌은 자신의 애마와 애첩을 쏘았습니다. 그때 쏘기를 주저한 부하들은 전부 목을 베어버립니다. 시간이 어느 정도 흐른 후 이번에는 아버지의 명마를 쏘았습니다. 이번에는 모든 부하가 두만의 애마를 쏘았습니다. 이후 묵돌은 아버지를 해칠 결심을 하고 아버지와 함께 사냥을 나갔을 때 아버지에게 화살을 쏩니다. 부하들도 일제히 두만에게 화살을 날립니다. 이렇게 아버지를 제거한 후 계모와 이복형제, 반대파 대신들까지 모두 죽이고 흉노의 선우가 됩니다.

이후 묵돌선우는 주위를 정복해 나갑니다.

동호를 정복할 때는 다음과 같은 방법을 사용합니다. 동호의 왕이 묵돌을 얕잡아보고 말과 묵돌의 처를 내놓으라는 요구를 합니다. 묵돌은 동호의 요구를 들어주었는데 다음에는 땅을 요구합니다. 그러자 갑자기 나라의 근본인 땅을 어찌 줄 수 있겠냐며 동호를 급습하고, 방심한 동호는 패배합니다. 이후 묵돌은 진나라 때 빼앗긴 땅을 대부분 회복합니다.

기원전 202년 항우를 물리친 유방은 여세를 몰아 기원전 200년 백등산에서 묵돌과 전투를 벌이지만 오히려 포위당해 죽을 위기에 처했다가 항복에 가까운 협상을 하고서야 풀려납니다. 이후로 한무제 대까지 한나라는 흉노의 꼬붕이 되어 계속 재물을 뜯깁니다. 게임으로 치자면 항우는 '최종 보스', 묵돌은 '히든 진 최종 보스'입니다.

몽골인들은 묵돌을 자신들의 선조로 여깁니다. 그렇다면 칭기즈칸도 묵돌을 벤치마킹한 셈이지요. 또한 튀르키예에서도 자신들의 선조로 여기지요. '흉노'는 유럽에서는 '훈'족이라 불립니다. 그러니 훈족 아틸라 왕의 조상이기도 하네요. (몽골에서는 묵돌을 바토르라고 하고 '용사'라는 뜻입니다. 묵돌이 아닌 바토르가 더 정확한 발음입니다.)

바토르

위에서 설명한 4대 정복왕들은 거의 비슷한 시기에 출현합니다. 이 4명을 묶어서 게임을 만들면 정말 재미있을 것 같습니다.

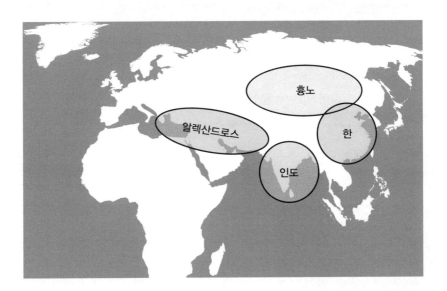

한漢나라가 중국을 통일하였지만, 각지에서는 여전히 반란이 일어납니다.

연왕燕王 노관이 반란을 일으키다 실패하여 흉노로 도망을 치고, 그 부하인 위만은 무리 1000여 명을 모아 동쪽으로 패수浿水(현재 압록강)를 건너 고조선의 영토인 상하장上下障이라는 곳에 정착합니다.

당시 고조선의 왕이었던 준왕은 위만에게 벼슬을 주고 변방을 방어하는 임무를 맡깁니다. 그런데 그는 중국에서 흘러들어온 유민들을 모아 힘을 기르더니 결국 기원전 194년 준왕을 내몰고 왕검성에 도읍을 정합니다.

한편 기자조선의 마지막 왕인 기준은 위만에게 쫓겨 측근 신하만을 거느리고 배를 타고 한반도 남부로 도망을 쳐 마한을 세우고 스스로 한왕韓王이라 칭합니다.

위만은 그 후 영토 확장정책을 펼쳐서 연나라의 침략으로 잃어버렸던 요동 땅을 회복하고 만주와 한반도 여러 국가 중 가장 강력한 국가가 됩니다.

위만이 이렇게 국력을 키우고 영토를 확장할 수 있었던 것은 철기를 사용했기 때문입니다. 청동은 재료도 귀하고 만들기도 어렵기 때문에 청동기 시대에도 여전히 돌로 만든 농기구를 썼지만, 철은 쉽게 구할 수 있으므로 철로 만든 농기구를 대량생산할 수 있었습니다.

그런데 우리 민족 역사를 서술할 때 정통성을 어디에 두어야 할까요? 기준을 몰아내고 조선을 차지한 연나라 사람인 위만일까요, 아니면 위만에게 쫓겨 한반도 남부에 마한을 세운 기준일까요? 흥미롭게도 2000년이 지난 오늘날 이 논쟁이 다시 불붙었습니다. 현재 한반도에서는 북쪽의 조선과 남쪽의 대한으로 나뉘어 누가 우리 민족의 정통을 가졌는지 다투고 있습니다.

공후(箜篌)

읽을거리

현존하는 한국 최고(最古)의 시는 고조선 시대에 지어진 〈공무도하가(公無渡河歌)〉입니다. 후한의 채옹(133년~192년)이 엮은 《금조(琴操)》에 처음 등장합니다.

고조선의 뱃사공 곽리자고가 새벽에 배를 젓고 있을 때, 흰머리를 한 미친 인간(白首狂夫, 백수광부)이 술병을 든 채 물에 뛰어드는 것을 봅니다. 그 아내가 이를 막으려 뒤쫓았지만 결국 남편은 물에 빠져 죽습니다. 아내는 하늘을 쳐다보며 울다가 남편을 따라 물에 뛰어들어 죽습니다. 곽리자고가 집에 돌아와 아내 여옥에게 자신이 본 것을 얘기해 주자 여옥이 슬퍼하며 공후(箜篌)로 그 장면을 노래합니다. 이 노래를 듣고 울지 않는 자가 없었다고 합니다.

公無渡河 공무도하   님아 물을 건너지 마오
公竟渡河 공경도하   님은 끝내 물을 건넜네
墮河而死 타하이사   물에 빠져 돌아 가시니
當奈公何 당내공하   이제 님을 어찌 하리까

기원전 3세기 무렵 한강 이남으로 철기가 전파되면서 진국辰國이라는 나라가 성립됩니다. 진국의 왕은 진왕辰王입니다.

기원전 194년 고조선에서 쫓겨난 준왕은 남쪽 한韓으로 도망쳐 건마국에 정착한 뒤 나라를 건국하고 한왕韓王을 자칭합니다. 아마도 이때 진국이 삼한으로 바뀐 것 같습니다. (진국에 관한 기록이 극히 부족하므로 더 자세한 설명은 할 수 없습니다.) 하지만 준왕의 대가 끊기면서 1세기 후반 혹은 2세기 초반 삼한의 주도권은 목지국으로 넘어갑니다.

기원전 2세기 한반도 남부에는 수많은 소국이 난립하고 있었습니다. 이러한 소국들은 서로 연합하여 마한馬韓, 진한辰韓, 변한弁韓이라는 연맹체 국가를 만들게 되는데 이 세 나라를 합쳐 삼한三韓이라고 합니다. 마한은 50개 이상, 진한과 변한은 각각 12개의 작은 나라로 이루어져 있습니다.

삼한은 요즘으로 따지자면 연방제 국가입니다. 연방聯邦, federation은 복수의 국가가 공통의 목적을 위하여 연방헌법에 기초하여 설립된 국가입니다. 연방의 구성국은 자체적으로 입법·사법·행정 기관을 가진 독립된 나라입니다. 다만 외국과의 외교, 연방 구성국과 외국 간의 교역 등은 연방정부가 관할합니다. 대표적으로 미국, 스위스 등이 있습니다. 물론 삼한은 지금의 연방국과는 차이가 있습니다.

삼한에서 소국을 다스린 군장은 신지, 읍차라고 불렸고, 마한에 있던 목지국의 군장이 삼한을 대표하였습니다. 목지국의 군장은 진왕辰王이라고 불렀다는 기록이 있습니다. 삼한이 진국을 계승했기 때문일까요?

삼한에는 천군이라는 제사장이 있어 소도에서 제사 의식을 주관하였습니다. 그리고 5월과 10월에 하늘에 제사를 지내는 풍습이 있었습니다. 소도는 정치적으로 독립된 지역으로, 죄를 짓고 도망친 사람이 숨어도 잡을 수 없었다고 합니다. 이를 통해 삼한은 제사와 정치가 분리되어 있었다는 것을 알 수 있습니다.

이후 마한의 소국이었던 백제국이 마한을 통합하고, 진한의 사로국이 진한을 흡수하여 신라로 발전하였고, 변한 지역의 소국은 가야 연맹으로 발전합니다.

소도는 솟대라고도 합니다. 긴 장대 끝에 나무로 만든 새 조각을 세웁니다. 솟대의 새들이 하늘 위의 신들과 땅 위의 사람들을 연결해주는 역할을 합니다.

읽을거리

일본의 사서인 《일본서기》를 읽으면 설명할 수 없는 기묘함이 느껴집니다. 일본의 역사를 기록한 책인데 오히려 대부분이 한반도에서 일어난 일을 기록하였고 6세기 이후부터 비로소 일본 열도에서 일어난 일이 기록되고 있습니다. 그 때문에 일부 과격한 역사학자들은 왜(倭, 일본의 고대 명칭)가 한반도 남부에 있다가 현재 일본으로 이동했다고 주장하기도 합니다.

하지만 필자의 생각은 다릅니다. 필자는 왜(倭)의 전신이 '삼한'이라고 생각합니다. 삼한은 3~4세기까지도 한반도 남부를 지배하는 국가였다가 광개토대왕의 고구려와 전투에서 패배하고 일본 열도로 도망을 쳐서 '왜'가 되었다고 생각합니다.

삼한이 일본 열도로 물러나면서, 백제, 신라, 가야가 마한, 진한, 변한을 차지했다는 것이 필자의 주장입니다. (교과서에도 나오지 않는 가설을 책에 넣었다고 불평할 분도 있겠습니다. 하지만 걱정 안 하셔도 됩니다. 교과서에 나오지 않는 가설, 논란이 있는 주장은 절대로 문제로 내지 않습니다.)

그러면 한반도에서 고대국가가 만들어질 때 일본열도에는 누가 살고 있었을까요? 기원전 3세기부터 한반도에서 금속 문화(청동기와 철기)와 농경 문화를 가진 사람들이 건너와 석기 문화에 채집 생활을 하던 조몬인들을 정복했습니다. 이 시대를 대표하는 토기가 도쿄도 분쿄구 야요이초(彌生町)에서 처음 발굴되었습니다. 그래서 야요이 시대라고 합니다.

야요이 시대는 삼한의 사람들이 밀려드는 3세기까지 계속됩니다. 야요이 시대 일본 열도는 여러 소국으로 나뉘어 있었습니다. 이러한 소국들의 국력으로는 한반도를 침략하는 것이 불가능합니다. 그래서 3세기 이전 우리나라 사서에 '왜'라는 말이 나오면 절대로 일본 열도에 있던 세력이 아닙니다. 덧붙이자면 중국 사서에 나오는 倭(왜)는 일본 열도에 사는 사람입니다. 착각해서는 안 됩니다.

부여 건국 기원전 2세기경

'부여'는 아마도 '벌판'의 '벌'인듯합니다. 부여가 있던 곳이 말 그대로 '벌'판이 '벌려'있는 곳입니다. 대구의 원래 이름이 달구'벌'인 것처럼 '벌'이라고 쓰다가 '버리, 부리' 형태가 되고 'ㄹ'이 탈락하면서 '부여'라는 형태가 되지 않았을까 합니다. 부여의 수도는 예성濊城이라 하는데 현 중국의 지린성 지린시(길림시)입니다.

부여라는 이름을 가진 나라는 몇 나라일까요? 북부여, 동부여, 남부여,

졸본부여, 갈사부여(?) 이렇게 5개입니다. 이 중 남부여는 백제가 이름을 바꾼 것이고, 졸본부여는 추모가 졸본에 세운 나라로 고구려의 전신이며, 갈사부여는 부여왕 대소의 동생이 세운 나라로 유래가 확실합니다. 그런데 북부여와 동부여는 그 기원이 정말로 오리무중입니다. 기록이 전해지지 않아서가 아니라, 기록이 저마다 다르기 때문입니다.

중국의 사서 《논형》에는 동명이 고리국을 탈출하여 부여의 땅에 나라를 세웠다고 기록되어 있습니다.

《삼국유사》에는 해모수가 기원전 59년 북부여를 건국하였으며, 해부루가 그의 아들이라고 되어있습니다. 해부루왕이 대신인 아란불의 꿈에 천제가 내려와 "내 자손(추모)이 여기에 나라를 세울 것이니 가섭원으로 가라"라고 했다는 말을 듣고 가섭원으로 옮겨가면서 동부여가 되고 동부여는 대소왕 대에 멸망했다고 되어있습니다.

마지막으로 광개토대왕릉비 비문에 북부여와 동부여가 나오는데 여기는 다른 사서와는 다르게 추모왕이 동부여가 아닌 북부여에서 나왔다고 기록되어 있습니다.

이번에 깔끔하게 정리해 보겠습니다. 대략 기원전 2세기경에 자신을 태양신 해모수의 자손이라고 칭하는 인물이 고리국을 탈출하여 부여를 건국합니다. 한민족은 나라를 최초로 세운 왕은 동명왕東明王이라고 하니 이 사람을 부여 동명왕이라고 하겠습니다. 부여 동명왕의 아들은 해부루, 해부루가 늘그막에 얻은 아들이 금와金蛙입니다.

금와왕의 아버지 해부루왕이 나이가 들어도 아들을 얻지 못하자 산천에 제사를 지내며 아들을 점지해 줄 것을 빌었다. 그리고 돌아오는 길에 해부루왕이 탄 말이 곤연鯤淵이라는 곳에 이르러 큰 돌을 마주 보고 눈물을 흘렸다. 해부루왕이 이를 괴이하게 여겨 사람을 시켜 돌을 치웠더니 금빛金 개구리蛙 형상의 아이가 나타났다.

금와는 기원전 59년 부여왕의 자리에 오릅니다. 금와왕의 맏아들이 대소입니다. 아버지인 금와왕이 유화와 그 아들인 추모를 거두어 키울 때 함께 어울려 놀기도 했다고 합니다. 추모는 기원전 58년 태어납니다. 어쩌면 유화는 금와왕의 왕비 중 한 명이고 추모는 금와왕의 아들인 걸까 생각됩니다. 대소가 있는 한 자신은 왕이 될 수 없으니, 무리를 거느리고 남쪽으로 내려가 고구려를 건국한 것인지도 모르겠습니다.

대소왕은 고구려를 속국 취급하며 괴롭힙니다. 고구려의 대무신왕은 서기 22년 부여를 공격하여 대소왕을 죽입니다. 대소왕 사후 대소왕의 아우가 갈사국을 세우고, 대소왕의 사촌 동생이 고구려에 투항하면서 국력이 크게 약해집니다.

광개토대왕릉비 비문에서는 다음과 같은 내용을 확인할 수 있습니다. 285년의 선비족 모용씨慕容氏의 침공으로 부여왕 의려가 죽고 북옥저로 도피했다가 그다음 왕 의라 대에 서진의 도움으로 나라를 회복해 귀환했는데, 그중 일부가 북옥저 지역에 계속 살았습니다. 이때 남은 무리가 동부여이고, 본래 부여가 있던 곳을 구분하여 북부여라고 부른 것입니다.

《삼국유사》에 나온 북부여 동부여 이야기는 285년에 일어난 일을 기원전 59년에 일어난 일로 조작한 것입니다. 고구려에 정착한 동부여인들의 힘이 세지면서 역사를 조작한 것이지요.

부여의 정치와 사회에 대해 알아보겠습니다. 부여는 부족들이 뭉쳐 만들어진 연맹 왕국입니다. 각 부족의 지배자는 '가加'라고 하는데, 가장 힘이 센 '가'가 왕이 됩니다. 부여의 중앙은 왕이 직접 다스리고 지방은 크게 동서남북 네 구역, 즉 사출도四出道라 칭하는 지역으로 나누어 '가'가 다스렸습니다. 중국 사서인 《만주원류고》에는 '가'들을 마가馬加, 우가牛加, 저가猪加, 구가狗加라고 불렀다고 기록되어 있습니다. 왠지 사출도는 윷판이 연상되고, 마가, 우가, 저가, 구가는 모, 윷, 도, 개가 연상됩니다. 혹시 윷놀이가 부여 사회와 관련이 있는 것일까요?

부여는 연맹왕국이라 왕권이 약했습니다. 그래서 흉년이 들면 왕이 책임지고 물러나거나 심지어 죽임을 당하기도 했습니다. 죽을 때도 혼자 죽지 않고 사람을 함께 묻는 순장 풍습이 있었기 때문에 애먼 사람들이 같이 죽었을 것입니다.

부여의 백성들은 밭농사와 목축을 하였고, 12월에는 '영고'라는 제천 행사를 열었습니다. 그리고 법이 무척 엄해서 사람을 죽인 자는 사형시키고 그 가족은 노비로 삼으며, 도둑질한 자에게는 열두 배를 배상하는 1책 12법을 시행하였습니다. 1책 12법은 고구려에서도 그대로 적용되었습니다. 백제에서는 두 배를 배상하도록 했다고 합니다.

✦ 옥저와 동예 ✦

옥저(沃沮)는 늦어도 기원전 3세기 이전부터 기원후 285년까지 함경도, 연해주에 존재했던 부족 국가 집단입니다. 옥저는 하나의 국가가 아니라 남옥저, 동옥저, 북옥저로 존재했습니다. 옥저를 다른 이름으로는 '매구루', '치구루'라고도 합니다. '구루'는 '사람이 사는 곳'이라는 의미로 현대 우리말의 고을과 같고, 고구려의 '그려', 말갈의 '갈'도 같은 의미입니다. 약소국가라 고구려에 합병되어 사라집니다.

역사책에서 꼭 배우는 옥저의 풍습으로 민며느리제와 골장제가 있습니다.

민며느리제는 집안끼리 아이들의 결혼을 약속하고, 여자가 10세가량이 되었을 때 시가에 가서 살다가, 혼기가 차면 친정으로 돌려보낸 뒤 다시 결혼하는 제도입니다. 민며느리제는 고구려나 부여에서 여자들을 약탈해 가기 때문에 어쩔 수 없이 생긴 풍습입니다. 원 간섭기 원나라가 고려에 공녀(여자를 조공하는 것)를 요구하자, 이를 막기 위해 일찍 결혼하는 조혼이 유행한 것과 같습니다. 골장제는 시신을 산에 두었다가 뼈만 추슬러 가족 공동무덤에 안치하는 장례 방식입니다.

동예(東濊)는 이름에서도 알 수 있듯이 예족이 세운 국가입니다. 기원전 82년부터 기원후 4세기까지 지금의 영동 지방에 존재했습니다. 동해안에 있는 까닭에 해산물이 풍부하며, 단궁(檀弓), 과하마(果下馬), 반어피(斑魚皮)등이 특산물입니다. 단궁은 박달나무로 만든 활, 과하마는 과일나무 아래를 지나갈 정도로 키가 작은 조랑말, 반어피는 반어(물범)의 가죽입니다.

동예의 풍습으로는 같은 씨족끼리 혼인하지 않는 족외혼과 다른 부족의 경계를 침범하면 노비나 소, 말로 보상하는 책화라는 풍습이 있었습니다. 그리고 10월에 하늘에 제사를 지내는데 이를 무천이라고 합니다.

읽을**거리**

하늘에 제사를 지내는 제천의식은 나라별로 있습니다.

부여-영고, 동예-무천, 고구려-동맹, 삼한-계절제.

'부영'이와 '고동'이는 '동무'들과 '삼계'탕을 먹었다. 이렇게 외우시기를 바랍니다.

앞에서 얘기했듯이 한나라는 흉노와의 백등산 전투에서 패배하고 매년 조공을 바치는 처지가 됩니다. 한나라의 제7대 황제인 무제는 선조의 복수를 하고자 흉노와의 전쟁을 선언합니다. 위청과 곽거병이라는 명장의 지도하에 기원전 129년 처음으로 원정을 떠나는데 대성공을 거두게 됩니다. 기원전 119년에는 흉노를 밀어내고 오르도스 지방을 회복하여 2군을 둡니다.

기고만장해진 한무제는 이제 사방으로 원정을 보냅니다. 흉노를 원정하기 이전인 기원전 140년에는 장건을 서쪽으로 보내 비단길(실크로드)을 개척합니다. (이때 장건이 마늘을 가져옵니다.)

기원전 111년에는 조타가 건국한 남월국(현재 베트남 북부)을 멸망시켜 9군을 둡니다. 여기서 조타의 행적은 위만과 거의 비슷합니다. 기원전 109년에는 위만조선을 공격하며 위만조선의 3대 왕 우거는 1년 넘게 버티지만 결국 기원전 108년, 부하의 반역으로 암살당하면서 위만조선은 멸망합니다. 한무제는 위만조선을 멸하고 그 자리에 한사군을 만듭니다.

중국과 일본의 학자들은 위만

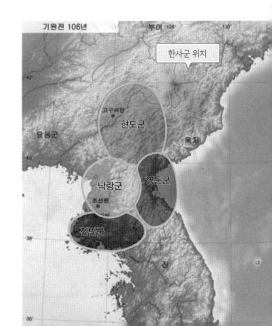

조선이 멸망하면서 우리 민족에 대한 식민 지배가 시작되었다고 주장합니다. 하지만 당시 북쪽에 부여, 남쪽에 진국(삼한)이 존재했으니 우리 민족이 살던 지역 중 일부 지역만 침략당한 것에 불과합니다. 게다가 한사군은 우리 겨레의 맹렬한 반격으로 몇십 년 사이에 낙랑군만 제외하고 다 사라지고, 결국 낙랑군으로 흡수되어 재편됩니다.

그럼 낙랑군에는 누가 살았을까요? 바로 옛 조선인이 자기들의 문화를 지키면서 살았습니다.

한서 지리지에 낙랑군의 상황이 나오는데, 대체로 고조선 지역의 관습법 혹은 자체적 법률이 유지되었으며, 관리를 스스로 충당하지 못한다고 나옵니다.

또 중국에서 태수가 파견되었지만 실질적인 정치는 낙랑의 토착 세력인 왕씨가 했습니다. 원래는 한나라 출신과 고조선 출신이 구별되었으나 시간이 지나면서 융합되어 아예 낙랑군 출신이라고 불렸다고 합니다. 이렇게 거의 독립적인 위치에 있었기에 중국에 일곱 개 왕조가 지나가는 동안에도 멀쩡히 존속할 수 있었겠지요.

낙랑군이 평양이 아니라 요서에 있었다는 설이 있는데 이것은 사람들의 착각에서 비롯되었습니다. 낙랑군의 위치는 평양을 중심으로 한 지역이 맞지만 미천왕 대에 낙랑군과 요동, 현도군을 이어주는 연결고리였던 압록강 하구의 서안평을 집요하게

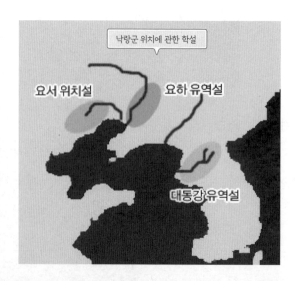

낙랑군 위치에 관한 학설

요서 위치설   요하 유역설

대동강 유역설

공략해 끝내 수복하면서 313년 낙랑을 병합합니다.

이때 낙랑군은 장통이라는 사람에 의해서 지배를 받고 있었는데 장통은 1000여 호의 주민을 이끌고 중국 모용외에게 투항합니다. 이에 모용외는 요서 지역에 낙랑군을 만들어 주민을 수용합니다. 즉 요서에 낙랑군이 있었던 것은 사실이지만 그 시기는 313년 이후입니다.

읽을거리

위만조선이 멸망할 때 한반도 남부에는 '진'이라는 나라가 있었습니다. 우거왕의 신하였던 역계경이 한나라와 싸우지 말 것을 간하지만 우거왕이 듣지 않자 백성 2000여 호(戶, 가구)와 함께 동쪽의 진국으로 갔다는 기록이 있습니다.

《후한서》의 기록에 따르면 진은 나중에 삼한이 되고, 《삼국지》의 기록에 따르면 진은 삼한 중 하나인 진한이 된다고 기록되어 있습니다. 어느 쪽이 맞는지는 잘 모르겠습니다.

4장

**신라,
고구려, 백제
그리고 가야**

우리 역사		세계사
신라 건국	기원전 57년	
고구려 건국	기원전 37년	
	기원전 27년	로마 아우구스투스 즉위
백제 건국	기원전 18년	
	25년	후한 시작
가야 건국	42년	

고구려, 백제, 신라 삼국이 한반도에 있었던 시대를 삼국시대三國時代라고 합니다.

《삼국사기》에 따르면, 신라가 기원전 57년 건국되었고, 고구려가 기원전 37년에, 백제가 기원전 18년 건국됩니다. 백제가 660년 멸망하니 삼국시대는 717년간이라 할 수 있습니다.

하지만 삼국시대라는 용어는 문제가 많습니다.

부여는 고구려보다 먼저 건국되어 494년까지 존재했고 낙랑군은 313년 고구려의 미천왕에 의해 한반도에서 쫓겨날 때까지 존재했습니다. 삼한의 소국들은 5세기까지도 존재하고 가야연맹 중 최후에 사라진 대가야는 562년까지 존재했습니다. 그렇다면 진정한 삼국 시대는 562년부터 660년까지 99년입니다. 그래서 기원전 2세기~기원후 3세기까지는 원삼국시대原三國時代라고 부르기도 합니다.

필자는 삼국시대보다는 열국시대列國時代가 어떨지 생각합니다.

한편 중국에서는 유방劉邦이 항우項羽와의 전쟁에서 승리하며 기원전 202년 한漢나라를 건국합니다. 하지만 왕망이 유영에게서 황제의 자리를 물려받아 새로운 나라를 세우는 '선양'을 해 9년에 신新나라를 세웁니다. 그러나 한나라의 황족이던 유수가 왕망을 물리치고 25년 황제의 자리에 오릅니다. 그가 광무제光武帝입니다.

한나라는 220년 조조가 세운 위나라에 의해 멸망합니다. 기원전 202년부터 220년까지를 한나라라고 해도 되지만, 보통은 신나라 앞은 전한前漢, 신나라 후는 후한後漢으로 시대를 구분합니다. 전한과 후한의 교체기에 서양에 로마 제국, 중동에 파르티아 제국이 있었고, 우리나라는 삼국시대 초기였습니다.

신라 건국 기원전 57년

《삼국사기》에는 다음과 같은 건국 신화가 실려있습니다.

고조선의 유민들이 진한辰韓 6촌을 이루어 살았다. 6촌은 알천閼川의 양산촌楊山村, 돌산突山의 고허촌高墟村, 취산觜山의 진지촌珍支村, 무산茂山의 대수촌大樹村, 금산金山의 가리촌加利村, 명활산明活山의 고야촌高耶村이다. 어느 날 고허촌장 소벌공이 양산 기슭을 바라보니 나정蘿井(경주시 탑동에 있는 우물) 곁의 숲 사이에 말 한 마리가 무릎을 꿇고 울고 있었다. 그래서 가 보았더니 갑자기 말은 보이지 않고, 큰 알이 한 개 있어 깨뜨려 보니 한 아이가 나왔다. 소벌공은 그 아이를 데리고 와서 잘 길렀는데, 10여 세가 되자 유달리 숙성하였다. 6부 사람들은 그 아이의 출생이 신기했으므로 모두 우러러 받들어 왕으로 모셨다. 진한 사람들은 표주박을 박朴이라고 하였는데,

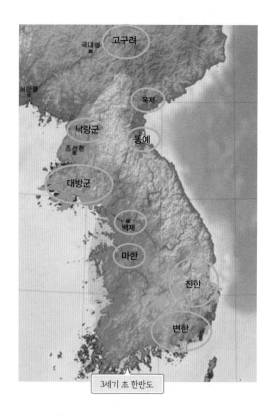

3세기 초 한반도

혁거세가 난 커다란 알의 모양이 표주박과 같이 생겨서 성을 박으로 하였다.

말은 금와왕의 탄생 신화에 나오고, 알은 추모왕의 탄생 신화에 나옵니다. 이를 미루어 보면 박혁거세는 북쪽에서 기마술과 철기를 가지고 내려온 집단의 우두머리로, 청동기 문화에 머물러 있던 진한 6촌으로 들어와 그들의 지지를 얻어 신라를 건국한 것 같습니다.

《삼국사기》에는 '박혁거세는 이명으로 불구내弗矩內라고 한다'라고 기록되어 있는데, 사실은 '밝은 애'나 '밝은 누리'가 이름이고 이를 한자로 번역한 것이 혁거세赫巨世입니다. 밝을 혁赫, 클 거巨, 누리 세世의 훈을 따서 지은 것 같습니다(밝큰누리). 성인 '박'은 박처럼 생긴 알에서 태어났기 때문이라고 하지만, 그것보다는 우리말 '밝'이 변한 것일 가능성이 높습니다. 새벌의 밝불구내왕이니 앞 글자만 따면 새밝, 즉 동명東明이 됩니다.

국호와 성명에 대한 설명은 이 정도로 하고 '거서간'에 대해 한번 고찰해 보겠습니다. '간'은 중앙아시아의 유목 민족들에게 공통으로 '왕'이라는 뜻으로 쓰였습니다. 대표적으로 칭기즈'칸'이 있습니다. 이 말 앞에 '거세'를 붙인 것인데, '거세'는 아마도 '거수'인 것 같습니다.

진수의 《삼국지》 동이전에 보면 '封其渠帥爲侯王者八十餘人(그 거수를 후왕에 봉하니, 팔십여 명이었다)'라는 구절이 있습니다. 여기서 보다시피 '거수'란 중국 동쪽에 사는 민족들의 우두머리를 칭하는 말로 중국의 '제후'와 같은 의미입니다.

신라新羅의 수도인 서라벌은 금성金城이나 동경東京이라 했는데, 신新은 '새'롭다. 금金은 쇠, 동東은 우리말로 '새'이니 모두 '새'라는 발음을 나타내고, 라羅, 성城, 경京이 전부 '벌'을 뜻합니다. 그러니 신라는 '새벌'이라고 불리었습니다.

새벌은 신라에서만 쓰던 말이 아닙니다. 백제의 수도였던 '사비泗沘'는 신라 문무왕 대에 '소부리所夫里'로 불리는데 둘 다 '새벌'입니다. 궁예의 후고구려의 수도였던 '철원鐵原'도 鐵-쇠, 原-벌이니 '쇠벌'입니다.

이 말은 현재까지도 전해져 '서울'이라는 이름으로 사용되고 있습니다. '새'는 '새롭다' 혹은 '처음'이라는 뜻인 것 같습니다만, '새'가 '처음'이 아니라 '첫 번째'라는 뜻일 수도 있습니다. 그렇다면 서울은 '첫 번째 도시' 혹은 '으뜸가는 도시'라는 뜻이 되고, 한자로 바꾸면 '수도首都'입니다.

읽을**거리**

《삼국사기》에 보면 박혁거세 30년에 '낙랑 사람들이 침입했다가 돌아갔다'라는 기록이 있습니다. 어떻게 지금 황해도 지역에 있는 낙랑이 현재 경주에 있는 서라벌을 공격할 수 있었을까요? 그 때문에 이 기록은 잘못된 기록이라거나 후대의 기록을 앞에 기록한 것이라는 추측도 있습니다.

그런데 중국에서는 신라왕을 한결같이 낙랑군공으로 봉합니다. 도대체 신라와 낙랑은 무슨 관계일까요? 여기에 색다른 가설이 하나 있습니다. 박혁거세의 무리는 요동에 있었는데 점차 한반도로 이동하여 마지막에 경주 땅에 정착했다는 것입니다. 훨씬 농사가 잘되는 김해에 정착하지 않은 이유는 그곳에 이미 김수로가 터를 잡았기 때문입니다. 참으로 흥미로운 가설입니다.

고구려 건국　기원전 37년

　고구려의 역사는 추모로부터 시작해서 보장왕까지 약 700년입니다. 그런데 중국의 사서에는 900년이라는 기록이 가끔 나옵니다. 또 한 가지 주목할 만한 사실은 고구려 왕가의 성이 해씨에서 고씨로 바뀐다는 점입니다. 하나씩 차근차근 풀어보겠습니다.

　우선 추모의 성은, 사서에 고추모라고 나와 있으니 고高씨겠지요. 하지만 추모의 아버지가 해모수입니다. 그러면 아버지의 성을 따서 해추모가 맞지 않을까요? 그리고 후손들이 전부 해解씨입니다. 유리명왕의 아들 해명태자解明, 대무신왕은 대해주류왕大解朱留王, 민중왕은 해색주解色朱, 모본왕은 해우解憂 혹은 해애루解愛婁입니다. 그리고 태조왕 대에 다시 고씨 성을 써서 고궁高宮입니다.

　그래서 태조왕 대에 왕통이 해씨에서 고씨로 바뀌었고 해추모는 추존해서 고추모로 바꾸었다는 주장이 있습니다. 그리고 《삼국지》 동이전에 고구려 왕통이 소노부에서 계루부로 바뀌었다는 기록이 있으니 이를 대입해 보면 태조왕 대에 소노부 해씨에서 계루부 고씨로 왕통이 교체되었다는 것입니다. 굉장히 그럴듯한 설명입니다.

　그런데 만약 고씨 왕조에서 사서를 쓴다면 차라리 태조왕을 시조로 하고 고구려 역사를 쓰면 되지 굳이 태조왕 이전을 남겨놓을 필요가 있을까요? 그리고 광개토대왕릉비 비문에서도 추모왕으로부터 고구려가 시작되었다고 기록합니다. 그래서 필자는 왕통이 바뀐 것이 아니라 성만 바뀌었다고 생각합니다. 역사에서 한 왕조가 성을 바꾸는 경우도 제법 있습니다. 북위北魏의 효문제가 탁발씨拓跋氏에서 원씨元氏로 성을 바꿉니다.

해解는 아마도 하늘 높이 솟은 해를 의미하고, 고高는 그 뜻을 한자로 표현한 것으로 생각합니다.

그러면 고구려 왕통이 소노부에서 계루부로 바뀌었다는 기록은 어떻게 된 것일까요? 이 이야기를 하려면 한사군을 먼저 얘기해야 합니다. B.C. 108년 고조선이 멸망하고 낙랑군, 진번군, 임둔군, 현도군이 설치됩니다. 이때 현도군은 상은태현, 고구려현, 서개마현 등의 군을 가지고 있었습니다. 그런데 B.C. 75년 현도군의 치소인 고구려현이 토착민의 공격으로 혼하 상류의 흥경 일대로 옮겨가게 됩니다.

필자는 이 토착민들이 만든 부족이 비류나부沸流那部, 연나부椽那部, 환나부桓那部, 관나부貫那部일 것이라고 생각합니다. (중국 사서인《삼국지》에는 소노부消奴部, 절노부絶奴部, 순노부順奴部, 관노부灌奴部라고 나옵니다.) 나那는 내川와 같습니다. 아마도 '나'들은 하천이나 강변을 중심으로 형성된 세력 같습니다. 후에 추모가 이끌고 온 집단은 계루부桂婁部라고 합니다.

초기 고구려는 이 다섯 부족이 연합한 연맹 왕국이었습니다. 족장은 대가大加라고 하고, 대가들의 대표는 상가相加입니다. 나라의 중요한 일은 왕, 상가, 대가들이 제가회의諸加會議를 통해 결정했습니다.

《삼국지》동이전에 따르면 이 다섯 부족의 부족장 간에 선출된 부족 연맹장이 곧 왕이 되었으나 시간이 흐르면서 왕위는 점차 선출이 아닌 세습제로 이어졌고, 초기는 소노부에서 왕이 배출되었으나, 이후에 소노부의 힘이 점차 미약해져 계루부에서 세습하였다고 기록되어 있습니다.

중국인들 처지에서는 고구려라는 곳에서 왕통이 교체되었으니 소노부 시절부터 고구려 역사로 여겨서 900년인 것이고, 계루부로서는 추모로부터 자신들의 왕조가 성립되었다고 여겨서 700년인 것입니다.

소노부 출신으로 역사서에 기록된 사람으로는 송양왕松讓王이 있습니다. 추모가 비류국의 송양왕과 활쏘기로 대결하여 항복을 받아내고 다물도多勿都라는 나라 이름을 내려 주었다고 합니다. '다물'이란 '다시 찾다'라는 의미입니다. 추모 집단이 고구려현에서 탈출했다가 돌아왔다는 것을 의미하는 것일까요?

계루부가 왕권을 차지한 뒤에도 소노부의 전 왕족은 독자적으로 종묘를 세웠으며, 계루부 왕족과 절노부의 왕비족과 함께 고추가古鄒加라는 칭호를 사용하는 큰 세력으로 남습니다.

고구려의 역사는 소노부부터 따지면 900년이고, 계루부부터 따지면 700년입니다.

고구려는 고리, 고려, 구려 등이 지금의 '고을'에 해당하는 단어에 고를 붙여 만들어진 단어입니다. 5세기 장수왕 대에 고구려 대신 고려高麗라는 국호를 사용합니다. 하지만 고高가 묘하게도 고구려의 왕실 성인 고高와 같고, 후에 왕王씨의 고려와 구별하기 위해서 역사책에서는 고구려라고 사용합니다.

고구려는 수도를 두 군데에 짓습니다. 평시에는 평지성이 수도의 역할을 하다가, 전쟁이 나고 수도가 함락되면 산성에서 농성하였습니다.

최초의 수도인 졸본은 현재 오녀산성입니다. 그렇다면 평지성도 있을 텐데 정확한 위치는 오리무중입니다. 유리왕 대에는 국내성으로 수도를 옮깁니다.

고구려에는 서옥제壻屋制라는 혼인 풍습이 있었습니다. 서옥壻屋은 사위 집입니다. 고구려 사람들은 약혼하면 처가에서 큰 본채 뒤에 작은 별채인 사위 집을 짓는데, 해가 저물 무렵 남편이 처가 문 밖에 와서 이름을 밝히고 꿇어앉아 절하며 안에 들어가서 아내와 잘 수 있도록 요청한다고 합니다. 이렇게 두세 번 청하면 아내의 부모가 별채에 들어가 자도록 허락하고, 자식을 낳아 장성해야만 아내를 데리고 남편 집으로 돌아갈 수 있었다고 합니다. 지금 대한민국에도 이 풍습이 남아 결혼을 장가杖家간다고 하고, 결혼하면 처가(장가)에서 3~4일 머무릅니다.

고구려는 10월에 제천의식을 하였는데 이를 동맹東盟 또는 동명東明이라 했습니다.

읽을거리

'동명'이라는 칭호는 우리 역사에서 한 나라를 건국한 사람에게 주는 칭호입니다. 그래서 부여의 초대 왕도 동명왕이고, 고구려의 초대 왕도 동명왕입니다. 그런데 두 동명왕의 탄생 신화가 판박이로 똑같습니다.

아마도 부여의 건국 신화가 먼저 있었을 것입니다. 후에 고구려가 부여를 흡수하면서 부여 동명왕의 신화를 바탕으로 자신들의 시조인 추모의 신화를 만들었을 것입니다.

부여 동명왕은 고리를 탈출 부여를 건국하고, 고리(고구려의 다른 이름) 동명왕은 부여를 탈출 고리를 건국합니다. 백제 온조왕은 고리에서 탈출하여 부여(백제 멸망 시기의 이름)를 건국합니다. 만약 백제가 삼국을 통일했다면 아마도 다음과 같은 탄생 신화를 만들었을지도 모르겠습니다.

① 부여 왕의 딸이자 추모의 왕비 소서노는 하늘의 기운을 받아 두 개의 알을 낳는다.

② 고구려왕 추모가 불길하다 여겨 버렸으나 짐승들이 보호한다. 껍질이 단단해서

깨뜨릴 수가 없다. 도로 소서노에게 돌려준다.

③ 추모의 아들 유리가 나라를 빼앗길 것을 두려워하여 두 형제를 죽이려고 하였다. 비류와 온조는 남쪽으로 도망하여 강가에 이르러 기도하자 물고기와 자라가 다리를 만들었다. 강을 건너자 물고기와 자라가 다리를 풀어버리니 추격하던 병사들이 건널 수 없었다.

④ 백제를 건국한다.

부여 동명왕	고구려 동명왕
고리국 왕의 시녀가 하늘의 기운을 받아 임신을 한다.	강의 신인 하백(河伯)의 딸 유화(柳花)가 천제(天帝)의 아들 해모수와 하룻밤을 보내고 하백에 의해 쫓겨난다. 쫓겨난 유화를 부여 금와왕이 거둔다. 금와왕의 궁에 있던 유화가 햇빛을 받아 임신한다.
아들을 낳자 돼지우리, 마구간에 던졌으나 짐승이 보호한다. 그래서 어미에게 돌려준다.	알을 낳았다. 짐승에게 주거나 들판에 내버렸으나 짐승들이 보호한다. 껍질이 단단해서 깨뜨릴 수가 없다. 도로 유화에게 돌려준다.
활을 잘 쏘았다.	활을 잘 쏘았다.
왕은 나라를 빼앗길 것을 두려워하여 죽이려고 하였다.	부여의 왕자들이 나라를 빼앗길 것을 두려워하여 죽이려고 하였다.
남쪽으로 도망하여 강가에 이르러 활로 물을 치니 물고기와 자라가 다리를 만들었다. 강을 건너자 물고기와 자라가 다리를 풀어버리니 추격하던 병사들이 건널 수 없었다.	남쪽으로 도망하여 강가에 이르러 기도하자 물고기와 자라가 다리를 만들었다. 강을 건너자 물고기와 자라가 다리를 풀어버리니 추격하던 병사들이 건널 수 없었다.
부여를 건국한다.	고구려를 건국한다.

◇ 말갈족 ◇

우리 역사에서 백제와 신라를 지긋지긋하게 괴롭히던 종족이 있었으니 바로 말갈족입니다. 그런데 백제와 신라를 공격하려면 고구려 남쪽에 있어야 하는데 사서에 나온 기록으로는 지금의 연해주 지역에 위치합니다.

고구려 후기에 가면 북쪽과 서쪽에도 말갈이 있습니다. 삼국시대 초기에야 고구려가 연해주 지방을 차지 못했으니 백제나 신라를 공격할 수 있다지만, 고구려가 연해주를 차지한 이후에도 계속 백제와 신라를 공격하는 것은 어찌 된 일일까요? 고구려 땅을 어떻게 아무 일 없이 통과한 것일까요?

더구나 말갈족은 국가도 세우지 못하고 왕이 아니라 추장으로 기록되어 있습니다. 그렇다고 고구려에 복속했다는 기록도 없습니다. 국가도 없는 종족이 삼국시대 초기부터 발해를 건국할 때까지 삼국의 틈바구니에서 어디로 복속되거나 독립하지도 않고 계속 존재할 수 있을까요? 더구나 말갈이 고구려를 공격한 적은 동명성왕 원년 딱 한 번밖에 없습니다.

그리고 고구려와 백제, 신라와 다툼이 있을 때마다 출현하여 백제와 신라를 괴롭힙니다. 비류와 온조가 고구려에서 도망칠 때 그 뒤를 고구려가 아닌 말갈이 추격합니다.

신라 내물 이사금 37년 박제상의 기지로 고구려에 인질로 보내졌던 실성이 탈출하면서 고구려-신라 관계가 험악해지는데 그로부터 3년 후 말갈이 신라를 공격합니다.

《삼국사기》와 광개토대왕릉비 비문을 대조해 보면 흥미로운 사실이 하나 있습니다. 《백제본기》진사왕조에 말갈군과 전투 기록이 있는데 비문에는 없습니다. 그냥 단순한 누락일까요?

필자 생각으로 말갈족은 고구려인 부대인 것 같습니다.

퀼테킨 돌궐비문에 고구려를 '뵉클리'로 기록했는데, 고리, 고려, 구려 등이 지금의 '고을'이라는 뜻이고 고구려를 구성하는 맥(貊)족이 원래 '밝'족이니 '맥고리'나 '박고리'가 '뵉클리'가 아닐까요? 더 나아가 '맥고리'나 '박고리'가 곧 '말갈'일 수도 있습니다. 그렇다면 '고구려=말갈=맥족'입니다.

동명성왕 원년의 기록은 고구려가 맥족(말갈)을 주민으로 받아들였다는 내용입니다. 고구려가 무너지고 나서는 남아있는 유민을 말갈이라 부른 것이고, 몇십 년도 지나지 않아 대조영이 발해를 세웁니다. '고구려=말갈'이니 대조영이 고구려인이냐 말갈인이냐를 따지는 것은 무의미합니다.

읽을**거리**

발해에 대항해 싸운 흑수부 말갈은 이름만 말갈이지 말갈족이 아닙니다. 중국에서 비슷한 지역에 사는 부족을 합쳐서 같은 이름으로 부르다 보니 생긴 일입니다. 이 흑수부 말갈을 중심으로 다시 여러 부족이 뭉치게 되는데 이들이 여진족입니다.

필자는 우리 민족을 여진족이라 생각하지 않고 한반도, 요동, 만주에서 농사를 지으며 살던 사람이라고 정의합니다. 여진족은 유목하였으니 우리 민족이 아닙니다. 당연히 여진족이 세운 금, 청(후금)등도 우리 민족이 세운 나라가 아닙니다.

고구려 유리명왕 즉위   기원전 19년

고구려 추모왕이 사망하고 유리명왕이 왕위에 오릅니다. 유리명왕은 부여에서 와서 비류와 온조를 밀어내고 태자가 된 사람입니다. 그리고 좋은 남편도 못되고, 좋은 아버지도 아니었습니다. 기원전 18년(유리명왕 2년) 가을 7월에는 다물후多勿侯 송양松讓의 딸을 왕후로 삼습니다. 하지만 재위 3년 10월에 왕후가 사망하고 유리명왕은 골천 사람 화희禾姬와 중국

한漢사람 치희稚姬를 왕비로 들입니다. 어느 날 유리명왕이 사냥하러 갔는데 화희와 치희가 다투다가 치희가 중국으로 돌아가 버리는 일이 생깁니다. 유리명왕이 급하게 그녀를 찾아가 돌아오기를 설득하지만 끝내 치희는 마음을 돌리지 않았고, 이때 유리명왕이 지은 시가 〈황조가黃鳥歌〉입니다.

翩翩黃鳥 편편황조　펄펄나는 저꾀꼬리,
雌雄相依 자웅상의　암수서로 정답구나.
念我之獨 염아지독　외로워라 이내몸은,
誰其與歸 수기여귀　뉘와함께 돌아갈꼬.

자식도 커다란 문제였습니다. 유리명왕의 첫 번째 태자 도절은 부여에 인질로 가기를 거부하다가 서기 1년, 향년 18세로 석연치 않게 사망합니다. 두 번째 태자인 해명은 힘이 세고 용맹하였습니다. 어느 날 황룡국에서 선물로 강한 활을 보내자, 시위를 당겨 부러뜨리고는 "내 힘이 강해서가 아니라 활이 약해서 부러졌다"며 황룡국 사신을 조롱합니다. 유리왕은 이것을 빌미로 해명에게 자결을 명하고, 해명은 벌판으로 가서 창을 땅에 꽂고 말을 타고 달리다 창에 몸을 던져 자결합니다.(향년 21세) 결국 무휼이 14년 태자가 됩니다. 하지만 아들들의 불행은 끝나지 않아 또 다른 아들인 여진은 18년(유리명왕 37년) 여름 4월에 물에 빠져 사망합니다.

다른 나라와의 관계도 썩 좋지 못합니다. 기원전 9년에 유리명왕은 선비鮮卑와 전쟁을 벌이고 선비를 복속시킵니다. 하지만 부여에는 시종일관 밀리고 있었습니다. 유리명왕 대의 고구려는 부여보다 국력이 약했습니다. 그 때문에 부여는 고구려를 공격하고 인질을 요구하는 등 계속 괴롭힙니다.

한나라(전한前漢)의 뒤를 이은 신新나라와 관계도 좋지 못했습니다. 신나라를 세운 왕망은 오랑캐를 정벌하겠다며 고구려에 병력을 내놓으라고 요구합니다. 힘이 없던 고구려는 병력을 강제 징발해서 보냅니다. 하지만 징발된 고구려인들이 오히려 도적으로 변해 현도군을 약탈하는 일이 발생합니다. 이를 빌미로 신은 12년 고구려를 침범합니다. 신나라는 고구려 장수 연비를 죽이고는 마치 고구려 왕을 죽인 것으로 과장하여 '구려후句麗侯 추류(아마도 추모왕)의 목을 베었다'고 대대적으로 선전하고 고구려 왕高句麗王을 하구려후下句麗侯라고 멋대로 고쳐 부릅니다. 2년 후 이번에는 고구려가 신나라를 공격하여 복수에 성공합니다.

백제 건국 기원전 18년

《삼국사기》, 《백제본기》에는 두 가지 백제 건국 설화가 실려있습니다. 두 번째 설화는 소서노로부터 시작합니다. 소서노는 졸본 사람 연타발의 딸로 북부여의 왕 해부루의 아들인 우태와 결혼하여 온조와 비류를 낳았습니다. 그러나 우태가 일찍 죽는 바람에 과부가 된 그녀는 졸본으로 돌아와 살다가 졸본 남쪽에 도읍을 정하고 고구려를 건국한 고추모와 정략결혼을 하게 됩니다.

추측을 해보자면 소서노는 아마도 졸본(부여)의 여왕이고 고추모는 고구려의 왕입니다. 즉 졸본과 고구려를 합치고 후계자는 비류로 하기로 약속을 한 것인지도 모르겠습니다. 아마도 이때 소서노는 모든 실권을 고추모에게 넘긴 것 같습니다.

하지만 부여에서 친아들 유리가 찾아오자 고추모는 갑자기 태도를 바꾸어 유리를 태자로 세우고 친아들에게 걸림돌이 되는 의붓아들을 제거하려고 합니다. 후계자 자리를 빼앗기고 목숨까지도 위협을 받게 된 비류와 온조는 어머니 소서노를 모시고 남쪽으로 도망쳐 미추홀(지금의 인천)을 수도로 정해 백제를 건국합니다.

그런데 막상 마한 땅에 정착하고 나니 이번에는 두 형제간의 다툼이 발생합니다. 소서노는 형제간의 분쟁이 안타까웠는지 서로를 중재하기 위해 온조를 찾아갑니다. 그런데 온조는 소서노의 무리를 적으로 오인하고 사살한 듯합니다.

《온조왕본기》에 다음과 같은 기록이 있습니다.

온조왕 13년 봄 2월 서울에서 늙은 할멈이 남자로 둔갑했고, 다섯 마리의 호랑이가 성 안으로 들어왔다. 왕의 어머니가 사망했다. 나이 61세였다.

이 일로 온조는 한강 남쪽으로 옮겨갑니다. 이곳은 하남 위례성이라고 합니다. 아마도 형이 무서웠겠지요. 소서노의 얘기는 고대사에 많은 수수

께끼를 풀어줄 열쇠입니다. 백제가 왜 부여의 뒤를 이었다고 선언하는지 과연 비류의 나라가 있었는지 등등.

정설로 여겨지는 첫 번째 설화는 소서노가 나오지 않고, 마한으로 도망치는 얘기부터 시작합니다.

비류는 미추홀을 수도로 정해 나라를 세우고, 온조는 한강 이북에 수도를 정하고 십제十濟라는 나라를 세웁니다. 그런데 미추홀은 토지에 습기가 많고, 물에 소금기가 있어 생활이 불편하다고 하여 백성들이 위례성으로 가버립니다. 비류는 자괴감이 들어 괴로워하다가 죽었다고 합니다. 온조는 비류의 백성을 받아들인 후 나라의 이름을 백제百濟로 바꾸고 마한을 병합해 백제를 큰 나라로 성장시킵니다.

그런데 위의 이야기들은 사실이 아닐 가능성이 매우 높습니다. 일부 학자들은 비류 이야기는 비류로 대표되는 해양 세력이 온조로 대표되는 농업 세력에 흡수된 역사적 사실을 말하는 것이라고 주장합니다. 그리고 흡수가 일어난 시기도 온조 대가 아니고 훨씬 후의 일이라고 주장합니다.

마한 병합 이야기도 마찬가지입니다. 현재의 정설은 서기 3세기 중후반에 백제가 목지국을 타도하고 마한의 주도권을 가졌으며, 6세기 초반에야 마한을 완전히 병합한다는 것입니다.

백제는 한반도 고대 국가 중 유일하게 건국 신화가 없는 나라입니다. 아마도 온조를 높이기 위해 후대에 일어난 일을 온조가 한 것처럼 조작한 것이겠지요.

백제라는 국호는 아마도 밝재였을 것입니다. 밝은 맥貊족을 말하고, 재는 저자 시市입니다. 맥貊족의 도시都市 정도의 의미가 아닐까 합니다.

해유리는 어느 날 실수로 다른 사람의 항아리를 깨부수고 그 사람에게 애비없는 자식이란 소리를 듣습니다. 유리의 어머니는 유리의 아버지가 고구려왕이라는 사실을 알려주고, 고추모가 장차 아들이 태어나면 자신에게 보내라고 하며, 부자(父子) 관계를 증명할 물건을 칠각형의 돌 위에 있는 소나무 아래 숨겨놓았다는 것을 알려줍니다. 유리는 한참을 찾아 헤메다가, 자신의 집 주춧돌이 칠각형이고 그 위의 기둥은 소나무란 사실을 깨달은 뒤 기둥 아래를 뒤져서 부러진 칼 한 조각을 찾아냅니다.

아버지를 찾아 졸본(卒本)에 도착한 유리는 고추모에게 부러진 칼을 바쳤고, 고추모가 자기가 가지고 있던 부러진 칼을 꺼내어 합쳐 보니 이어져 하나의 칼이 됩니다. 고추모는 기뻐하며 해유리를 태자로 삼습니다.

그런데 해유리가 고추모를 찾아오는 이야기는 은근히 그리스 신화에 나오는 테세우스의 이야기와 닮았습니다.

아테네의 왕 아이게우스는 트로이젠에서 아이트라와 사랑을 나눕니다. 아이게우스는 아들이 태어나면 자신에게 보내라고 하며 부자(父子) 관계를 증명할 물건을 큰 바위 밑에 숨겨두고 떠납니다. 이 이야기를 들은 테세우스는 힘을 길러 결국 바위를 들어 올리고 그 아래 묻혀 있던 칼과 샌들을 꺼내 아버지를 찾아갑니다.

한편, 아이게우스는 마녀 메데이아를 새 아내로 맞아 메데우스라는 아들을 두었습니다. 메데이아는 테세우스가 자신과 아들 메데우스를 쫓아낼 것이라 여겨, 아이게우스를 꼬드겨 테세우스에게 마라톤의 괴물 황소를 퇴치하라는 명령을 내리게 합니다. 하지만 테세우스는 거뜬히 황소를 물리치고 돌아와 칼과 샌들을 아이게우스에게 보여주고 부자 관계를 확인합니다. 메데이아와 메데우스는 당연히 쫓겨납니다.

한편 백제의 건국 설화는 은근히 로물루스와 레무스의 로마 건국 설화와 비슷합니다.

로마 건국 신화에 따르면 로물루스와 레무스 쌍둥이는 알바롱가의 왕족입니다. 두 명은 알바롱가를 나와 새로운 나라를 세우기로 하고 현재의 로마가 있는 곳에 정착합니다. 그런데 로물루스는 팔라티움 언덕에 도시를 세우자고 하였고, 레무스는 아벤티누스 언덕에 도시를 세우자고 주장합니다. 로물루스와 레무스는 서로 양보하지 않고 말다툼을 벌이다가 급기야 전쟁이 벌어졌고 결국 레무스가 죽게 됩니다. 로물루스는 팔라티움 언덕에 도시를 세우고 자신의 이름을 따 로마라고 부르게 됩니다.

지중해의 이야기가 한반도까지 전해지고, 이를 바탕으로 설화를 만든 것일까요?

　　고구려의 제3대 군주인 대무신왕은 고구려에서 태어난 첫 번째 왕으로 고구려 초기의 팽창 정책을 적극적으로 추진한 왕입니다. 대무신왕大武神王이라는 시호 자체가 큰 전쟁의 신입니다. 재위 4년 겨울 부여를 공격하고 재위 5년, 부여왕 대소를 죽이며 부여를 정벌하고 재위 9년에는 개마국蓋馬國을 정벌하고, 구다국句茶國의 항복을 받아냅니다. 재위 15년에는 최리의 낙랑국을 정벌합니다.

　　낙랑국은 결혼사기꾼 호동왕자의 계략에 의해, 낙랑공주가 외적이 오면 스스로 울리는 북인 자명고自鳴鼓를 찢으면서 망합니다. (호동왕자는 계모의 미움을 받아 자살합니다.)

　　재위 20년에는 후한의 낙랑군을 정벌하여 멸망시킵니다. 하지만 대무신왕이 죽기 직전 도로 후한에게 빼앗깁니다.

　　낙랑군과 낙랑국의 위치는 어디일까요? 낙랑군이 잘 나갈 때에 25개현을 산하에 두고 함경남도와 강원도 방향 영동 7현에 동부도위를, 황해도 방향에 남부도위를 두었습니다. 그러다가 전한-신-후한의 교체기 때인 25년 왕조를 중심으로 태수를 죽이고 독립하려는 움직임을 보이는데, 이때쯤에 동부

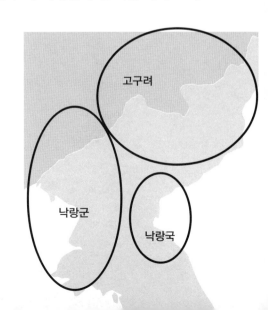

고구려

낙랑군

낙랑국

도위에서 일단의 세력들이 독립하고 낙랑국을 자처하지 않았을까 생각
됩니다.

가야 건국　42년

　　가야는 변한 지역에서 탄생했습니다. 마한과 진한은 백제와 신라를 중
심으로 고대국가가 되지만 가야는 마지막까지 여러 작은 나라의 형태로
있었습니다. 《삼국유사》에는 6개의 나라가 있었다고 기록되어 있지만 실
제로는 더 많았습니다.

　　가야의 역사는 광개토대왕이 한반도 남부를 정벌하는 5세기를 기준으
로 전기와 후기로 나누어집니다. 전기 가야의 중심 국가는 금관가야이고,
후기 가야의 중심 국가는 대가야입니다. 가야의 체제에 대해서는 가야 연
맹聯盟설과 가야 제국諸國설이 대립하고 있습니다.

　　가야 연맹설은 가야
의 소국들이 삼한처럼
연맹을 이루었고, 그 맹
주가 전기에는 금관가
야, 후기에는 대가야라
는 설입니다. 가야 제국
설은 가야의 소국들은

고령가야

성산가야

■ 고령군

대가야

아라가야　금관가야

■ 김해시

소가야

가야 제국(諸國)의 위치

서로 독립된 국가이고 단지 뭉뚱그려 가야라고 불렀다는 설입니다. (제국諸國은 여러 나라라는 의미입니다.) 아직은 가야연맹설을 지지하는 학자들이 주류입니다.

전기 가야의 중심국인 금관가야에 대해 알아보겠습니다. 사실 가야라는 이름은 금관가야를 말하는 것입니다. 대가야는 반파, 아라가야는 안라 등으로 불렸습니다. (금관)가야가 맹주였기 때문에 연맹국 전체를 가야라고 부른 것 같습니다. '가야'는 '가라'라고도 불리는 데 현재 쓰고 있는 겨레와 같은 의미라는 설이 있습니다. 혹은 북쪽에서 나라를 가리킬 때 사용하는 골-고리-구려의 변형이라는 설도 있습니다.

금관가야의 초대 왕인 수로왕 탄생 신화는 다음과 같습니다.

멀고 먼 옛날 변한에는 아홉 개 마을에 아도간, 여도간, 피도간, 오도간, 류수간, 류천간, 신천간, 오천간, 신귀간이라는 아홉 명의 우두머리가 다스리고 있었다. 그러던 어느 날 마을 북쪽에 있는 구지봉에서 하늘의 목소리가 들린다. 하늘의 목소리는 구지봉 봉우리의 흙을 파서 쥐고서, '거북아 거북아 머리를 내밀어라 만약 아니 내놓으면 불에 구워 먹겠다'라는 노래를 부르며 춤을 추라는 것이다.

아홉 명의 간과 백성들은 그 말을 따라 행동하자 하늘에서 붉은 끈이 내려왔다. 끈의 끝부분에는 금으로 된 상자가 붉은 비단에 쌓여있었다. 상자를 열어보니 둥근 황금알 여섯 개가 들어있었으며 아도간이 상자를 가지고 갔다. 다음 날 아침 아홉 간들이 아도간의 집에 모여 다시 상자를 열어보니 황금알 여섯 개가 남자아이 여섯 명으로 변해있었다. 남자아이 여섯 명은 여섯 가야의 왕이 되었다.

구지봉에서 부른 노래가 상당히 위협적입니다. 필자에게는 산속에 숨은 사람들에게 나오지 않으면 산불을 내겠다고 위협하는 소리로 들립니다. 아마도 철기를 가진 무리가 김해 땅까지 내려와서 원주민과 다투고 있는 것 같습니다.

탄생 신화에 '알'이 나오는 것은 예맥족의 특징입니다. 그래서 필자는 가야가 골-고리-구려의 변형일 것이라는 설을 지지합니다. 알을 아도간이 가져갔다는 것으로 보아 서로 합의를 한 것 같습니다. 그런데 6개의 알 이야기는 나중에 가져다 붙인 것입니다. 후삼국시대 영남 지역의 호족들이 신라에 대항하며 저마다 가야의 후손임을 자처하면서 김수로왕의 신화에다가 덧붙인 것입니다.

금관가야는 우리말로 '소나라'라고 부르는데 쇠가 많이 나서 붙은 이름 같습니다. 그래서 후기에는 쇠 금金이 들어가는 금관가야金官伽倻라고 이름을 바꾸었습니다.

금관가야가 있는 김해는 질 좋은 철이 많이 나는 지역입니다. 김해평야에 철제 농기구로 농사를 지어 농업 생산력이 높았습니다. 각종 철제 무기를 만들어 사용하였고, 덩이쇠를 만들어 화폐와 같은 교환 수단으로 이용하기도 하였습니다. 또한 해상 교통의 요지에 자리 잡아 낙랑, 왜 등과

가야갑옷

덩이쇠

교류하며 성장하였습니다.

한편 왜국에서는 가야 지역을 임나라고 불렀습니다. 왜국에서 가장 잘 알려진 가야가 임나이기 때문입니다. 임나는 지금의 대마도로 추정됩니다. 대가야 이야기는 다음 장에서 하겠습니다.

읽을거리

김수로왕의 왕비인 허황후는 인도 아유타야에서 왔다고 합니다. 아들 10명을 두었는데 2명에게 허씨 성을 주어 김해 허씨가 시작됩니다. 그리고 태자 거등왕을 제외한 아들 7명은 모두 승려가 되었다고 합니다. 일곱 명의 왕자가 창건한 절은 경상남도 하동군 화개면에 있는 칠불사입니다.

이 이야기가 사실이라면 가야는 우리 역사에서 가장 먼저 불교를 받아들인 국가입니다. 하지만 이 이야기가 전해지는 사서는 승려인 일연이 지은 《삼국유사》입니다. 그래서인지 불교적으로 꾸며진 이야기 같습니다. 그러나 파사석탑과 쌍어문은 분명히 인도의 영향입니다.

파사석탑은 경상남도 김해시 구산동에 있는 석탑으로 허황후가 48년에 아유타야에서 가져왔다고 합니다. 파사 석탑을 만든 돌은 한반도에서는 나지 않는 돌입니다.

쌍어문은 김수로왕릉에 그려져 있는 문양으로 메소포타미아 지방을 흐르는 티그리스강과 유프라테스강을 상징합니다. 쌍어문은 서쪽으로 퍼져 물고기자리를 나타내게 되었고, 동쪽으로는 페르시아, 인도를 거쳐 가야까지 오게 된 것입니다.

파사석탑

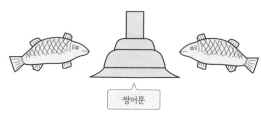

쌍어문

고구려 태조대왕 즉위   53년

태조왕은 고구려 제6대 군주이며 고주몽 이래 처음으로 고씨로 기록된 왕입니다. (태조대왕의 이름은 고궁입니다.) 동아시아에서 태조太祖라는 명칭은 한 왕국을 처음으로 건국한 사람에게 붙이는 칭호입니다. 《삼국사기》에는 '태조대왕은 국조왕國祖王(나라의 조상)이라고 불렀다'라는 기록이 있습니다. 그리고 고구려 왕 중 '대왕'이 들어가는 왕은 제7대 차대왕次大王(다음 대왕), 제8대 신대왕新大王(새로운 대왕) 세 명 뿐입니다.

태조왕은 우리 역사에서 처음으로 요동을 넘어 중국 땅인 요서까지 공략한 정복왕이기도 합니다. 56년 동옥저 병합, 68년 갈사국 병합, 70년 조나국 병합, 72년 주나국 병합으로 동쪽으로 영토를 확장하더니, 100년 경에는 요서까지 진출하여 10개 성을 쌓았습니다. 112년에는 현도군 등을 공격했으며 118년에는 낙랑군을 공격합니다. 121년에 현토와 요동을 공격해 요동태수를 비롯해 적군 2000여 명을 죽이는 전과를 올립니다. 부여의 왕자 위구태가 2만 명의 군사로 현토를 지원하지 않았다면 현토군도 고구려의 영토가 되었을 것입니다.

이로써 우리가 알고 있는 고구려의 영토가 확정되었고, 고구려는 한나라와 어깨를 겨룰 수 있는 강국이 됩니다. 그 때문에 일부 역사학자들은 고구려의 역사는 실제로 태조대왕 대부터 시작되었다고 주장하기도 합니다. 고구려인들 '국조', '태조'라는 묘호를 준 것으로 보아 그를 실질적으로 고구려의 기틀을 세운 왕으로 보았던 것 같습니다.

한편 태조왕은 오래 산 왕으로도 유명합니다. 47년 태어나, 7살 때인 53년 왕위에 올랐고, 146년까지 93년간 고구려를 다스리다. 왕위를 내려놓고도 18년을 더 살다가 146년 사망합니다. 향년이 118세나 됩니다.

읽을거리

시호(諡號)는 살았을 때의 공덕을 기리기 위해 올리는 칭호이며, 묘호(廟號)는 왕의 일생을 평가하여 정하며, 태묘(중국), 종묘(우리나라)에서 부르는 호칭입니다.

조선의 4대 왕의 경우 시호는 영문예무인성명효대왕(英文睿武仁聖明孝大王)이고 묘호는 세종(世宗)입니다.

신라 석탈해 이사금 즉위   57년

신라의 4대 군주인 석탈해 이사금은 김수로왕과 만난 적이 있습니다. 석탈해는 왜국 동북쪽 1000리 바깥에 위치하는 용성국龍成國 혹은 다파나국多婆那國의 왕자입니다. 왕비가 임신 7년 만에 큰 알을 낳자, 아버지인 함달파왕이 불길하다고 여겨 배에 실어 내버립니다. 이후 배에 실려 신라 동해안의 아진포에 떠내려온 걸 노파가 건져냅니다.

알에서 깨어난 탈해는 장성하자 금관가야에 가서 김수로왕에게 왕위를 내놓으라고 합니다. 김수로왕이 왕위를 줄 수 없다고 하자 술법으로 대결을 청합니다. 탈해가 변해서 매가 되니 왕은 변해서 독수리가 되고, 또 탈해가 변해서 참새가 되니 왕은 새매로 변합니다. 탈해가 엎드려 항복하고는 신라로 갑니다.

호공의 집에 몰래 숫돌과 숯을 묻어놓고는 호공을 찾아가서는 '자신의 조상이 본래 대장장이였는데 잠시 이웃 마을에 간 동안, 호공의 조상이 그 집을 빼앗아 살고 있는 것'이라고 거짓말을 하고 땅을 파서 숫돌과 숯을 보여줍니다. 호공은 집을 빼앗기게 되고, 이 소문을 들은 남해 차차웅이 그가 지략가임을 알고 자신의 딸과 혼인시켜 사위로 삼았습니다.

이 이야기에서 알 수 있는 사실은 다음과 같습니다.

난생설화가 나오는 것으로 보아서 하늘에서 내려온 비범한 사람이라는 것을 강조하고 있습니다. (알은 새가 낳는 것이고 새는 하늘에서 내려옵니다.) 김수로왕과의 대결 이야기는 석탈해 시절 금관가야가 신라보다 국력이 강했다는 것을 의미합니다. 배를 타고 왔고, 호공의 집에 숫돌과 숯을 묻어놓는 것은 석탈해가 철을 다루고 해상 무역을 하는 집단의 우두머리라는 것입니다. 그리고 석탈해는 나쁜 놈입니다.

석탈해는 외부인이기 때문에 자신의 몸을 한껏 낮춥니다. 장인인 남해 차차웅은 아들 박유리와 사위 석탈해 중 현명한 사람이 왕위를 이으라는 두루뭉술한 유언을 하고 사망합니다. 그러자 석탈해는 현명한 사람은 이빨이 많다면서 떡을 물어 잇자국을 낸 뒤 이빨 수를 세어 왕위를 정하자고 제안합니다. 그리고 이빨이 더 많았던 박유리가 이사금이 됩니다. (석탈해가 떡을 입 깊숙이 넣지 않고 물어서 이빨 수를 적게 했을지도 모르겠습니다.) 탈해는 유리이사금의 뒤를 이어 이사금의 자리에 오릅니다. 이사금이 된 탈해는 자신이 쫓아내었던 호공을 모셔 와 대보(지금의 국무총리)로 임명합니다.

호공은 박혁거세 시절 표주박을 허리에 차고 바다를 건너왔기 때문에 호공瓠公이라고 합니다. 그는 자신의 직책을 충실히 실행하는데 그중 하나가 계림에서 김알지를 주워 온 것입니다. 이때부터 계림은 신라를 가리키는 이름 중 하나가 됩니다. 계鷄는 닭, 림林은 수풀이니 우리말로는 '달새벌' 정도로 발음됩니다.

읽을거리

신라의 1대 군주는 거서간, 2대 군주는 차차웅, 3대부터 16대까지는 이사금이라 불렀습니다. 석탈해가 신라의 4대 군주이고 마지막 석씨 군주가 16대 흘해 이사금이니 이사금은 신라의 석씨 군주를 부르는 명칭이라 할 수 있습니다. 거서간은 지배자, 차차웅은 무당, 이사금은 연장자라는 의미입니다.

신라 김알지 탄생   65년

김알지는 신라 김씨 왕가의 시조입니다. 박혁거세와 석탈해는 박씨와 석씨의 시조이면서 왕이 되었지만, 김알지는 김씨의 시조이기만 하고 왕은 아닙니다. 김씨 왕은 3세기 제13대 미추 이사금이 처음입니다. 아마도 김씨 집단은 3세기에 처음으로 신라에 등장한 것 같습니다. 그리고 자신들이 신라가 탄생할 때부터 있었다고 주장하기 위해서 김알지의 전설을 만든 것 같습니다.

그런데 신라 김씨 왕가의 문무대왕릉비에는 김씨 왕조의 시조가 성한왕星漢王이고, 성한왕은 김일제의 후손이라고 적혀있습니다. 그렇다면 성한왕은 누구이며, 김일제는 누구일까요?

비문에 실린 성한왕의 이야기는 김알지 이야기와 매우 비슷합니다. 때문에 '성한왕=김알지'라는 것을 알 수 있습니다.

김일제는 흉노 왕족입니다. 한무제 대에 곽거병의 공격을 받고 포로로 끌려와 궁궐 마구간에서 일하게 됩니다. 어느 날 한무제가 자신의 후궁들을 거느리고 마구간으로 행차합니다. 모든 남자가 후궁들을 쳐다보는데 김일제만이 후궁들을 쳐다보지 않고 자신의 일을 합니다. 기이하다고 생각한 무제가 그를 불러 출신을 물어보고는 평범한 사람이 아니다 여겨 데려와서 자신의 곁에 둡니다. 후에 한무제의 암살을 막는 등 큰 공을 세워 벼슬이 거기장군(현재 직책으로는 총사령관)까지 올라갑니다. 한무제는 그에게 김씨 성을 하사하므로 김일제가 됩니다. 하지만 김일제가 김알지의 조상이라는 것은 김씨 왕족들이 만들어낸 말인 것 같습니다.

문무왕 대에 신라는 당나라와 아주 굳건한 관계였습니다. 당대 알려진 김씨 중 가장 유명한 사람이 김일제이고, 신라의 왕성도 김씨이니 대충 중국에 충성한 김일제의 후손이 신라 왕족이라는 식으로 지어냈을 것 같습니다.

지금의 관념으로는 뜻을 굽히고 복종하며 비굴해 보이지만 당대에는 그렇게 생각하지 않았습니다. 중국 인물을 이용해 왕가의 권위를 세우려는 시도는 고려 때도 있었습니다. 고려 왕가는 자신들의 조상이 당 숙종이라고 주장했다는 이야기도 있습니다.

읽을**거리**

신라는 초기에 박씨, 석씨가 번갈아가며 왕위에 올랐습니다. 김미추 이사금은 왠지 나중에 억지로 집어넣은 것 같습니다.

박씨	석씨	박씨	석씨	김씨	석씨
①혁거세 거서간 ②남해 차차웅 ③유리 이사금	④탈해 이사금	⑤파사 이사금 ⑥지마 이사금 ⑦일성 이사금 ⑧아달라 이사금	⑨벌휴 이사금 ⑩내해 이사금 ⑪조분 이사금 ⑫첨해 이사금	⑬미추 이사금	⑭유례 이사금 ⑮기림 이사금 ⑯흘해 이사금

고구려 고국천왕 즉위   179년

태조왕이 고구려의 외부적 국토의 형태를 잡은 왕이라면, 고국천왕은 내부적 정치의 형태를 잡은 왕입니다. 지방의 세력인 순노부, 관노부, 소노부, 절노부를 동부, 서부, 남부, 북부로 바꾸어 중앙인 중부를 더해 오부로 개편합니다. 그리고 기존의 군장들을 중앙의 귀족으로 편입시키고, 각 부에는 관리를 파견하여 행정과 군사 업무를 처리하였습니다.

그리고 고국천왕은 부部에 명령을 내려 나라를 이끌어 갈 만한 인재를 소개하도록 합니다. 그러자 4부가 모두 안류를 추천합니다. 하지만 안류는 자신은 능력이 없다며, 가문이 몰락하여 시골에서 농사를 짓던 을파소

를 추천합니다. 고국천왕은 낯선 자에게 벼슬을 주면 안 된다는 신하들의 반대에도 불구하고, 을파소의 말을 듣지 않으면 왕에 대한 반역으로 다스리겠다는 엄포를 놓으며 을파소를 전폭 지지합니다. 을파소는 국상國相이 되어 고국천왕을 잘 보좌하였으며 그 능력을 인정받아 고국천왕이 죽은 후에도 국상을 지내다가 203년(산상왕 7년) 8월에 사망합니다. 이때 온 나라의 백성들이 그의 죽음을 슬퍼하였다고 합니다.

고국천왕은 194년 봄에 가난한 백성들에게 양곡을 대여해 주고 수확기인 10월 쯤에 낮은 이자를 쳐 갚게 하는 진대법賑貸法이라는 복지제도를 실시합니다. 진대법은 한국사 최초의 복지제도로 고려의 흑창, 조선의 의창, 환곡, 사창 등으로 이어집니다.

고국천왕의 왕비인 우씨는 우리나라 고대사에 이름을 남긴 몇 안 되는 여자 중 한 명입니다. 고국천왕이 자식을 남기지 못하고 죽자 우씨는 왕위를 넘기기 위해 한밤에 왕의 동생인 발기를 찾아갑니다. 그러나 발기는 형수를 철저히 외면했고 우씨는 다른 동생인 연우를 찾아갑니다. 연우는 예를 갖추어 우씨를 맞이했고, 그녀는 연우에게 왕위를 넘깁니다. 연우는 고구려의 10대 왕 산상왕으로 등극하고 우씨는 산상왕의 왕비가 됩니다.

발기는 이에 원한을 품고 요동의 공손씨에게로 도망을 갑니다. 발기는 공손씨에게 군사를 얻어 고구려를 침략합니다. 이때 발기의 군대를 막으러 나온 동생 계수가 "작은 형이 나라를 차지한 것은 의롭지 못한 일이지만, 어찌 큰 형은 자기 나라를 멸망시키려 하십니까?"라고 크게 꾸짖자, 발기는 자신의 반역 행위에 자괴감이 들어 괴로워하다가 스스로 목을 찔러서 자살합니다.

왕비 우씨는 후대에 악녀로 상당한 비난을 받습니다. 그러나 고구려, 부여, 흉노에는 형이 죽은 뒤에 동생이 형수와 결혼하여 함께 사는 혼인 제도인 형사취수兄死娶嫂제가 있었습니다. 그 때문에 왕비 우씨는 당시의 관습에 따르면 결코 욕먹을 행동을 하지는 않았습니다.

하지만 전 남편인 고국천왕을 보기는 부끄러웠는지 죽은 후에 산상왕과 함께 묻어달라고 유언합니다. 산상왕과 우씨가 함께 묻힌 후 한 무당의 꿈에 고국천왕이 나와 말하기를 저 두 인간 꼴 보기 싫으니 자기 무덤을 가려달라고 합니다. 그래서 고국천왕의 무덤 주위에 소나무를 일곱 겹으로 심어 무덤을 가렸다고 합니다.

한편 우씨는 불임이어서 산상왕은 자식을 얻기 위해 주통천 후녀와 관계를 맺습니다. 이를 안 우씨는 길길이 뛰며 병사를 보내 후녀를 죽이라고 명령합니다. 후녀는 자신이 이미 왕의 아이를 뱄으니 자신을 죽이면 왕의 자식을 죽이는 것이라고 말합니다. 병사들은 이 소식을 산상왕에게 알렸고 후녀는 둘째 왕비가 됩니다. 산상왕의 아들은 동천왕입니다. 산상왕 이전에는 형제간에 왕위가 전달되는 경우가 많았지만 고국천왕 이후로는 아버지에서 아들로 왕위가 세습됩니다.

5장

이어지는
삼국의
이야기

우리 역사		세계사
	173년	일본 히미코 여왕 즉위
	184년	황건적의 난
	224년	사산조 페르시아 건국
고구려 동천왕 즉위	227년	
백제 고이왕 즉위	234년	
	238년	공손연 연왕(燕王) 자칭
진나라 관구검 고구려 침공	244년	
신라 석우로 사망	253년	
	280년	진나라 삼국통일

삼국지는 크게 진수가 쓴 역사서 《정사 삼국지》와 나관중이 쓴 역사소설 《삼국지연의》로 나눌 수 있습니다. 둘 다 서기 184년 황건적의 난을 시작으로 사마염이 건국한 서진이 중국을 통일한 280년까지 있었던 역사를 다룬 책입니다.

진수의 《정사 삼국지》에는 3세기 우리나라에 대한 역사가 기록되어 있으므로 우리나라 역사를 연구하는데 매우 귀중한 자료입니다.

삼국지 시절 지도를 보면 장강 이남까지 오나라와 촉나라의 영토로 표시되어 있습니다. 하지만 당시 장강 이남은 개발이 되지 않았기 때문에 오나라나 촉나라의 국력에 영향을 주지 못했습니다. 그냥 지도에 줄 그어놓고는 "여기는 우리 땅"하고 말한 것뿐, 장강 이남은 실제로 지배하지

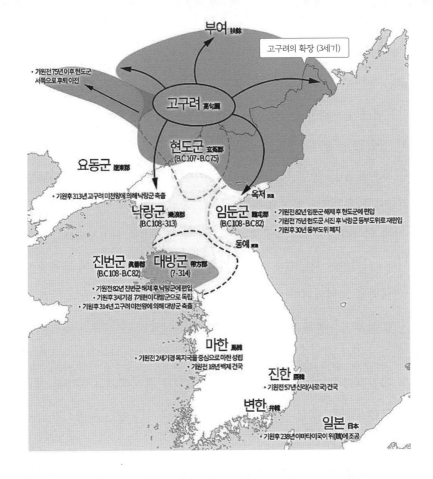

부여 扶餘

고구려의 확장 (3세기)

·기원전 75년 이후 현도군
서쪽으로 후퇴 이전

고구려 高句麗

현도군 玄菟郡
(B.C.107-B.C.75)

요동군 遼東郡

옥저 沃沮

·기원후 313년 고구려 미천왕에 의해 낙랑군 축출

낙랑군 樂浪郡
(B.C.108-313)

임둔군 臨屯郡
(B.C.108-B.C.82)

·기원전 82년 임둔군 해체 후 현도군에 편입
·기원전 75년 현도군 서진 후 낙랑군 동부도위로 재편입
·기원후 30년 동부도위 폐지

동예

진번군 眞番郡
(B.C.108-B.C.82)

대방군 帶方郡
(?-314)

·기원전 82년 진번군 해체 후 낙랑군에 편입
·기원후 3세기경 공손씨가 대방군으로 독립
·기원후 314년 고구려 미천왕에 의해 대방군 축출

마한 馬韓

·기원전 2세기경 목지국을 중심으로 마한 성립
·기원전 18년 백제 건국

진한 辰韓

·기원전 57년 신라(사로국) 건국

변한 弁韓

일본 日本

·기원후 238년 야마타이국이 위(魏)에 조공

못했습니다. 또한 중국 삼국시대는 한국사에도 커다란 영향을 미칩니다.

조위曹魏, 촉한蜀漢, 손오孫吳의 세 나라가 서로 박 터지게 싸우느라 요동까지 신경을 쓰지 못하는 사이, 요동은 공손씨 일족이 점거하고 있었습니다. 공손씨는 요동의 동쪽에 있는 현도군과 낙랑군까지 실질적으로 지배합니다. 낙랑군의 남쪽을 나누어 대방군을 설치한 것도 공손씨 일족입니다. 그리고 위에 나온 것처럼 고발기를 지원하기도 하고, 부여의 위구태왕에게 가문의 여자를 보내 혼인동맹을 맺기도 합니다.

하지만 삼국이 정립되고 조조의 아들인 위왕魏王 조위가 한나라로부터 선양을 받아 위나라의 초대 황제가 되면서 어느 정도 안정이 되자 조위는 공손씨 정권을 토벌하기로 합니다.

237년에 조위의 장군 관구검은 오환족과 선비족을 거느리고 공손씨 정권의 공손연을 공격합니다. 그러나 공손연이 격렬하게 저항하여 관구검군은 요하도 넘지 못한 채 철수합니다. 자신감이 붙은 공손연은 238년 스스로를 연왕燕王으로 칭하고 독립합니다.

이에 위나라는 4만의 대군과 정치가이자 군사전문가인 사마의를 급파합니다. 사마의는 관구검의 군대를 합치고, 선비족과 고구려의 도움을 받아 연나라를 토벌합니다.

그런데 삼국시대를 끝낸 것은 위나라가 아닙니다. 위나라의 실권을 잡고 있던 사람은 사마의입니다. 사마의가 죽고 그의 맏아들인 사마사가 권력을 잡았는데 254년 쿠데타를 일으켜 자신을 몰아내려던 조방을 폐하고 조모를 황제로 앉힙니다. 255년 사마사가 죽자 동생인 사마소가 권력을 물려받습니다.

사마소는 263년 촉한을 정벌하고, 이 공로로 264년 진왕晉王으로 책봉됩니다. 사마소가 265년 사망하자 그의 아들 사마염이 진왕의 자리에 오릅니다. 사마염은 위나라가 그랬던 것처럼 위나라로부터 선양을 받아 진나라의 초대 황제가 됩니다. 280년 사마염이 오나라마저 정벌하면서 중국 삼국 시대는 끝이 납니다.

한편 일본 열도에는 야마타이국이 있었고 173년 히미코 여왕이 즉위합니다. 일본에서 가장 유명한 위인을 조사했더니 1위가 히미코였습니다. 또한 5세기 이전 한국과 중국의 사서에 등장하는 가장 유명한 일본 본토인이기도 한데 히미코의 부모는 아마도 연오와 세오인듯합니다.

《삼국유사》에 다음과 같은 얘기가 실려있습니다.

157년 신라의 8대 아달라왕 4년에 연오, 세오 부부가 동해안에 살고 있었다. 그러던 어느 날 연오가 해초를 따던 바위가 움직이더니 바다 건너 왜국으로 갔고, 왜인들이 연오를 왕으로 삼았다. 세오는 남편이 돌아오지 않자 그를 찾아 바닷가에 갔다가 역시 바위를 타고 왜국으로 갔고 연오와 재회해 왕비가 되었다.

한편, 신라에서는 해와 달이 빛을 잃었다. 신라 아달라왕이 점술가에게 까닭을 점치게 하자 점술가는 우리나라의 해와 달의 정기를 품은 이들이 왜국으로 갔기 때문이라고 대답한다. 신라 왕이 사신을 보내어 연오와 세오에게 돌아오도록 촉구한다. 그러자 두 사람은 돌아오는 대신 세오가 직접 짠 비단을 보내었다. 왕이 그 비단으로 하늘에 제사를 지내자 해와 달이 빛을 되찾았다. 그 비단을 보관한 창고는 귀비고貴妃庫, 비단으로 제사를 지내던 곳은 영일현迎日縣이라 불렸다.

전설이기 때문에 크게 신경 쓸 필요는 없습니다만 히미코가 신라 혹은 임라에서 온 것은 확실합니다. 히미코를 모델로 만든 인물이 일본서기에 나오는 진구 황후입니다. 그런데 그녀를 기장족희氣長足姬라고 불렀습니다. 어렵게 생각할 것 없습니다. 足을 '발'이라고 발음하면 기장벌에 살던 여자姬라는 의미입니다. (기장은 부산 근처입니다.) 그래서 여왕은 즉위하

진구황후 신라정벌도

자마자 아달라 이사금에게 사신을 보
내 조공합니다.

그런데 일본 서기에 따르면 진구 황
후는 200년 한반도에 출병하여 신라를
정벌했다고 기록되어 있습니다. 신라왕은
진구 황후가 도착하자 스스로 몸을 묶고는 항복
하였다고 합니다. (믿거나 말거나입니다.)

중국 삼국시대 후기에 해당하는 235년부터 284년까지 로마 제국은 각
지의 군대가 스스로 황제를 옹립하고 폐위하는 혼란의 시대였습니다. 이
시대를 군인 황제 시대軍人皇帝時代, Military Anarchy라고 하는데, 49년간
황제가 18번이나 바뀌었고, 공동 황제를 포함하여 26명의 황제가 있었습니
다. 260년에는 로마 제국에서 갈리아 제국과 팔미라 제국으로 분리되면서
로마판 삼국 시대가 되기도 합니다. 하지만 갈리아와 팔미라가 10년 만에
로마에 항복하면서 삼국지처럼 흥미진진한 이야기를 만들지는 못합니다.

중동에서는 224년 사산 왕조 페르시아가 건설되었습니다. 사산 왕조 페
르시아는 인도의 쿠샨 왕조를 공격하여 260년대에 대부분 지역을 점령하
고 지배합니다. 그에 따라 페르시아의 국교였던 마니교도 널리 퍼집니다.

읽을거리

삼국지에 나오는 인물들의 이름은 전부 외자입니다. 그래서 '관', '구검'이 아니
라 '관구', '검'입니다. 오나라의 무장이던 태사자도 '태', '사자'가 아니라 '태사', '자'
입니다. 우리나라 인물 중에서 성과 이름을 많이 혼동하는 사람은 연개소문입니
다. '연개', '소문'이 아니라 '연', '개소문'입니다. 아마도 '연 흥부'와 '연 놀부'의 조
상일 듯합니다.

고구려 동천왕 즉위   227년

238년 위나라는 고구려의 도움을 받아 공손연이 세운 동연東燕을 무너트립니다. 그런데 위나라는 고구려에 어떤 보상도 하지 않았고, 이에 열받은 동천왕은 242년에 서안평을 선제공격하여 점령합니다. 이에 분노한 위나라가 244년 군사 1만 명을 동원하고 관구검을 장군으로 삼아 고구려를 침공합니다. 하지만 동천왕은 보병 2만 명을 동원해 비류수에서 적군 3000명을 죽입니다. 이후 양맥곡에서 다시 전투를 벌여 또다시 3000명을 죽입니다.

그러나 연승에 자만한 동천왕이 기병을 직접 지휘하며 관구검을 공격했지만, 위군의 결사항전에 막혀 오히려 패배하고 동옥저로 후퇴하게 됩니다. 이후 관구검은 왕기에게 동천왕을 추격하게 합니다. 위군의 추격에 고구려군 2만 중 1만 8000명이 전사합니다. 밀우의 결사적인 항전으로 동천왕은 간신히 목숨을 부지할 수 있었습니다. 유유가 거짓 항복하여 위군으로 들어가 위군 대장을 암살하면서 왕기군은 낙랑으로 후퇴합니다.

한편 관구검은 고구려의 수도였던 환도성까지 진격하여 함락시키고 불을 지른 후에, 성에다가 '견디지 못하는 성'이라는 뜻을 가진 불내성不耐城이라는 글자를 새깁니다. 그리고 돌아오는 길에 관구검기공비까지 세웁니다.

부여의 국력은 고구려보다 높았습니다. 고구려 제11대 동천왕 시기 고구려의 인구는 3만 호(戶, 가구)이고 부여는 8만여 호였습니다. 한 호를 5명으로 계산하면 고구려는 15만 명, 부여는 40만 명이니 부여가 고구려보다 거의 세 배나 강한 나라입니다.

그리고 중국과 시종일관 적대적이었던 고구려와 달리 부여는 중국과 동맹관계였습니다. 태조대왕이 현토를 공격할 때는 부여의 왕자 위구태가 중국에게 2만 명의 군사를 지원하였고, 관구검이 고구려를 정벌할 때는 부여에서 관구검에게 군량을 제공하기도 했습니다. 그리고 군사력도 막강해서 수도가 한 번도 파괴되지 않았습니다.

하지만 285년 선비족 모용부가 침략하면서 엄청난 위기를 맞이합니다. 모용외의 침공으로 도성이 함락되고, 1만여 명이 포로로 잡혀 끌려갔으며, 의려왕은 자살합니다. 그의 자식들은 북옥저로 도망을 치는데, 아들 의라는 남은 무리를 이끌고 부여로 돌아갑니다. 하지만 일부 무리는 북옥저에 정착하여 동부여를 만들게 됩니다. 《삼국유사》에는 이 일을 해부루왕 때 있었던 일로 기록했습니다.

백제 고이왕 즉위 234년

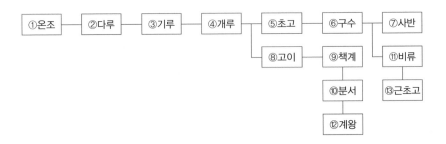

백제의 왕력을 보면 참으로 이해할 수 없는 부분이 있습니다. 백제의 8대 왕인 고이왕은 5대 초고왕의 동생입니다. 그런데 초고왕은 아버지인 4대 개루왕이 죽던 해인 166년 즉위해서 214년 죽었습니다. 고이왕은 234년 즉위해서 286년 죽었습니다. 나이 차이가 너무 납니다.

물론 고이왕이 아버지인 개루왕이 죽던 해인 166년 태어났다면 69살 때 즉위하고, 117살에 사망할 수도 있습니다. 그런데 이런 이상한 관계는 11대 비류왕 때 또 반복됩니다.

비류왕은 234년 사망한 6대 구수왕의 둘째 아들입니다. 그는 304년 제위에 올라 344년 사망합니다. 71살에 즉위하여 111살에 사망한 셈입니다. 한번은 우연이지만 두 번은 조작입니다. 이런 이상한 왕력이 실린 이유는 고이왕이 온조의 혈통이 아니기 때문입니다. 틀림없이 고구려인입니다.

《북사》 열전에서는 '동명(추모?)의 후손 구태仇台가 대방의 옛 땅에 나라를 세웠다. 한나라의 요동태수 공손도는 딸을 시집보냈다. 당초에 백여 가百가 건너왔다濟고 해서 백제百濟라고 불렀다'라는 기록이 있습니다. 아마도 고구려 사람인 구태 혹은 구태의 후손이 공손도의 도움을 받아 바다 건너 대방에 터를 잡고는 온조의 십제(?)를 밀어내버린 것인지도 모르겠습니다.

공손도의 사위라고 했으니 공손도의 아들 공손강과 세대가 같을 것이고, 따라서 그 활동 시기는 2세기 후반에서 3세기입니다. 고이왕이 3세기 초 왕위에 올랐으니 고이왕이 구태의 후손이라면 시대도 맞아떨어집니다.

석촌동에는 3세기 말에서 4세기 초에 지어진 돌무지무덤들이 즐비합니다. 돌무지무덤이란 돌을 쌓아 올려 만든 무덤으로 고구려 초기에 지어지던 무덤입니다.

석촌동 고분

고구려장군총

그리고 고이왕과 후손들은 외교적으로는 친고구려 정권이었습니다. 고이왕은 백제를 다시 건국하다시피 했습니다. 그래서 필자는 고이왕을 백제의 아버지라고 부릅니다.

246년 기리영 전투가 일어납니다. 낙랑군은 진한 8국과 직교역을 하려 합니다. 그러자 진한과 낙랑의 무역을 중계해 주고 이득을 보던 임진강 유역 마한 소국들이 격분합니다. 마침내 고구려와 위나라가 전투를 벌이고 지원을 위해 낙랑태수와 대방태수가 자리를 비운 사이 마한 소국 중한 나라가 대방군의 기리영을 공격합니다. 이때 고이왕도 낙랑군의 변방을 공격합니다.

하지만 낙랑태수와 대방태수가 돌아와 반격하면서 전투는 낙랑의 승리로 끝납니다. 오히려 임진강과 북한강 일대의 마한 소국들이 낙랑에 복종하여 속하게 됩니다. 이 때문에 마한의 맹주국인 목지국의 힘은 약해지고 반대로 백제는 폭발적으로 성장합니다.

백제는 남옥저의 일부를 점령하여 영토를 넓히고 마한의 맹주인 목지국을 공격하여 한반도 중부지방을 장악합니다. 한편 중국의 서진과 외교 관계를 맺고 동예와 우호 관계를 조성하고, 낙랑군 및 대방군과도 혼인을 통한 동맹 관계를 형성합니다. (중국 역사서에 백제가 등장하는 것도 이때가 처음입니다.)

260년 고이왕은 왕권을 강화하기 위해 6좌평 제도를 두고 관등을 16품계로 나눠 정비하는데 이를 관제 정비라 합니다. 또한 이즈음 율령(법)을 반포합니다. 이로써 백제는 부족 연맹체에서 중앙 집권제 국가로 발전합니다.

다시 온조계가 왕위를 되찾은 것은 근초고왕 대입니다. 근초고왕은 온조계인 5대 초고왕의 뒤를 잇겠다는 의미로 근초고왕(근은 2세라는 의미)이라 하고 자식은 6대 구수왕의 뒤를 이으라는 의미로 근구수왕이라고 합니다.

자색 옷 은제 화관(花冠)	비색 옷	청색 옷
제1품 좌평(佐平) 제2품 달솔(達率) 제3품 은솔(恩率) 제4품 덕솔(德率) 제5품 한솔(扞率) 제6품 나솔(奈率)	제7품 장덕(將德) 제8품 시덕(施德) 제9품 고덕(固德) 제10품 계덕(季德)	제11품 대덕(對德) 제12품 문독(文督) 제13품 무독(武督) 제14품 좌군(佐軍) 제15품 진무(振武) 제16품 극우(克虞)

읽을거리

국가의 기초는 율령 반포, 종교 공인, 관제 정비입니다. 율령을 반포하여 왕을 제외한 지방의 지배자가 함부로 권력을 행사할 수 없도록 하고, 종교(우리 역사에서는 불교)를 공인하여 백성들의 사상을 통일하고, 부처님의 힘을 빌려 왕의 권위를 강화합니다. 그리고 관제를 정비하여 지방의 세력을 중앙의 귀족으로 만들어 중앙 집권체제를 구축합니다.

실제로 이런 일을 한 사람은 백제의 고이왕, 고구려의 소수림왕, 신라의 법흥왕, 통일신라의 신문왕, 고려의 광종, 조선의 세종입니다. 그래서 필자는 위에 말한 왕들을 그 왕이 있던 국가의 아버지라 생각합니다. 덧붙이자면 백제에서 불교를 공인한 왕은 침류왕(재위 384-385)입니다.

제10대 내해 이사금의 아들이자 제11대 조분 이사금의 큰사위였으며 태자였던 석우로는 초기 신라의 손꼽히는 명장이었습니다. 209년 한반도 남부에 있던 8개 소국이 가야를 공격하자, 가야는 신라에 구원을 요청합니다. 이를 '포상 8국의 난'이라 합니다. 석우로는 직접 군사를 이끌고 전투에 참가해 가볍게 포상 8국을 제압합니다.

231년 감문국 정벌을 시작으로, 왜군 격파, 고구려 방어 등 전공을 세우고 247년 백제에 붙으려던 사량벌국을 토벌하며 승승장구합니다. 그런데 그는 참으로 어이없게 죽임을 당하고 맙니다.

253년(첨해왕 7년) 왜국 사신이 방문하자 석우로는 "너희 왕을 소금 만드는 노예로 만들고 왕비를 밥 짓는 여자로 삼겠다"라고 합니다. 왜왕이 이 말을 듣고 노하여 신라를 공격하고, 신라왕이 우유촌(현재의 울진으로 추정)으로 도망을 칩니다. 석우로는 자신의 말 때문에 전쟁이 났으니 자기가 책임을 지겠다며 왜인에게 갑니다. 왜인들은 석우로를 붙잡아 장작더미 위에 얹어 놓고 불태워 죽인 다음 가버립니다.

필자는 이 기사記事를 이해할 수가 없었습니다. 신라의 명장이 어떻게 아직 국가도 갖추지 못한 왜국에게 패배해서 항복하고 불에 타 죽을 수 있을까요? 지금부터는 필자의 추측이니 관심 없는 분들은 건너뛰어도 됩니다.

포상8국

《삼국사기》에 나오는 왜는 삼한을 가리키는 말입니다. 삼국시대 초기 우리 민족은 북쪽의 고구려와 남쪽의 삼한이라는 두 세력이 팽팽히 맞서고 있었습니다. 그런데 3세기쯤 고구려계인 고이왕이 백제왕이 되면서 삼한을 압박합니다. 위기를 느낀 삼한은 연맹에서 독립한 가야와 신라를 다시 연맹의 일원으로 복속시키고자 합니다. 그래서 일어난 사건이 포상 8국의 난입니다. 하지만 석우로의 활약으로 가야를 복속시키지 못하자 그는 없애야 할 1순위 적이 됩니다. 그러다가 석우로가 외교적으로 문제가 되는 발언을 하자 신라를 공격하고 석우로를 죽여버립니다. 석우로의 복수는 그의 아내가 하는데 미추 이사금 대에 왜국에서 사신이 오자 석우로의 처가 사신을 접대합니다. 사신이 술에 취하자 장사壯士를 시켜 뜰에 끌어내려 불태워 죽입니다. 왜인들이 서라벌을 침공하지만 이기지 못하자 돌아갔다고 합니다. 하지만 석우로가 죽은 이후 전기 가야는 멸망하고 신라도 독립국으로의 지위를 상실한 듯합니다.

신라 16대 흘해 이사금은 249년 죽은 석우로의 아들로 310년 즉위합니다. 그렇다면 즉위할 때 나이 60이 넘은 노인이었을 것입니다. 하지만 《삼국사기》에는 '흘해는 어리지만 나이많은 사람의 덕이 있다며 왕위에 올렸다'라고 기록되어 있습니다. 도대체 어떻게 된 일일까요?

역사에서 나이가 비정상적으로 길어지는 것은 어떤 이유로 왕통의 공백이 생겼을 때 이를 메꾸기 위해서입니다. 아마도 석우로가 사망한 후 석씨 신라는 껍데기만 남았거나 이미 삼한의 소국으로 전락해 버린 것 같습니다.

330년에 벽골제를 건설했다는 기사가 《삼국사기》와 《삼국유사》에 공통으로 나옵니다. 벽골제는 지금의 전라북도 김제에 있는데 당시에는 백제 혹은 마한의 영토입니다. 어떻게 남의 나라에 방둑이 1800보나 되는 저수지를 쌓을 수 있을까요?

신라가 마한의 일원이라면 가능합니다. 마한의 진왕이 흘해 이사금에게 명령하여 신라 사람을 동원한 것은 아닐까요? 실제로 흘해 이사금 대 왜국은 두 차례 혼인을 요청합니다. 혼인으로 동맹을 맺자는 것이지요. 312년에는 귀족의 딸과 왜왕의 아들을 결혼시키지만, 344년 왜왕이 공주와 혼인을 요구하자 단호히 거절합니다. 그러자 다음 해인 345년 왜왕이 문서를 보내 국교를 단절하더니 그다음 해인 346년에는 서라벌을 공격합니다. 356년 아들이 없이 죽자 김씨인 내물 마립간이 다음 왕위를 잇습니다. 박씨는 신라 말기에 53, 54, 55대 국왕을 배출하지만 석씨는 흘해 이사금을 끝으로 왕을 배출하지 못합니다.

읽을거리

3세기 때 서진 사람인 진수는 《삼국지》라는 역사책을 짓습니다. 당연히 위, 오, 촉 삼국의 역사를 기록했습니다. 그리고 〈위서〉 끝부분에는 '오환선비동이전(烏丸鮮卑東夷傳)'이라고 하여 오환, 선비, 동이, 왜 등 중국 밖의 이민족에 대해서 기록하였습니다. 3세기 우리 역사를 당대에 적은 가장 중요한 자료입니다.

한민족에 대한 기록(동이전)을 보면 북쪽의 고구려와 남쪽의 삼한만 기록되어 있습니다. 가야는 변한의 소국인 구야국, 신라는 진한의 소국인 사로국, 백제는 마한의 소국인 백제국으로 기록되어 있습니다. 하지만 백제는 고이왕 대에 중국에 사신을 보내는 등 이미 독립된 국가였습니다.

그러나 신라는 3세기가 되면 우리나라 사서에서 천문관측 기록이 사라집니다. 고대국가에서 지배자는 하늘의 아들입니다. 그 때문에 천문을 관측하여 백성에게 알려야 할 의무가 있습니다. 천문을 관측하여 달력을 만들어 배포도 합니다. 하지만 다른 나라에 복속되면 천문관측을 하지 않습니다. 달력도 상국(上國)에서 받아옵니다. 상국의 지배자만이 하늘의 아들이기 때문입니다.

가야의 경우는 3세기에 아예 역사 기록 자체가 없습니다. 그래서 필자는 3세기가 되며 신라와 가야는 멸망하고 모두 삼한의 소속이 된 것이 아닐까하고 추측합니다.

6장

✦

삼국을
이끌어간
왕들

우리 역사		세계사
낙랑군 멸망	313년	로마 기독교 공인
	330년	로마 수도 비잔티움 천도
전연 고구려 침공	342년	
신라 내물 마립간 즉위	356년	
	370년	전진에 의해 전연멸망
백제 근초고왕 고구려 침공	371년	
고구려 소수림왕 율령반포	373년	
고구려 불교 공인	375년	
	383년	비수전투 패배 전진멸망
	395년	로마 동서 분열

중국 삼국시대를 끝내고 세워진 나라가 진晉입니다. 그러나 진나라는 무능한 황제가 계속해서 즉위하더니 30년 만에 다시 분열합니다. 흉노匈奴, 선비鮮卑, 갈羯, 저氐, 강羌이 중국을 침략하자 진나라는 장강 남쪽으로 도망쳐 간신히 명맥을 유지합니다. 도망치기 전 진나라와 구별하기 위해, 이전의 나라는 서진西晉, 장강 남쪽의 나라는 동진東晉이라고 합니다.

장강 북쪽에서는 5호胡(흉노, 선비, 갈, 저, 강)가 16개의 나라를 세우고 지배하게 됩니다. 고구려의 미천왕은 이러한 혼란을 이용해 요동과 낙랑을 차지할 수 있었습니다.

선비족의 모용부가 세운 전연이 강국이 되면서 우리 민족은 역사상 처음으로 북방 민족의 침략을 받습니다. 전연의 모용외는 부여를 공격해 멸망 직전까지 이르게 했고, 아들 모용황은 고구려를 공격해 시체를 팔았습니다.

하지만 달도 차면 기우는 법이라 370년 저족의 우두머리 부견이 건국한 전진前秦에 의해 멸망하고, 전진이 최강국으로 부상합니다. 전진은 한겨레의 나라들과 외교를 맺고 좋은 관계를 유지합니다. 그러나 전진은 화북(장강 이북)을 전부 석권하고 중국 통일을 위해 동진을 공격하지만 비수전투(383년)에서 패배하면서 어이없이 멸망합니다.

서양에서는 313년 로마가 기독교를 공인하였고, 330년 수도를 비잔티움으로 옮깁니다. 395년 테오도시우스 1세가 죽으면서 장남 아르카디우스와 차남 호노리우스에게 동로마와 서로마를 각각 물려주어 로마제국은 동, 서로 갈라집니다.

서로마와 동로마

인도에서는 320년경 굽타왕조가 들어서 인도 북부를 통일합니다. 당시 인도를 지배하던 종교는 불교였습니다. 브라만교인들은 불교의 공사상과 수행법을 적극 수용하여 힌두교로 거듭납니다. 힌두교는 인도에서 불교를 밀어내며 인도의 중심 종교가 됩니다.

고구려의 왕 중 가장 무능한 왕을 꼽으라면 아마도 고국원왕일 것 같습니다. 아버지인 을불은 몰락한 왕족으로 자신의 아버지인 돌고를 숙청하였던 큰아버지인 봉상왕을 피해 어린 시절 머슴살이, 소금 장수 등을 하며 숨어 살았습니다. 그런데 봉상왕의 폭정이 심각해지자 국상 창조리가 반정을 일으켜 봉상왕을 폐위시킵니다. 그리고 창조리는 을불을 찾아 왕위에 앉히며 고구려 15대 왕 미천왕이 됩니다.

미천왕은 302년 현도 군을 공격해 8000여 명을 포로로 사로잡는 엄청난 전과를 올렸고, 311년에는 낙랑군과 요동군을 잇는 서안평을 점령합니다. 313년 육로가 차단된 낙랑군은 멸망하고, 314년 대방군까지 멸망합니다. 이로써 고조선 멸망 이후 400여 년 만에 평양 지역이 다시 한겨레의 영토가 됩니다.

또한 창조리를 마지막으로 국상이라는 지위가 사라집니다. 국상(=상가)은 제가회의를 이끌고 국정을 총괄하는 자리입니다. 국상이라는 지위를 없앴다는 것은 고구려가 중앙 집권을 확립하고 왕권이 강화되었다는 것을 의미합

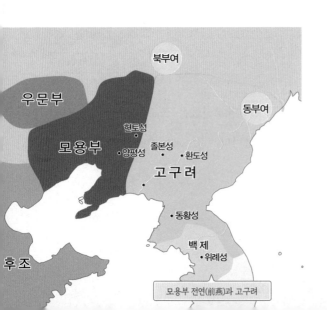

모용부 전연(前燕)과 고구려

니다. 그런데 미천왕의 아들인 고국원왕은 아버지가 확장한 영토, 강화된 왕권을 전부 무너트린 무능한 왕입니다.

342년, 전연前燕은 5만 5000명의 대군을 조직하여 고구려로 쳐들어옵니다. 당시 전연에서 고구려로 가는 길은 북쪽의 평탄한 길과 남쪽의 험한 길 둘이 있었는데 고국원왕은 정예병 5만 명을 북쪽으로, 약한 병사들을 남쪽으로 보내 대비하도록 합니다. 그런데 전연의 군대는 주력 부대 4만 명을 남쪽으로, 나머지 1만 5000명을 북쪽으로 보내는 전술을 써서 고구려의 수도 환도성까지 진격하여 함락시키고 철저하게 파괴합니다. 미천왕의 왕릉이 도굴당하고, 왕의 어머니인 태후 주씨, 왕비를 비롯한 5만 명이 포로가 되어 전연으로 끌려갑니다. 고국원왕은 343년 수많은 보물을 바치며 신하라고 자칭한 후에야 간신히 아버지인 미천왕의 시신을 돌려받습니다. 345년에는 남소성을 전연에 빼앗기고, 어머니인 주씨는 10여 년 후 막대한 공물을 바치고 나서야 고구려로 송환됩니다.

외적의 침입을 받자 왕권은 크게 흔들렸고 반역모의까지 일어납니다. 고국원왕은 내부의 위기를 타개하기 위해 백제를 공격합니다. 그 이후의 이야기는 근초고왕에서 계속 하겠습니다.

> ### 읽을거리
>
> 346년 전연은 동부여를 공격합니다. 부여왕 현을 포함한 무려 5만여 명이 포로로 끌려가면서 동부여는 사실상 멸망합니다. 부여의 멸망 이후, 동부여의 유민들은 고구려의 양해를 받아 책성 일대에 모여 살았지만, 410년에 광개토대왕의 동부여 원정으로 완전히 사라집니다.
>
> 한편 전연은 전진에 의해 멸망합니다. 전연을 망치는 데 일조한 황족 모용평은 고구려로 달아났으나 고국원왕이 끈으로 예쁘게 묶어서 전진에 그대로 선물합니다.

　　고이왕계에 왕좌를 빼앗긴 초고왕계는 다시 왕좌를 찾기 위해 고군분투해서 304년 초고왕계인 비류왕이 다시 왕좌를 차지합니다. 사서에 비류왕은 구수왕의 둘째 아들이라고 적혀 있습니다. 그렇다면 구수왕이 죽은 지 70년이 지난 뒤에 왕위에 올라 40년을 재위했다는 이야기가 됩니다. 초고왕계와 고이왕계를 하나의 왕계로 묶다 보니 생기는 현상입니다.

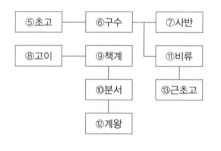

　　고이왕계의 계왕이 다시 왕좌를 탈환하지만 2년 만에 근초고왕이 다시 뺏어옵니다. 초고왕계가 다시 왕좌를 차지할 수 있었던 이유는 아마도 삼한의 도움 때문인 것 같습니다.

　　삼국시대 초기는 북쪽의 고구려와 남쪽의 삼한이 대립하던 시기입니다. 고구려가 고이왕계를 내세워 삼한의 세력하에 있던 백제를 차지하고 삼한의 맹주인 목지국까지 공격합니다. (광개토대왕릉비 비문에 '백제는 고구려의 속민이다'라는 구절이 있습니다.)

　　그러자 삼한은 초고왕계를 지원하여 백제를 다시 삼한의 세력으로 만들고 이용하여 고구려를 치려고 한 것 같습니다.

　　고구려로서는 자신들의 속국으로 생각한 백제가 다시 삼한으로 들어간 것이니 다시 고구려의 세력에 두기 위해 369년 2만 명의 병력으로 백제 북방의 치양성을 공격합니다. 하지만 오히려 백제의 태자 부여구수에게 반격당해 패배합니다. 게다가 371년 근초고왕이 태자 부여구수를 선봉장으로 삼아 3만 명의 군대를 이끌고 평양성을 공격합니다. 고국원왕은 직접 전투를 지휘하다가 화살에 맞았고, 며칠 지나지 않아 사망합니다. (원통하게 죽은 왕이라 국사 시간에 '고구려국의 원통하게 죽은 왕'이라고 외운 기억이 납니다.)

이때부터 고구려와 백제는 철천지원수가 됩니다. 고구려는 백제百濟라는 이름 대신 떨거지라는 의미가 있는 잔殘이라는 단어를 넣어 백잔百殘이라고 부릅니다.

근초고왕은 한반도에서 지배 지역을 확장했지만 삼한의 지원을 받은 백제는 고구려를 막아낼 뿐 아니라 371년 오히려 고구려를 공격하여 고국원왕까지 죽입니다.

한반도에서 세력을 넓힌 근초고왕은 해외로 눈을 돌립니다. 일본 열도에 태자인 부여구수를 보내 칠지도를 하사해 외교관계를 맺고 중국 요서까지 진출합니다. 말년에는 박사 고흥을 시켜 역사서인 《서기》를 편찬합니다. 아마도 초고왕계가 정통이라는 내용이 담겨있을 듯합니다.

✦ 칠지도 ✦

칠지도

칠지도는 일본 나라현 덴리시 이소노카미 신궁에 모셔져 있는 백제산 철제 검입니다. 앞면은 '泰□四年十□月[11]十六日丙午正陽造百錬(鍊)七支刀(出)辟百兵(宜)供供候王□□□□作', 뒷면에는 '先世以來未有此刀百濟王世子奇生聖音故爲倭王旨造傳示後世'라고 적혀있습니다.

해석하자면 '태□ 4년 1□월 16일 병오(丙午)정양에 백 번 단련된 철로 칠지도를 만들었다. 모든 병해를 피할 수 있으니 마땅히 공손한 후왕에게 줄 만하다. □□□□이 만들었다.', '선세 이래 이런 칼이 없었으니 백제 왕세자 기생성음이 고로 왜왕 지(旨)를 위하여 만들었으니 후세에 전하라'입니다.

泰□四年은 중국 동진의 연호로 369년입니다. 당시의 백제왕은 근초고왕입니다. 따라서 백제 왕세자 기생성음은 '구수'입니다. '후왕'이라는 표현은 속국에 쓰는 표현이니 왜(倭)는 백제의 속국이라는 의미입니다.

그런데 공주대학교 백제문화연구소 조경철 씨는 2010년 2월 낸 논문에서 칠지도의 제작 연대는 408년이라고 주장합니다. 1□월 16일이 병오(丙午)가 되는 해는 408년 11월 16일입니다. 408년은 전지왕 4년입니다. 그렇다면 泰□四年은 백제의 독자적인 연호가 됩니다.

그러면 백제 왕세자 기생성음(百濟王世子奇生聖音)은 부여기(扶餘紀), 구이신왕을 뜻합니다. 그리고 生聖音의 의미는 명령인 성음(聖音)을 낸다(生). 즉 칠지도를 만들어 왜왕에게 주라는 명령을 내린다 정도로 해석할 수 있습니다.

연호는 특정한 해에 이름을 붙이고, 그 해를 원년, 즉 1년으로 삼아 표기하는 방식입니다. 연호를 사용하는 것은 나라가 독립국이라는 것을 선포하는 행위입니다.

고구려, 신라, 발해, 고려는 독자적인 연호를 사용했는데 고구려의 광개토대왕은 391년 영락(永樂)이라는 연호를 사용했고 신라는 536년 법흥왕 대에 처음으로 건원(建元)이라는 연호를 사용했습니다. 발해는 무왕 대인 719년 인안(仁安)이라는 연호를 사용했으며 고려는 태조 왕건이 918년 천수(天授)라는 연호를 사용합니다.

하지만, 중국에 사대하게 되면서 연호의 사용을 중지하고 중국의 연호를 가져다 사용하게 됩니다. 신라는 650년 이후 당나라의 연호를 사용했고, 고려는 963년 이후 송나라의 연호를 사용합니다.

조선은 처음부터 중국의 연호를 사용하다가 고종 대에 독자적인 연호를 사용합니다.

백제는 자료가 부족하여 알 수 없습니다.

✦ 백제 요서경략 ✦

<양직공도> 백제국사의 제기에 보면 다음과 같은 기록이 있습니다.

晉末駒驪略有遼東樂浪亦有遼西晉平縣

진나라 말기에 고구려가 요동 낙랑을 다스릴 때, 요서 진평현을 다스렸다.

고구려는 미천왕 대에 요동과 낙랑을 경략합니다. 하지만 백제의 요서 경략설은 실제로 있었던 일이냐 아니냐 뿐만 아니라, 있었다면 그 시기는 언제일 것이냐도 수많은 논쟁이 오갑니다. 차근차근 따져보겠습니다. 전연이 몰락하고 후연이 들어서기 전까지 370년부터 384년까지 요서지방은 권력의 공백기입니다. 이 당시 백제는 근초고-근구수왕의 최전성기입니다. 그래서 대부분의 학자들은 만약 요서 경략이 있었다면 이때쯤일 거라고 생각합니다. 그런데 《양서》<백

제전>에는 다음과 같은 기록이 있습니다.

전연의 신하가 왕에게 말했다. 고구려와 백제 및 우문부와 단부의 사람들은 전쟁으로 인해 강제로 끌려온 자들로 모두들 고향으로 돌아가고 싶어 합니다.

이 기록은 345의 기록입니다. 전연이 바다를 건너 백제를 공격하지는 않았을 테니 여기에 나오는 백제 사람들은 중국 땅에 있던 백제에서 끌려온 사람들입니다. 이번에는《자치통감》에 나오는 기록입니다.

부여는 녹산이라고 하는 곳에 자리 잡고 있었는데 백제의 침략을 받아 부락이 흩어지고 약해졌다. 그래서 전연에 가까운 곳으로 근거지를 옮겼으나 전혀 방비를 하지 않았다.

이때가 346년입니다. 고대의 국가는 지금처럼 국경선으로 나누어지지 않았습니다. 도시와 그 주변만 통치할 수 있었습니다. 때문에 백제가 미개척지에 도시를 세울 수 있습니다. 그래서 필자는 요서 경략은 346년 이전이라고 추측합니다. 3세기 말부터 4세기 초, 그러니까 고이왕부터 계왕 대까지 고구려와 백제는 굳건한 동맹관계입니다. 좀 더 추측을 하자면 백제와 고구려가 연합을 하여 요동과 요서를 공격하고 나눠가진 것이 아닐까 합니다. 5세기인 동성왕 대에 중국의 북위와 전투기록이 있는 것으로보아 그때까지도 요서에 백제땅이 있었던 것 같습니다.
그런데 뜬금없이 백제가 멸망하고 10여년이 지난 677년 요서에 백제가 들어섭니다. 676년 나당전쟁이 끝난 후 웅진도독부는 건안성으로 옮기게 되고, 당은 과거 백제에서 압송해온 유민들을 모아 백제유민 자치구를 만들고 부여융을 지도자로 세웁니다. 어찌되었던 요서백제라고 할 수도 있겠네요. 그러나 7세기 말 대조영에 의해 소멸되면서 역사에서 사라집니다.

신라 내물 마립간 즉위 356년

내물 마립간은 신라의 두 번째 김씨 왕이며, 최초의 마립간입니다. 하지만 필자는 신라라는 나라의 첫 왕이 아닐까하고 생각합니다. 내물 마립간 이전에는 지금의 경주를 중심으로 한 나라를 사로국이라고 했고, 처음에는 박씨, 나중에는 석씨가 다스렸습니다.

3세기 중반 김씨들이 사로국 지역에 터를 잡고 새 왕조를 연 것 같습니다. 하지만 새로운 나라를 세우는 것은 주위의 다른 나라는 물론이요, 그 지역의 사람들에게도 커다란 반발을 불러옵니다. 이럴 경우 자주 사용하는 방법은 이전 나라의 뒤를 잇는다는 명분으로 이전 나라의 국호를 그대로 쓰는 것입니다.

고려 때 만주에 아골타가 금나라를 만듭니다. 조선시대 누르하치가 만주에 새나라가 만드는데 이름하기를 금의 뒤를 잇는다면서 후금이라 정합니다. 하지만 누르하치가 아골타의 후예는 아닙니다. 거의 관계가 없는 인물입니다. 그럼에도 금나라의 이름에 기대어 정통성을 확보하려고 후금이라 이름 지은 것입니다.

김씨들도 사로의 뒤를 이었다는 의미로 사로를 살짝 바꾼 신라라는 국호를 사용합니다. (정식으로 확정된 것은 지증왕 대입니다.) 또한 자신들이 예전 신라와 관련이 있다고 주장하기 위해 김알지의 전설을 만들고, 미추 이사금을 김씨로 만들었습니다. 하지만 막 만들어진 국가인지라 국력은 정말로 형편없었습니다. 백제와 삼한의 눈치를 보며 간신히 살아가는 형편이었습니다. 일본서기의 기록에 따르면 백제의 근초고왕과 왜(삼한)의 연합군은 신라를 정벌하고 가야 7개 소국을 평정했다고 합니다.

고구려 소수림왕 즉위   371년 즉위

고국원왕의 거듭된 실정으로 무너질 위기에 처한 고구려를 살린 사람이 소수림왕입니다. 371년 고국원왕이 평양성 전투에서 전사하면서 고국원왕의 아들 구부가 왕위에 오릅니다. 이 사람이 소수림왕입니다. 고국원왕이 전사하였는데도 근초고왕이 평양성에서 물러난 것으로 보면, 고구려는 소수림왕을 중심으로 결사 항전하여 백제군을 물리친 것 같습니다.

소수림왕은 372년 우리 역사 최초로 고등 교육 기관인 태학을 세웁니다. 태학은 상류계급 자식들만 입학할 수 있었고 유교 경전, 문학, 무예 등을 교육했습니다. 교사는 '박사'라고 불렀습니다. 상류계급 자식들을 위한 관학官學이 태학이라면, 평민층 자식들을 위한 사학私學은 경당扃堂입니다. 경전經典과 궁술弓術을 가르쳤습니다.

373년에는 율령(법)을 만들어 반포합니다. 유교뿐 아니라 불교의 도입에도 적극적이었습니다. 374년에는 '아도'스님이 고구려에 왔고, 375년에는 우리 역사상 처음으로 초문사肖門寺라는 절을 세우고 전진에서 온 '순도'스님을 머무르게 합니다. 또 이불란사伊弗蘭寺를 세우고 '아도'스님을 머무르게 합니다. 유교, 불교로 나라의 사상을 하나로 통합하고, 율령으로 중앙 집권 체제가 강화되자 고구려는 다시 안정을 되찾습니다.

고구려가 안정을 되찾자 소수림왕은 백제에 복수를 합니다. 375년 고구려는 백제 수곡성을 공격하여 차지합니다. 물론 백제가 가만히 있지는 않았습니다. 아버지인 근초고왕보다 군사적 능력이 뛰어났던 아들 근구수왕이 377년 평양성을 공격합니다. 하지만 근구수왕 못지않게 군사적 능력이 있던 소수림왕은 평양성을 방어하고 바로 반격합니다. 서로가 우열을 가릴 수 없다는 것을 깨달은 고구려와 백제는 그 후 서로를 침공하지 않습니다. 그래서 고구려인들은 소수림왕을 해주류왕(대무신왕)에 버금간다고 하여 소해주류왕이라고 불렀습니다.

태조왕을 고구려의 할아버지라고 한다면, 소수림왕은 고구려의 아버지라고 할 수 있습니다.

7장

광개토대왕과
무령왕

우리 역사		세계사
고구려 광개토대왕 즉위	391년	
고구려 장수왕 즉위	412년	
신라 눌지 마립간 즉위	417년	
	439년	북위 화북 통일
백제 개로왕 즉위	455년	
백제 개로왕 사망/ 곰나루 천도	475년	
	476년	서로마 멸망

386년 선비족의 탁발부가 세운 북위北魏는 439년 화북을 통일합니다. 한편 장강 남쪽에서는 420년 유유가 동진의 마지막 황제인 공제 사마덕문에게 선양을 받아 송나라를 세웁니다.

장강 이북의 정권은 북조, 장강 이남의 정권은 남조라 합니다. 439년부터 북주의 장군 양견이 중국을 통일하고 수隋나라를 세울 때까지를 남북조시대라고 합니다.

한편 4세기 말 흉노족은 서쪽으로 이동합니다. 훈족(=흉노족)은 우크라이나 일대에 터를 잡더니 게르만족 중 가장 큰 세력을 가진 동고트족을 밀어버립니다. 동고트족은 서진하면서 이번에는 다른 게르만족들을 밀어버렸고, 그 결과 게르만족들이 서로마까지 침범하게 됩니다. 이를 게르만족의 대이동이라고 합니다.

훈족은 현재의 헝가리지역에 터를 잡고 훈 제국을 건설합니다. 훈 제국의 왕 아틸라는 로마를 공격해 초토화시킵니다. 아틸라가 453년 사망하면서 훈족의 공격은 멈추었지만, 로마는 더 이상 밀려오는 게르만족을 막을 힘이 없었고 결국 서로마는 476년 게르만족에 의해 멸망합니다.

읽을거리

아틸라가 유럽에 미친 영향은 대단합니다. 북유럽 신화를 바탕으로 만들어진 중세 서사시인 《니벨룽의 노래》에서는 '에첼'이라는 이름의 최종 보스로 등장합니다. 〈반지의 제왕〉이 《니벨룽의 노래》에서 상당히 많은 모티브를 따왔는데 사우론은 아틸라를 모델로 한 캐릭터입니다.

한편 헝가리에서 아틸라는 국가적 영웅입니다. 헝가리 왕족들은 스스로를 아틸라의 후예라고 자칭합니다. 그런데 헝가리를 구성하는 민족은 훈족이 아니라 마자르족입니다. 단지 아틸라가 헝가리 지역에 있었다는 이유로 아틸라의 명성에 기대려고 하는 것입니다.

우리나라에서 '대왕'이라는 칭호를 붙이는 왕은 고구려 광개토대왕과 조선 세종대왕입니다. 세종대왕이 한글을 창제하는 등 문치文治를 통해 대왕의 칭호를 얻었다면, 광개토대왕은 이름 그대로 땅을 크게 넓힌廣開土 무치武治를 통해 대왕의 칭호를 얻었습니다. 그런데 광개토대왕은 우리들의 생각과는 다르게 중국을 공격하여 땅을 넓힌 것이 아닙니다. 평양 이남 한반도를 공격하여 땅을 넓혔습니다. 중국을 공격한 왕은 고구려 태조왕과 발해 무왕 등이 있습니다.

광개토대왕의 아들인 장수왕은 아버지의 무덤 옆에 커다란 비석을 세우고 아버지의 업적을 새겨놓았습니다. 그 때문에 우리는 광개토대왕의 업적을 자세하고 정확하게 알 수 있습니다.

광개토대왕릉비의 비문을 통해 광개토대왕의 업적을 알아보자면, 크게 세 부분으로 되어있습니다.

첫 부분은 시조 추모왕의 건국설화와 역대 왕의 이야기 등이 적혀있고 광개토대왕의 명칭이 강상광개토경평안호태왕國岡上廣開土境平安好太王으로 되어있습니다. 고구려에서는 '왕'이 아니라 '태왕'

광개토대왕릉비

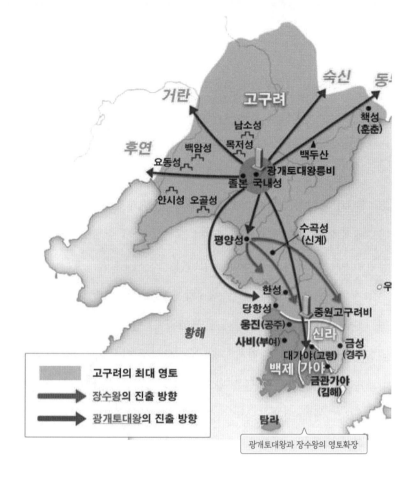

광개토대왕과 장수왕의 영토확장

이라는 명칭을 사용했습니다.

가운데 부분은 광개토대왕의 업적을 기록했습니다. 《삼국사기》, 《일본서기》 등의 기록과 비교하며 광개토대왕의 업적을 알아보겠습니다.

395년 북쪽의 '패려'를 정벌한 기록이 나옵니다. 패려는 거란을 말합니다. 3개 부락 600~700영營을 격파했다고 합니다. 아마 앞으로 있을 왜를 공격하기 전에 후방을 단속하기 위한 목적입니다. 396년 남쪽을 공격하여 58성 700촌을 획득하고 백제왕의 아우와 대신 10인을 데리고 수도로 개선합니다. 여기서부터 역사학자들의 논란이 되는 대목이 나옵니다. '백제와 신라는 고구려 속민屬民이었는데, 왜가 신묘년(391년)에 백제와 신라를 파破하고 신민臣民으로 삼았다'라는 내용인데, 그렇다면 신묘년 백제와 신라를 공격한 왜는 도대체 어떤 나라일까요?

4세기 말 일본열도에는 신라와 백제를 공격해 속국으로 만들 정도의 힘을 가진 나라가 없었습니다. 그래서 필자는 광개토대왕릉비 비문에 왜라고 기록된 세력이 삼한이라고 추측합니다. 광개토대왕에 의해 삼한이 한반도에서 일본 열도로 밀려갔기 때문에 장수왕이 광개토대왕릉비 비문에 삼한이 아니라 왜라고 기록한 것입니다.

광개토대왕의 공격을 받은 백제왕은 아신왕입니다. 《일본서기》에 보면 '백제 진사왕이 웅신천황에게 무례하자, 웅신천황이 사신을 보내 무례함을 꾸짖고, 백제는 진사왕을 죽여 사죄하였다'라고 기록되어 있습니다. 그리고 사신들이 아신을 왕으로 세우고 돌아갔다고 합니다. 이때가 392년으로 왜가 백제와 신라를 파破하고 신민臣民으로 삼았다는 신미년(391년) 다음 해입니다. 아신왕은 393년, 394년, 395년 계속해서 고구려를 공격하고 패배하기를 반복합니다. 그러다 396년 광개토대왕의 대규모 공격을 받습니다. 이때 아신왕이 직접 광개토대왕 앞에 무릎을 꿇고 "이제부터 영원히 노객(신하)이 되겠습니다"라고 애걸복걸하여 간신히 목숨을 건집니다.

그러나 근성의 사나이 아신왕은 397년 왜국倭에 태자 전지腆支를 볼모로 보내고는 함께 고구려를 치기로 모의합니다. 하지만 막강한 고구려와의 전쟁에서 죽기 싫었던 백성들이 신라와 왜로 도망치는 일이 벌어집니다. 궁월군弓月君이라는 사람은 무려 120현의 인구(약 40만 명)를 데리고 왜로 망명합니다. 그러거나 말거나 아신왕은 왜와 손을 잡고 신라를 공격합니다. 아래는 광개토대왕릉비 비문입니다.

399년 백제가 왜와 화통했다. 신라왕이 사신을 보내어, '왜인倭人이 국경國境에 가득 차 성지城池를 부수었습니다. 구원을 청합니다'라고 아뢰었다. 400년 왕이 보병과 기병 도합 5만 명을 보내어 신라를 구원하게 하였다. 왜군이 가득하였지만, 관군이 도착하니 왜적이 퇴각하였다. 그 뒤를 급히 추격하여 임나가라任那加羅의 종발성從拔城에 이르러 항복하였다.

임나가라는 지금의 대마도입니다. 바다 건너 쫓아왔네요. 이때부터 삼한의 왕실이 일본열도로 줄줄이 이주를 시작합니다. 왜국 황태자의 스승이 되는 아직기, 아직기의 추천으로 왜국에 초빙되어 《천자문》과 《논어》를 전해준 왕인도 이때쯤 왜국으로 건너갑니다.

일본 열도로 건너간 삼한은 최후의 저항으로 404년 대방 지역(지금의 황해도)에 침입하고, 광개토대왕은 수군을 이용해 왜倭를 궤멸시킵니다. 이 교전 기록을 마지막으로 한반도에서 왜는 사라집니다.

한편 전연의 뒤를 이은 후연이 400년 신라를 구원하느라 정신없었던 고구려를 공격합니다. 전연은 신성과 남소성을 무너뜨리고 700리에 달하는 땅을 차지합니다. 신라를 구한 광개토대왕은 401년 신성과 남소성을 탈환하고, 402년에는 후연의 평주를 공격하여 차지합니다. 407년 광개토대왕은 5만 명의 군대를 동원해 후연을 공격하며 큰 승리를 거두었고 후연은 멸망합니다. 마지막 부분은 수묘인(묘지기)에 관한 사항 등이 적혀있습니다. 전문적인 역사학자가 아닌 이상 굳이 알아야 할 필요는 없습니다.

　광개토대왕과 삼한의 싸움에서 삼한이 패배하자 삼한의 지도자들은 임나가야를 통해 일본 열도로 도망을 치게 됩니다. 하지만 자기들이 도망쳤다는 사실을 숨기기 위해서, 일본은 고훈시대(古墳時代)에 한반도 남부 지역에 일본부(日本府)라는 통치 기구를 세워 4세기~6세기 중엽 지배했다고 주장합니다. 이를 임나일본부설이라고 합니다. 임나일본부가 있던 지역은 가야와 일치합니다. 일본에서는 가야지역을 임나라고 불렀기 때문입니다. 물론 이 책을 찬찬히 읽은 독자분들은 임나일본부설이 허구라는 것을 아실 것입니다.

　한편 고훈시대는 일본 열도에 앞은 사다리꼴이고 뒤는 동그란 형태의 무덤인 전방후원분(前方後圓墳)이 만들어지던 시대로 3세기 중반부터 7세기 말의 시대를 가리킵니다. 필자는 전방후원분이란 삼한인들이 일본 열도에 정착하면서 자신들의 권위를 과시하기 위해 만든 무덤이 아닐지 추측합니다. 그리고 이 사람들이 임나일본부설도 날조했을 것입니다.

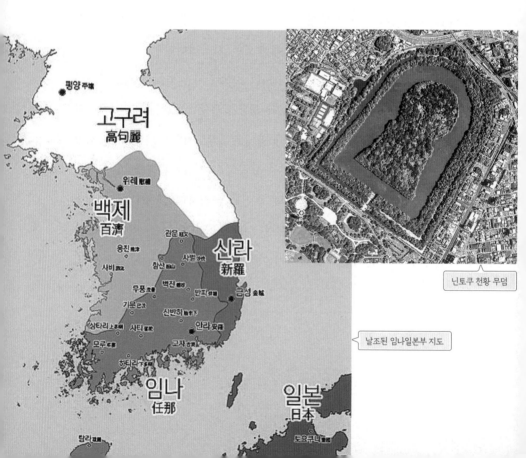

닌토쿠 천황 무덤

날조된 임나일본부 지도

후기 가야

금관가야의 왕력을 보면 10명의 왕이 42년부터 533년까지 다스리고 있습니다. 10명이 490년이라...김해지역 물이 좋아서 그런지 전부 장수를 한 모양입니다. 그게 아니면 무언가 다른 이유가 있겠지요. 재위 기간을 찬찬히 살펴봅시다.

1	수로왕 158년	6	좌지왕 5년
2	거등왕 55년	7	취희왕 31년
3	마품왕 39년	8	질지왕 42년
4	거미질왕 56년	9	겸지왕 30년
5	이시품왕 62년	10	구형왕 12년

재위 기간을 살펴보니 1~5대까지와 6~10대는 확연히 차이가 납니다. 사실은 5대 이시품왕을 끝으로 금관가야는 망한 것입니다. 그러면 407년 좌지왕이 금관가야를 다시 세울 수 있었던 이유는 무엇이었을까요?

광개토대왕 덕분입니다. 광개토대왕에 의해 삼한이 일본 열도로 사라지자 그동안 정복당했던 가야가 다시 부흥한 것입니다. 아마도 6대 좌지왕은 전기 금관가야와는 상관없는 사람이었을 것입니다. 그 자리에 있던 금관가야라는 나라를 이용해서 새롭게 세워진 나라의 권위를 세우려 한 것이겠지요. 자신의 권위와 정통성을 확보하기 위해 전기 가야왕의 수명을 늘려서 공백을 메운 것입니다.

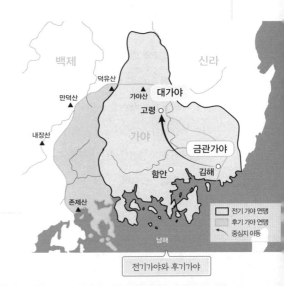

전기가야와 후기가야

후기 가야의 맹주는 반파국입니다. 반파국은 고대국가 성립 직전까지 성장하며 '가야'라는 이름까지 가져와 대가야라는 이름을 사용합니다. 반면에 금관가야는 위상이 확 줄어들어 일본서기에는 남쪽에 있는 가야라는 의미로 '남가라'라고 합니다.

대가야는 스스로 건국 설화를 만들어냅니다. 최치원이 저술한 《석이정전》에 따르면 가야산의 산신인 정견모주(正見母主)가 천신 이비가지의 감응을 받아 대가야왕 뇌질주일과 금관가야왕 뇌질청예를 낳았다고 합니다. 뇌질주일은 대 가야국의 시조인 이진아시의 별칭이고, 뇌질청예는 수로왕의 별칭입니다. 대가야국의 왕력을 보면 조작의 흔적이 뚜렷하게 나타납니다.

1	이진아시왕	42년 ~ 177년	대가야의 건국 시조
2	아수왕	177년 ~ 219년	아진아시왕 아들
3	우리왕	219년 ~ 254년	아진아시왕의 서자
4	효도왕	254년 ~ 318년	아수왕의 손자
5	수극왕	318년 ~ 377년	효도왕의 아들
6	모가왕	377년 ~ 428년	수극왕의 아들
7	사가왕	428년 ~ 479년	수극왕의 아들
8	성국왕	479년 ~ 494년	수극왕의 증손자
9	이뇌왕	494년 ~ 529년	성국왕의 아들
10	찬실왕	529년 ~ 554년	성국왕의 동생
마지막왕	도설지왕(道設智王)	? ~ 562년	

필자는 성국왕 대에 비로소 대가야가 재건되었다고 생각합니다. 전기 가야의 대외교역창구였던 김해만 일대 대신에 다사강(현재 섬진강) 유역을 확보한 대가야는 479년에는 남제에 가야왕의 이름으로 사신을 보내고 481년에는 나·제 연합군과 함께 고구려를 공격하는 등 최전성기를 맞습니다. 또한 왜국과도 활발히 교류합니다. 가야 토기는 일본에 영향을 주어 일본 토기인 스에키로 재탄생합니다. 6세기에는 우륵이 왕의 명령을 받아 12현으로 된 가야금을 만들고 12곡을 만들었습니다.

덧붙이자면 거문고를 만든 고구려의 왕산악, 가야금을 만든 우륵, 조선 세종시대 궁중음악을 정리한 박연을 우리 역사의 3대 악성(樂聖)이라 합니다.

가야토기

스에키 토기

고구려 장수왕 즉위 · 412년

장수왕은 아버지인 광개토대왕 못지않은 정복왕입니다. 광개토대왕의 업적을 살펴보면 백제나 후연이 먼저 공격을 하면 반격을 하였고, 왕을 죽이지는 않았습니다. 참으로 커다란 아량을 가진 왕입니다. 하지만 장수왕은 고국원왕의 원한을 가슴 깊이 새기고 북연과 백제를 공격하고 왕을 죽인 복수의 화신입니다. 그리고 우리나라 역사상 중국 왕조와 견줄 정도의 힘을 가졌던 최초의 왕이기도 합니다.

모용 선비의 나라인 후연은 풍발의 반란으로 멸망합니다. 풍발은 자신의 친구인 모용운을 황제로 추대하고 북연을 건국합니다. 그런데 모용운은 전연과 고구려의 전쟁 때 붙잡힌 고구려 왕족 3세로 후연의 2대 황제인 모용보의 양자가 되면서 고운에서 모용운으로 개명한 사람입니다. 모용운은 즉위하자마자 이름을 다시 고운으로 바꾸었고 광개토대왕이 축하 사신을 보내자 감격하여 답례사를 보냈다고도 합니다.

그러나 고운이 2년 만에 부하들에게 암살당하면서 풍발이 북연의 황제가 됩니다. 북위는 약소국인 북연을 먹으려고 정예 기병 1만 명을 파견해 공격합니다. 북연이 고구려에 도움을 청하자 고구려는 2만 대군을 북연의 수도인 화룡성으로 보냅니다. 고구려군이 화룡성에 들어가 북위군의 공격을 막는 사이, 북연의 3대 황제 풍홍은 북연의 백성들을 아예 고구려로 이주시키는 선택을 합니다. 북연의 백성들이 고구려로 이주 준비를 하자 고구려군은 성을 약탈하고 불을 지릅니다. 그런데 고구려에 스스로 와서 복종했던 풍홍이 오만방자하게 굴자 짜증이 난 장수왕은 438년 풍홍과 그 일가를 죽여버립니다. (풍홍은 한민족에게 처형된 유일한 중국 황제입니다.) 고국원왕을 공격한 모용선비의 연나라가 결국 고구려에 의해 끝장이 났습니다.

북조의 북위와 남조의 송, 그리고 유목세계의 유연은 고구려의 눈치를 보며 외교관계를 맺으려고 안간힘을 씁니다. 특히 북위는 고구려 왕실과의 혼인관계를 맺으려고 하였고, 10여 년 만에 혼인이 성사됩니다. 장수왕은 귀족인 고조용을 보내었고, 고조용은 북위 제7대 고조 효문제의 황비(문소황후 고씨)가 됩니다. 그녀의 아들은 북위의 제8대 세종 선무제가 됩니다. 그래서인지 장수왕이 죽자 북위 황제가 애도의식까지 치렀다고 합니다. 장수왕 시대 고구려는 북위, 송, 유연과 함께 동아시아 4강이었습니다. 장수왕의 백제 공격은 다음 장을 참고바랍니다.

장수왕의 업적은 충주 고구려비에 잘 나타나 있습니다. 이름처럼 엄청나게 장수하였는데 491년 사망하였으니 향년 97세이며, 재위 기간은 79년입니다. 너무 오래 재위하다 보니 태자인 조다는 왕이 되지 못하고 죽었습니다. (심지어 조다가 사망할 때 나이는 70대입니다.) 그래서 손자가 다음 왕이 되는데 문자명왕입니다.

장수왕 대 동아시아 사대 강국

충주 고구려비

문자명왕 대인 494년 북부여가 멸망하고 고구려는 유민을 받아들입니다. 그러나 이것 말고는 별다른 실적도 없이 519년 사망(향년 80대 추정)하고 안장왕이 왕위에 오릅니다. 안장왕은 531년 30대의 나이로 사망하지만 문자명왕 대에 주춤했던 고구려를 안정시킨 왕입니다. 하지만 안장왕 사후 즉위한 동생 안원왕 말기부터 왕위 계승을 두고, 내분이 벌어지며 고구려는 쇠퇴합니다.

읽을거리

두막루는 대략 5세기 초에 건국하여 8세기 초까지 송화강 이북의 소흥안령 산맥 지방에 위치했던 국가입니다. 494년에 북부여는 물길의 침입을 받아 사라질 위기에 처하자, 고구려 제21대 문자명왕에게 투항합니다.

그런데 일부 세력이 북부여가 멸망하기 이전 북방으로 이주해 두막루를 형성했다는 설이 있습니다. 만약 이 기록이 사실이라면 한겨레 역사상 가장 북쪽에 있는 국가입니다. 하지만 다른 기록에는 두막루와 실위의 언어가 같다고 기록되어 있습니다. 실위는 수렵 생활을 하던 종족입니다. 그리고 두막루의 위치가 너무 북쪽이라 농사도 지을 수 없었을 테니 아마 두막루도 수렵하지 않았을까 합니다.

필자는 한겨레의 국가를 한반도와 만주, 요동에 터를 잡고 농사를 짓던 국가로 규정합니다. 그 때문에 두막루는 한겨레가 세우기는 했지만 한겨레의 역사에 넣을 수는 없을 것 같습니다. 그리고 나라가 워낙 작은 데다가 역사에 끼친 영향도 적다 보니 별 관심의 대상이 되지는 못합니다. 그런데 실위족의 일파인 몽올실위는 두막루 실위에 흡수된 후, 현재의 몽골 초원으로 이주하여 몽골 제국의 전신인 카마그 몽골을 형성합니다. 혹시 칭기즈칸이 부여의 후예일지도 모르겠네요.

무용총

무용총(舞踊塚)은 중국 지린성 지안현 통구에 있는 고구려 고분입니다. 고분 내부의 벽에 무용하는 사람들이 그려져 있어 무용총이라고 불립니다. 무용하는 그림 외에도 수렵도 등 다른 그림도 그려져 있습니다.

무용총 벽화

수렵도

무용총과 같은 형태의 무덤을 굴식 돌방무덤이라 합니다. 고구려가 4세기 무렵 가장 많이 사용했지만 5세기 무렵에는 신라, 백제, 가야도 사용합니다. 사람이 쉽게 드나들 수 있기 때문에 도굴꾼들이 다 털어가서 유물들은 남아있지 않고 벽화만 남아있습니다.

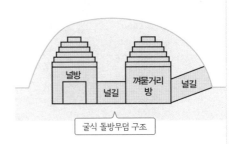

굴식 돌방무덤 구조

청암리 사지

   고구려 사찰의 가람배치는 8각형 탑을 중심으로 부처님을 모신 건물인 금당을 세 채 배치하는 1탑 3금당식 가람배치입니다. 북한 평양에 있는 청암리 사지가 이러한 배치를 잘 보여줍니다.

   596년에 창건된 일본 최초의 사찰인 아스카데라(飛鳥寺)도 고구려처럼 1탑 3금당입니다. 아마도 고구려 기술자들이 지었나 봅니다.

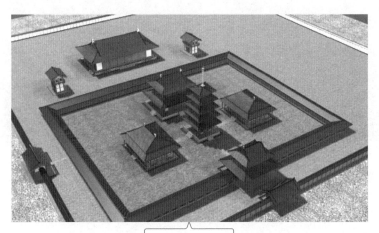

아스카데라(飛鳥寺)

광개토대왕 시절 고구려가 강대해지자 신라는 고구려의 힘을 빌리기 위해 392년 고위 귀족인 실성을 인질로 고구려에 보냅니다. 그리고 삼한이 임나가야 종발성을 통해 일본 열도로 빠져나가면서 신라를 괴롭히자 고구려에 구원을 청했고 고구려는 신라를 구원합니다. 하지만 이를 빌미로 고구려군은 신라 땅에 주둔하면서 신라를 속국 취급합니다.

고구려는 401년 실성을 귀국시키고, 402년에는 내물 마립간이 사망하자, 그의 맏아들 눌지가 있음에도 불구하고 실성을 마립간으로 세웁니다. 실성 마립간은 자신의 왕위에 위협이 되는 눌지의 세력을 억누르기 위해 첫째 동생 복호는 고구려로, 둘째 동생 미사흔은 왜국으로 보내버립니다. 그리고 고구려인을 사주해 눌지를 암살하려 합니다. (다른 의미로 실성한 것 같습니다.)

하지만 고구려인들은 실성보다는 눌지가 고구려에 더 유리하다 판단하고, 도리어 실성 마립간을 암살합니다. 눌지는 마립간으로 즉위하고 이후 내물 마립간의 후손들이 신라의 왕통을 이어갑니다.

하지만 고구려의 선택은 잘못된 선택이었습니다. 고구려가 워낙 강하다 보니 백제는 괴멸의 위기에 처합니다. 백제가 멸망하면 다음은 신라가 될 것이 불을 보듯이 뻔한 상황이었습니다. 433년 신라의 눌지 마립간은 백제의 비유왕과 동맹을 맺습니다.

마립간이 된 눌지는 고구려와 왜국에 인질로 잡혀간 자기 동생을 데려오고자 합니다. 신라 전국에서 협상을 잘하는 사람을 찾았는데, 가장 추천을 많이 받은 이가 박제상이었습니다. 박제상은 418년에 고구려로 가서 장수왕을 설득하고 복호를 신라로 데려오는 데 성공합니다. 그러자 눌지는 박제상에게 왜국에 붙잡혀있는 미사흔도 구해 달라고 요청합니다. 박제상은 집에도 들르지 않고 곧장 율포 해변에서 배를 타고 왜국으로 향합니다. 박제상은 신라를 배신하고 왜국으로 도망쳤다고 왜왕을 속여 신임을 얻습니다. 왜왕의 명으로 신라를 공격하는 군대의 선봉이 되자 미사흔을 데리고 진군하다가 몰래 미사흔이 신라로 도망가도록 풀어줍니다.

이 사실을 안 왜왕은 박제상의 능력을 높이 사 "왜국의 신하가 된다면 상을 내리고 계림의 신하로 남는다면 죽을 때까지 고문하겠다"라고 말합니다. 하지만 박제상은 "차라리 계림의 개, 돼지가 될지언정 왜국의 신하는 될 수 없다"라며 거절합니다. 그는 결국 끔찍한 고문을 받고 죽습니다.

한편 박제상의 아내는 남편의 사망 소식을 듣고는 수릿재에 올라 멀리 왜국을 바라보며 통곡하다가 그대로 망부석(바랄 망望, 지아비 부夫, 돌 석石)이 되어버리고 미사흔은 박제상의 둘째 딸과 결혼합니다.

백제 개로왕 즉위 ● 455년

장수왕은 아버지의 남진정책을 더욱 철저히 추진하기 위해 427년 수도를 평양성으로 옮기고 위급 시 사용할 산성으로 대성산성을 건축하니다. 그리고 이전 수도였던 국내성, 현재 수도인 평양, 현재 황해도 재령 지방인 한성을 고구려 삼경으로 정합니다. 국호도 고구려에서 고려로 바꿉니다.

교과서에는 백제와 신라가 동맹을 맺어 장수왕을 방어했다고 하여 나-제 동맹이라는 표현을 쓰지만 실제로는 백제-신라-(대)가야-왜 4국 동맹으로 근근이 막아내는 형편이었습니다.

백제의 개로왕은 472년 북위에 밀서를 보내 고구려를 침략해 달라고 요청합니다. 하지만 북위는 고구려에 정략결혼을 애걸할 만큼 친고구려였습니다. 북위는 애매한 말로 거절을 하는 답장을 보냅니다. 그런데 이 답장이 고구려에 들키고 맙니다.

장수왕은 조상들의 원수를 갚기 위해 백제를 공격할 결심을 합니다. 우선 승려 도림을 백제로 파견합니다. 도림은 바둑을 좋아하는 개로왕에게 바둑을 통해 신임을 얻습니다. 이후 전쟁 대비보다는 궁궐 등을 짓는 토목공사를 건의하여 국고를 낭비하게 만듭니다. 장수왕은 임진강, 한탄강(호로고루)을 넘어 양주 분지 일대를 장악한 뒤 나아가 아차산 일대에 보루를 건설한 후 475년 백제를 침공합니다. 도성이 함락될 위기에 처하자 태자(혹은 동생)인 부여문주를 먼저 남쪽으로 도망가게 한 후 결사 항전하다가 끝내 사망합니다. 《일본서기》에서는 이 사건을 아예 '백제가 멸망하였다'라고 표현했습니다.

한편 문주는 신라로 도망가서 자비 마립간에게 증원군을

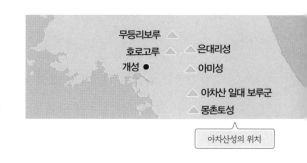

무등리보루 △
호로고루 △　△ 은대리성
개성 ●　　△ 아미성
　　　　△ 아차산 일대 보루군
　　　　△ 몽촌토성

아차산성의 위치

요청, 구원병 1만 명을 이끌고 오지만 너무 늦어버렸습니다. 문주는 그럼에도 포기하지 않고 한성으로 치고 올라가 위례성에서 즉위합니다. 그 후 한 달 동안이나 고구려군과 대치하지만 결국 한성을 포기하고 475년 곰나루터(=웅진, 지금의 충청남도 공주시)로 천도합니다.

백제 동성왕 즉위　479년

호남지역은 삼한의 땅으로 삼한이 일본으로 건너간 뒤 권력의 공백이 생겼습니다. 그 때문에 문주왕은 이 웅진 지역으로 천도하여 백제를 재건하려고 노력하였지만, 이곳에 살던 토착 세력들은 문주왕을 인정하지 않습니다. 왕권 강화를 위해 곤지를 부르는 등 노력하지만 결국 재위 3년째 되는 해(477년) 9월 사냥을 나갔다가 자신의 최측근인 병관좌평(지금의 국방부 장관) 해구의 사주를 받은 도적에게 살해당합니다. 문주왕의 뒤를 이어 삼근왕이 즉위합니다.

하지만 해구는 삼근왕을 능가하는 권력을 휘둘렀고, 478년에는 반란을 일으킵니다. 삼근왕은 진로에 해구의 반란을 진압하라 하였으며 진로는 반란을 평정하고 해구를 죽입니다. 이때부터 진씨 가문이 권력을 가지게 되고, 진씨는 제법 정치적 수완이 있는 삼근왕을 죽이고 대신 나이가 어려서 만만하다고 여겨지는 모대를 왕위에 앉히려고 합니다. 하지만 모대는 결코 만만한 사람이 아니었습니다. 왜국에 있던 그는 백제로 귀국할 때 츠쿠시국(지금의 후쿠오카)의 군사 500명의 호위를 받습니다.

장수왕은 481년 신라를 침공하여 신라 북쪽 7개 성을 점령하고, 미질부(현재의 포항시)까지 진격합니다. 이에 소지 마립간은 백제와 가야에 도움을 요청했고 동성왕이 된 모대는 자신을 호위하러 온 츠쿠시국 군사를 이용해 고구려군을 격퇴합니다. 그리고 484년, 488년, 490년 세 번에 걸쳐 북위와 전투를 벌입니다.

그런데 바다 건너 북위가 어떻게 백제를 공격했을까요? 배를 타고 공격할 수도 있습니다만 별 이득도 없는 백제를 공격할 이유가 없습니다. 필자의 생각에는 북위 시절에도 요서에 백제의 영토가 있었고, 이 영토를 북위가 공격한 것이 아닌가 여겨집니다.

자신감을 얻은 동성왕은 484년 중국 남조南朝의 남제南齊에 사신을 보내고자 시도하고, 485년에는 신라에 사신을 보내면서 외교에 힘을 기울입니다. 노력이 성과가 있어 493년에는 소지 마립간이 이찬 비지의 딸을 백제로 시집을 보내 혼인동맹을 맺으며 나제동맹을 더욱 굳건하게 만듭니다.

498년에는 탐라국(지금의 제주도)을 정벌하고자 무진주(지금의 광주)까지 가는데, 이 소식을 들은 탐라국은 항복하고 백제의 속국이 됩니다. 동성왕이 무진주까지 갈 수 있었다는 것은 옛 삼한의 영토를 완전히 백제로 편입시켰다는 의미입니다. 하지만 그는 자신의 업적에 기고만장해져 사치와 향락에 몰두하고, 백성에 대한 구제를 외면하고, 신하들의 간언을 듣기 싫어 궁궐 문을 닫아버리는 등의 행동을 하다가 반란을 일으킨 백가의 부하들에게 암살당합니다.

> **읽을거리**
>
> 서동 설화의 주인공이 동성왕이라는 설이 있습니다. 서(薯)는 우리말로 '마'이니, 서동이 아니라 맛동이라고 불립니다. 동성왕의 이름인 모대와 비슷합니다. (맏이, 모대, 마동) 그리고 실제로 신라 왕족과 혼인한 역사적 기록도 있습니다. (이찬은 성골, 진골만 오를 수 있는 관직입니다.) 서동 설화는 무왕 편에서 이어서 다루겠습니다.

백제 무령왕 즉위　501년

동성왕이 암살당한 후 왜국에 있던 그의 형인 사마가 귀국하여 무령왕이 됩니다. 무령왕은 502년 1월 해명에게 명하여 가림성에서 저항하던 백

가를 토벌하고 22개로 운영되던 담로에 부여씨 왕족을 보내 통치하도록
하여 중앙집권제를 확립합니다. 내정을 안정화한 무령왕은 한성을 되찾
기 위해 북진정책을 펼칩니다.

503년 고구려의 수곡성(현재 황해도 신계군) 공격을 시작으로 연거푸
승리하며 일시적으로 한강 유역까지 다시 진출합니다. 남쪽으로는 마한
의 잔존 세력인 침미다례를 복속시키고, 동쪽으로는 섬진강을 넘어 백제

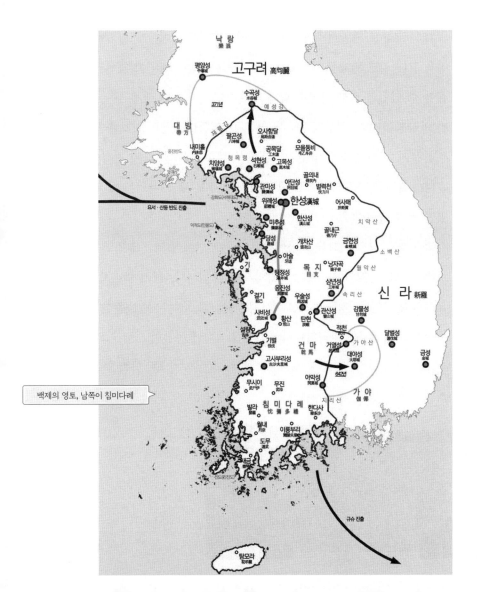

백제의 영토, 남쪽이 침미다례

땅을 넘보던 대가야를 물리칩니다. 침미다례 제국諸國은 마한 남부에 있었던 소국 연합체로 중국 서진에 사신을 보낼 정도로 상당한 세력을 가지고 있었습니다. 5세기 웅진으로 천도한 백제에는 커다란 위협이 되는 존재이기도 했습니다.

침미다례와 한반도의 전방후원분 지역은 상당 부분 일치합니다. 혹시 왜국에서 귀국해 왕이 된 동성왕과 무령왕 대에 함께 왔던 왜국인들이 침미다례를 복속하고 눌러산 것은 아닐까요?

대외 교류도 활발히 하였습니다. 512년과 521년에 남조의 양나라에 사신을 보내 외교 관계를 강화합니다. 이때 서해안에 항구가 없어 중국과 교류할 수 없었던 신라 사신도 함께 데려갑니다. 521년 백제 무령왕은 고구려 안장왕이 받은 영동장군보다 더 높은 영동대장군의 칭호를 받습니다. 무령왕은 이 칭호가 무척이나 자랑스러웠는지 자신의 묘지 지석에 새겨넣습니다. (정작 고구려는 약소국인 남조가 주는 칭호 따위는 별 관심이 없었던 것 같습니다.)

왜국과도 활발한 교류를 이어갑니다. 505년에는 왜국에 왕족을 사절로 보내고, 513년과 516년에는 오경박사를 보냅니다. 여기에서 오경박사란 유교의 경전인 《역경》, 《시경》, 《서경》, 《예기》, 《춘추》에 능통한 사람에게 주어지던 백제시대 관직입니다. 그 외에 의학에 능통한 사람은 의박사, 천문·역법 전문가는 역박사라고 합니다.

광주 월계동 장고분(전방후원분)

✦ 무령왕릉 ✦

무령왕의 무덤인 무령왕릉은 백제 무덤 중 유일하게 주인이 확인된 왕릉이자 도굴되지 않고 고스란히 발굴된 유적입니다. 벽돌을 이용해 지은 벽돌무덤으로 중국에서 유행하던 양식을 그대로 사용했습니다.

1971년, 송산리 벽돌무덤 6호분 근처를 공사하다가 우연히 발견되었습니다. 내부 묘비석에 영동대장군 백제사마왕(寧東大將軍 百濟斯麻王)이라고 적혀 있기 때문에 무덤의 주인이 무령왕이라는 것이 확인되었습니다.

무령왕릉 내부

역사적인 물건은 유물이라고 하고, 물건이 남긴 흔적은 유적이라고 합니다. 물건이 놓인 위치, 이동한 흔적 등은 당시의 생활과 문화를 알려주는 귀중한 자료이기 때문에 유물만큼이나 유적도 중요합니다. 예를 들어 고생물학에서는 공룡 발자국 흔적으로 공룡의 크기, 무게, 걷는 방법과 속도를 알 수 있습니다. 그래서 왕릉이 발견되면 몇 달에 걸쳐 붓으로 먼지를 살살 털어가며 유적을 훼손시키지 않도록 주의하며 발굴합니다.

하지만 너무나도 귀중한 유적인 무령왕릉은 몰지각한 취재진과 발굴팀, 구경꾼들에 의해 무참하게 훼손되어 버립니다. 유물이 발견되었음에도 발굴팀은 통제하지 않았고, 오로지 특종을 취재하겠다는 일념에 기자들은 유적을 훼손하고, 유물을 파손시킵니다. 값나가는 유물을 훔칠 생각으로 구경꾼들까지 몰려오자 발굴팀은 급한 마음에 유적에 대한 기록도 없이 유물을 쓸어 담고는 불과 17시간 만에 발굴을 끝냅니다.

그나마 이런 경험 때문에 나중에 발굴된 천마총, 황남대총은 현장 지휘부를 설치하고 경비를 세우고, 발굴 현장은 철조망을 치는 등 거의 봉쇄한 상태로 발굴을 진행하게 됩니다. 또한 기자들의 보도 또한 철저히 통제하였습니다. 그래서 많은 유물, 유적이 온전히 보존될 수 있었습니다.

✦ 담로 ✦

백제의 지방 통치제도가 담로입니다. 일반적으로 근초고왕 대에 이루어졌다고 여겨지고 있습니다. 그 흔적이 남아있는 곳이 바로 제주도인데 제주도의 옛 이름은 '탐라'입니다. 그 외에 또 있을까요?

《수서》<백제전>에 보면 담모라국에 관한 기록이 있습니다. '백제에서 남쪽으로 3개월 거리 인데 남북 천여 리 동서 수백 리이며 사슴이 많이 나고 백제에 부용 한다'라고 기록되어 있습니다. 현재 여기에 딱 맞는 곳이 대만입니다. 그러고 보면 대만이라는 이름도 담로와 비슷하군요. 하지만 대만에서 백제유물이 발견되었다는 소리를 들은 적이 없습니다. 한 편으로는 담로가 고이왕 대에 시작되었다고 보는 견해도 있습니다. 그렇다면 담로는 다물도와도 관련이 있을 듯합니다.

더 나아가 필리핀 지역도 담로였다는 주장이 있습니다. 중국 사서에 지금의 필리핀 지방을 흑치국이라 불렀다는 기록이 있는데, 백제 부흥운동의 주역 중 한 명이었던 흑치상지가 바로 흑치국 출신입니다. 흑치상지 묘지명에 '그 선조는 부여씨에서 나왔는데 흑치국에 책봉되었으므로 흑치씨가 되었다'라는 기록이 있습니다. 필리핀에서 유적 찾기에 도전해 보는 것도 나쁘지 않겠습니다. 여담으로 필리핀에는 사탕수수가 많이 났었는데 사탕수수를 많이 먹으면 이빨이 검게 변한다고 하여 흑치국이라 합니다.

탐라

대만

필리핀

탐라, 대만, 흑치국(필리핀)

신라 법흥왕 즉위   514년 즉위

지증왕은 신라의 제22대 왕으로 503년 63세에 왕위에 올랐습니다. 6세기 백제와 신라는 나제동맹을 맺고 총력을 다하여 고구려를 방어하고 있었습니다. 아무리 강력한 고구려라도 두 개 나라를 동시에 공격해서 승리하기는 힘들었습니다. 그 때문에 지증왕이 즉위할 때쯤 백제 공격에 전력을 기울이게 됩니다. 이러한 일시적인 평화에 지증왕은 내정 개혁에 매진합니다.

지증왕부터 신라의 지배자는 중국식 호칭인 왕王을 사용합니다. 그리고 신라라는 명칭을 한자로 풀고, 정식으로 확정합니다.

新者德業日新 羅者網羅四方之義
신자덕업일신 라자망라사방의의

신新자는 덕업이 나날이 새로워지는 것, 라羅는 사방의 영역을 두루 망라한다는 뜻입니다. 그리고 이사부에게 명령해 우산국을 정복하게 합니다. 아들인 법흥왕은 아버지의 노력을 계승해서 신라를 고구려, 백제와 견줄 수 있는 수준으로 국력을 끌어올립니다.

520년 율령 반포하고, 골품을 정했으며, 관리를 17등급으로 나누고 관복의 색을 구분합니다.

527년에는 불교를 공인합니다. 귀족들이 반대했지만, 이차돈이 자기 목을 베면 흰피가 솟을 것이고, 이런 기적을 본 사람들은 불교를 믿을 것이라고 말합니다. 그리고 그의 말대로 흰피가 솟구치고 하늘에서 꽃비가 내리자 귀족들이 더 이상 반대하지 못했다고 합니다. (법흥왕이라는 이름도 불법을 흥하게 했다고 해서 얻은 이름입니다.)

531년에는 상대등이라는 관직을 처음 만들어 이찬 철부를 임명합니다.

신라 성립 초기부터 귀족들의 만장일치 합의제로 국정에 관여하는 화백회의가 있었습니다. 화백회의의 권한은 막강하여 왕마저 폐위시킬 수 있었고 실제로 진지왕이 폐위되었습니다. 그런데 법흥왕 때부터 왕이 임명한 상대등이 화백회의를 주재하게 됩니다. 즉 귀족을 관료제 체계에 포함했습니다. 그리고 군사력을 담당하는 전문 부서인 병부를 설치하여 왕족과 귀족들의 사병私兵을 흡수합니다. 이로써 법흥왕 대부터 신라는 연맹 왕국에서 중앙집권제 국가로 거듭납니다. 이러한 자신감 때문인지 536년 '건원建元'이라는 연호를 제정하여 사용합니다. 법흥왕에게는 신라의 아버지라는 칭호를 주어야 한다고 생각합니다.

✦ 골품제 ✦

신라의 계급체계는 뼈(骨)로 등급(品)을 나눈다고 해서 골품제(骨品制)라고 합니다. 왕족은 성골(聖骨)과 진골(眞骨)로 나누고, 귀족은 6두품, 5두품, 4두품, 평민은 3두품, 2두품, 1두품으로 나눕니다. 골품에 따라 오를 수 있는 관등의 한계가 정해져 있었으며, 관등에 따라 옷의 색깔도 구별이 되었습니다.

성골은 부모가 모두 왕족인 순수 신라 왕족이고, 진골은 부모 중 한 명만 왕족인 사람, 왕비족, 신라에 흡수된 다른 나라(가야, 고구려 등)의 왕족들입니다. 왕은 성골만 할 수 있었는데, 진덕여왕을 마지막으로 대가 끊겨 진골이 왕위에 오릅니다.

		공복	진골	6두품	5두품	4두품
1	이벌찬, 각간, 서불한	자색	■			
2	이찬		■			
3	잡찬		■			
4	파진찬		■			
5	대아찬		■			
6	아찬	비색	■	■		
7	일길찬		■	■		
8	사찬		■	■		
9	급벌찬		■	■		
10	대나마	청색	■	■	■	
11	나마		■	■	■	
12	대사	황색	■	■	■	■
13	사지		■	■	■	■
14	길사		■	■	■	■
15	대오		■	■	■	■
16	소오		■	■	■	■
17	조위		■	■	■	■

이벌찬은 각간(角干), 서불한 등으로도 불립니다. 뿔은 몽골어로는 에베르, 한자로는 각(角), 옛날에는 쁠이라고 했고 여기에 지도자를 뜻하는 간, 한, 찬을 붙이면 각각 이벌찬, 각간, 서불한이 됩니다.

천마총

1971년 무령왕릉이 우연히 발견되자 대통령은 경주의 왕릉도 발굴할 것을 지시합니다. 이에 1973년 시범 삼아 한 왕릉을 발굴하였는데 천마가 그려진 장니를 비롯 금관, 금목걸이, 금귀걸이, 금제 허리띠 등이 쏟아져 나옵니다. 이러한 유물들을 통해 당시 신라의 금속 공예 기술이 얼마나 발달했는지 확인할 수 있습니다.

천마총 내부

신라금관

장니는 말을 탄 사람의 발에 흙이 튀지 않도록 말안장 옆 양편에 늘어뜨리는 가죽제 마구를 말하는데 우리말로는 말다래라고 합니다. 장니에 그려진 동물의 머리에 뿔이 있습니다. 그래서 말이 아니라 기린(상상 속의 동물)을 그린 것이라는 주장도 있습니다.

여러 유물 중 가장 눈길을 끄는 유물은 금관입니다. 전 세계에서 출토된 금관 총 14개 중 10개가 우리나라에서 나왔습니다. 그리고 그중 6개가 신라의 금관입니다. 천마총 금관의 주인은 누구일까요? 천마도 장니가 발견되었다 하여 천마총이라 이름 붙여진 이 무덤의 주인은 지증왕으로 추정됩니다.

천마도가 그려진 말다래

읽을거리

천마총이 대표적인 돌무지덧널무덤 양식의 무덤입니다. 돌무지덧널무덤은 주로 신라에서 만든 무덤으로 예전에는 적석 목곽분(積石木槨墳)이라 불렀습니다.

지상이나 지하에 시체와 껴묻거리를 넣은 나무덧널을 설치합니다. 그 위에 냇돌을 쌓은 다음 흙으로 덮습니다. 목관을 수많은 돌덩이와 흙이 덮고 있으므로 도굴이 어려워 많은 껴묻거리가 그대로 남아 있습니다.

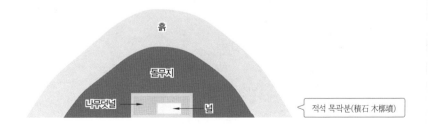

흙

돌무지

나무덧널   널

적석 목곽분(積石 木槨墳)

무령왕의 뒤를 이어 성왕이 즉위합니다. 고구려의 안장왕은 오곡원(황해도 서흥군)을 되찾기 위해 529년 백제를 공격합니다. 백제와 신라 연합군은 힘껏 막지만 결국 패하고 막대한 피해를 보게 됩니다. 그런데 안장왕이 죽고 고구려가 서서히 내리막길을 향하게 되자 성왕은 한강 유역 수복이라는 백제 최대의 염원을 성취하려고 합니다.

538년 방어에는 좋지만 터가 좁아 나라를 다스릴 수도로는 부적합한 웅진을 떠나 사비로 천도합니다. 그리고 국호를 '남부여'로 바꿉니다. 성왕은 고구려를 치기 위해 국력을 키워나가다가 드디어 550년 동맹국인 신라와 함께 고구려를 공격합니다. 그 결과 백제는 한강 하류의 6군을 차지하고, 신라는 한강 상류의 10군을 차지합니다.

하지만 가야를 차지하기 위해 신라와 신경전을 벌이다 나제동맹은 금

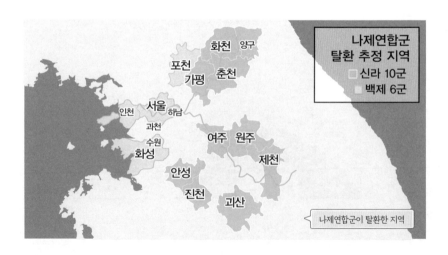

나제연합군이 탈환한 지역

이 가기 시작합니다.

사실 백제는 전투에 서툴렀습니다. 고구려 공격의 시작이라 할 수 있는 548년 독산성 전투(현 오산시 지곶동)에서도 수세에 몰려 신라에 구원을 요청했고, 신라가 구원병을 보내 고구려를 물리칩니다. 그리고 550년 백제의 도살성(충북 제천) 점령도 고구려의 반격으로 다시 잃을 뻔하다가 신라 장군 이사부의 도움으로 함락의 위기에서 벗어납니다. 게다가 이사부가 강원도 방면으로 고구려를 공격하고 고구려가 강원도 방어에 집중하면서 한강 일대의 방어에 소홀해지자 백제가 손쉽게 한강 일대를 차지할 수 있었습니다. 신라가 백제의 한강 하류 지역을 기습공격해 빼앗으면서 나제동맹은 깨지고 맙니다. 하지만 신라 최강의 장군 이사부가 버티고 있으므로 백제를 공격할 엄두를 내지 못합니다.

하지만 551년 이사부가 물러나고 듣도 보도 못한 김무력이 장군으로 기용되자, 성왕은 신라의 정치가 혼란 상태라고 판단하고 554년 신라를 공격합니다. 하지만 김무력은 예상과는 다르게 용맹한 장수였습니다. 결국 관산성 전투에서 성왕은 전사합니다. 이로써 한성 수복의 꿈은 물 건너가 버리고 백제는 지금의 호남에 갇히게 됩니다.

읽을거리

남부여 시절에는 투표로 재상을 뽑았습니다. 사비 부근 호암사(虎巖寺)에 바위가 있는데, 재상을 선정할 때 당선 자격자 3~4인의 이름을 써서 상자에 넣고 봉하여 바위 위에 두었다가 얼마 후에 열어 보아 이름 위에 도장이 찍힌 자국이 있는 사람을 재상으로 삼았다고 합니다. 때로는 여기에서 정사에 관한 토론도 열렸습니다. 그래서 바위 이름이 정사암(政事巖)입니다. 귀족들이 주도한 회의는 고구려 제가회의, 신라 화백회의, 백제 정사암 회의입니다. 외워두시기를 바랍니다.

백제금동대향로

　성왕의 아들 위덕왕은 원통하게 죽은 아버지를 위하여 부여에 능산리사를 짓습니다. 1993년 12월 12일 절터만 남은 이곳에서 주차장 공사를 하다가 백제금동대향로를 발견합니다.

　향로(香爐)는 향을 사르는 그릇으로 제사를 지내거나 불교 행사뿐 아니라 기독교 의식에서도 사용합니다. 백제 금동 대향로는 백제의 뛰어난 공예 기술을 보여주는데 도교의 사상이 반영된 용, 봉황, 산천과 불교의 사상이 반영된 연꽃 등이 표현되어 있습니다. 이는 백제에 불교뿐 아니라 도교도 들어와서 전파되었음을 알려주는 증거입니다. 혹시 위덕왕이 아버지가 극락에서 살기를 바라고 만든 것은 아닐까요?

도교 전래의 증거인 산수봉화무늬 벽돌

금동대향로

✦ 삼국의 미소 ✦

'금동연가칠년명여래입상'은 고구려의 안원왕 시대에 금동으로 만든 여래입상입니다. 광배의 뒤에는 '연가7년세재기미고려국락량(延嘉七年歲在己未高麗國樂良)'으로 시작하는 47개의 글자가 새겨져 있습니다. 연가(延嘉)는 안원왕의 연호로 연가 7년은 539년입니다.

미소를 띠고 있어서 고구려의 미소라는 별명이 있습니다. 참고로 얼굴무늬 수막새는 신라의 미소, 서산 용현리 마애여래삼존상은 백제의 미소라 불립니다.

금동연가칠년명여래입상

얼굴무늬 수막새

가운데가 수막새입니다.

마애(摩崖)란 돌벽에 글자나 그림 등을 새기는 것입니다.

8장

가야의
멸망과
살수대첩

우리 역사		세계사
	538년	일본 아스카 시대 시작
신라 진흥왕 즉위	540년	
가야 멸망	562년	
화랑도 시작	576년	
	589년	수나라 중국 통일

538년 백제의 성왕이 불상과 경전을 일본으로 전파하면서 불교가 공인됩니다. 이때부터 아스카(현재 나라현 다카이치군 아스카촌)에 궁전, 도시가 세워지면서 아스카시대가 시작됩니다.

아스카시대는 고구려, 백제, 신라의 영향을 많이 받습니다. 대표적인 정치인인 쇼토쿠 태자를 가르친 스승은 고구려 승려인 혜자이고, 고구려 승려 담징은 종이, 먹, 연자방아 등의 제작 방법을 일본에 전하였습니다.

불교를 전해준 백제로부터 설계도를 가져와 일본 최초의 사찰인 아스카사寺를 건설합니다. 일본의 국보인 반가사유상은 신라가 보낸 것입니다.

비잔티움 제국의 유스타니우스는 명장 벨리사리우스의 활약으로 서로마 대부분을 다시 찾아옵니다.

중국에서는 589년 수나라가 대륙을 통일합니다.

우리나라 금동미륵반가사유상

일본 목조반가사유상

534년 태어난 진흥왕은 540년 어린 나이인 7살에 즉위합니다. 그래서 엄마인 지소부인이 섭정을 합니다. 지소부인은 541년 신라 최강의 장군 이사부를 병부령(지금의 국방부 장관)으로 임명하여 진흥왕을 보호하고자 합니다. 병부령 이사부가 545년에 역사서 편찬을 건의하자 이를 받아들여 거칠부에게 명해《국사》를 편찬합니다.

진흥왕이 18세가 되던 551년 '나라를 연다'라는 의미인 '개국開國'으로 연호를 바꾸고 친정親政(직접 정치를 함)을 시작합니다. 진흥왕이 친정을 하면서 제일 먼저 한 일은 노장 이사부 대신 젊은 장수인 김무력을 기용한 것입니다. 554년 백제 성왕은 이를 기회로 여기고 신라를 공격하다가 결국 죽임을 당합니다.

진흥왕은 거칠 것 없이 진격합니

신라 진흥왕 때 영토

다. 한강 유역을 차지하여 고구려와 백제의 연결을 차단하고, 황해를 통해 중국과 직접 교역할 수 있게 되었으며, 가야 연맹을 정복하고, 고구려 영토인 함흥평야까지 진출합니다.

진흥왕은 점령한 지역에는 비석을 세워 영토 확장을 기념하는데 이를 진흥왕 순수비라고 합니다. '순수한 진흥왕을 기념하는 비'가 아니라 돌아다니며巡 사냥한다狩는 의미로 4개의 순수비가 있습니다. 신라 멸망 이후 잊혔다가 조선시대에 실학자 서유구가 북한산에 있던 비가 진흥왕 순수비임을 밝혀냈고, 1817년 추사 김정희가 비문 해독에 성공합니다. 더불어 북한산 진흥왕 순수비는 국보 3호입니다. 국보 1호는 숭례문, 2호는 원각사지 십층 석탑입니다.

569년에는 17년간의 공사 끝에 황룡사를 완성하여 국력을 과시하고 576년에는 화랑 제도를 만들어 어린 소년들을 병사로 확보합니다.

읽을거리

한강 유역은 농경에 적합하여 많은 인구를 먹일 수 있고, 한강을 통해 여러 지역의 물자가 모이는 곳입니다. 또한 바다를 통해 중국과 교류하기에 적합한 곳입니다. 그래서 여러 지역의 문화가 합쳐지는 중심지가 됩니다. 그래서 한강 유역을 차지한 나라가 삼국 간의 세력다툼에서 주도권을 차지하였습니다.

백제가 한강 유역에서 건국하면서 한강 유역을 가장 먼저 차지한 나라가 됩니다. 5세기 광개토대왕과 장수왕이 남진하면서 백제는 한강 유역을 빼앗기고 고구려가 차지하게 됩니다. 6세기 초 국력을 회복한 백제 무령왕은 한강 유역 수복을 위해 고군분투하였고 성왕 대에 신라와 협공하여 한강 유역을 수복합니다. 하지만 진흥왕이 백제로부터 한강 유역을 빼앗으면서 신라 땅이 됩니다. 이렇게 치열했던 만큼 한강 유역을 차지한 왕 때가 삼국의 최전성기입니다.

'4세기 백제 근초고왕, 5세기 고구려 장수왕, 6세기 신라 진흥왕'이라고 외우시기를 바랍니다.

◇ 황룡사 ◇

황룡사는 신라를 대표하는 사찰입니다. 553년(진흥왕 14년) 새로 왕궁을 짓는데 황룡(黃龍)이 나타나 하늘로 올라가는 기적이 일어납니다. 그러자 진흥왕은 궁궐이 아니라 사찰을 짓기로 결심합니다. 이때부터 진흥왕은 17년간의 공사 끝에 황룡사를 창건하게 되었습니다.

신라의 사찰은 한 기의 탑 뒤에 부처님을 모신 건물인 금당을 3채 나란히 배치하는 1탑 3금당식 가람배치입니다. 황룡사에는 솔거가 실제 같은 소나무를 그려 참새가 앉으려고 날아오다가 부딪혔다는 벽화가 그려진 금당이 있었으며, 금당 안에는 구리를 3만 5007근, 도금을 1만 198푼 사용한 10미터 높이의 장륙삼존불상이 있었습니다.

선덕여왕 대에 첨성대를 만든 백제의 아비지를 불러 80미터가량의 황룡사 구층 목탑을 완성합니다. (우리나라에서 황룡사 구층 목탑보다 높은 건물이 지어진 것은 1969년 82미터의 한진빌딩부터입니다.)

황룡사 구층 목탑, 장륙삼존불상과 진평왕이 즉위할 때 옥황상제가 내려보낸 선녀에게 받은 옥대(천사옥대, 天賜玉帶)를 합쳐 신라삼보라고 합니다. 아쉽게도 목탑은 1238년 몽골이 침공했을 때 불타서 사라지고, 장륙삼존불상은 조선시대에 사라집니다.

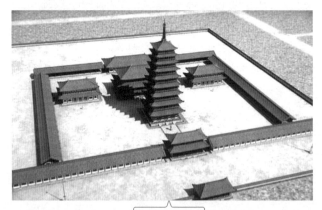

황룡사 추정도

✧ 이사부 ✧

이사부는 신라 최강의 무장으로 그보다 더 대단한 장군은 김유신밖에 없습니다. 아니, 김유신의 전공에 거품이 많이 끼어 있다는 것을 고려하면 이사부가 신라 최강의 무장입니다. 성이 이씨이고 이름이 사부가 아닙니다. 진골이니 당연히 성은 김씨이고, 이름이 이사부입니다.

505년 20대의 젊은 나이에 지증왕의 명령을 받고 가짜 사자를 이용해 우산국(현재 울릉도)을 정벌합니다. 우산국 사람은 어리석고도 사나워서 힘으로 다루기는 어려우니 계책으로 복종시켜야 한다며 나무로 사자를 만들어 전함에 나누어 싣고 우산국으로 향합니다. 그리고 이르기를 "너희가 항복하지 않으면 사자를 풀어 밟아 죽이겠다"라고 위협합니다. 그러자 사자를 본 적이 없는 우산국 사람들이 겁을 먹고는 항복하였다고 합니다. 이로써 울릉도와 독도를 우리 민족의 땅으로 만들었습니다.

529년에는 금관가야를 공격해 회복 불능의 상처를 입혔고, 532년 금관가야는 항복합니다. 550년에는 고구려를 공격하고 한강 유역까지 신라의 영토를 넓힙니다. 나이가 들어 은퇴했는가 했지만 562년 70대의 나이에 다시 전쟁터로 돌아와 대가야를 멸망시킵니다. 그런데 신라로서는 최강의 무장일지 모르지만, 가야로서는 최악의 학살자입니다.

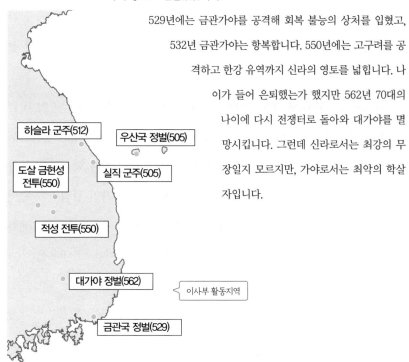

하슬라 군주(512)

우산국 정벌(505)

도살 금현성 전투(550)

실직 군주(505)

적성 전투(550)

대가야 정벌(562)

이사부 활동지역

금관국 정벌(529)

가야의 멸망 562년

512년 무령왕은 대가야로부터 다사강(섬진강) 서쪽의 영역인 상다리, 하다리, 사타, 모루의 4현(현재 여수, 순천, 광양)을 빼앗습니다. 위기를 느낀 대가야는 522년 신라와 동맹을 맺고 함께 백제에 대항하려고 하지만, 신라는 오히려 동맹을 빌미로 가야 연맹의 여러 나라를 복속시킵니다. 이때 안라국, 금관국, 탁순국 등이 신라에 흡수됩니다.

532년에는 금관가야가 멸망하고 541년과 544년 가야 지역 국가들이 백제 사비성에 모여 성왕에게 가야를 보호해 달라고 요청합니다. 성왕은 보호해 주는 대가로 군사적 지원을 요구합니다. 하지만 백제와 함께 참가한 554년 관산성 전투에서 성왕이 전사하면서, 오히려 562년에 이사부 장군이 이끄는 신라군의 침공으로 결국 멸망합니다.

신라는 가야인들을 내륙 지방으로 강제 이주를 시키는데 그곳이 지금의 충북지방입니다. 금관가야 마지막 왕 구형왕의 증손인 김유신의 출생지도 김해가 아니라 충북 진천입니다. 가야는 시간이 지나 화려하게 부활합니다. 김유신이 장군이 되어 삼국을 통일시키고, 조카인 김법민이 왕이 되었습니다. 그리고 가야인에 의해 만들어진 중원경(지금의 충청도) 세력은 신라의 핵심이 됩니다. 그야말로 껍데기는 신라이지만 그 내용물은 가야라고 해야 할까요? 결국 최후의 승자는 가야인 듯합니다.

✦ 화랑도 시작 576년 ✦

진흥왕 대에 신라의 국력이 크게 향상되기는 하였지만 백제나 고구려의 공격으로 나라가 사라질지도 모르는 위태로운 상황이었습니다. 진흥왕은 어린 소년들까지도 전쟁터에서 병사로 사용하기 위해 원화라는 제도를 만듭니다.

원화는 신라에서 제일 아름다운 여자 둘(남모와 준정)을 뽑고, 그녀들을 이용해 인재를 모으는 제도입니다. 하지만 준정이 남모의 미모를 질투해, 집으로 유인하여 만취하도록 술을 먹인 후 물에 빠트려 죽이는 사건이 일어납니다. 이 사건은 곧 들통이 나고 준정은 사형당합니다.

진흥왕은 원화 제도를 없애고, 여자 대신 남자들을 모집하는데 이것이 화랑제도입니다. 화랑도 조직은 하나가 아니라 여러 단체로 나뉘어있습니다. 조직의 우두머리는 화랑 혹은 국선이라고 부르며 진골, 성골만 화랑(국선)이 될 수 있습니다. 화랑 아래에는 평민부터 하급 귀족으로 구성된 낭도가 있으며 화랑과 낭도로 이루어진 단체를 향도(香徒)라고 합니다. 그리고 화랑들을 관리하는 '화주(花主)'가 있었습니다. 주요 활동으로는 산 좋고 물 좋은 곳을 찾아다니며 심신 수양하기, 유교, 불교, 도교의 사상 공부하기 등이었습니다.

화랑들은 돌에 무언가를 새기기를 좋아한 모양입니다. 제천시 점말동굴 등에는 화랑들이 이름을 새겨놓은 흔적이 있고, 국가에 충성하고 유교 공부 열심히 하겠다고 임신년에 서약하고 기록해 놓은 돌멩이도 발견되었습니다. 이 돌멩이를 임신서기석(壬申誓記石)이라 합니다.

임신서기석(壬申誓記石)

고구려 영양왕 즉위   590년

589년 수나라는 진나라를 멸망시키면서 중국 대륙을 통일합니다. 중국 대륙을 통일한 수문제는 돌궐과 고구려에 압력을 가합니다.

영양왕은 598년 말갈병 1만 명을 동원하여 요서 지역의 임유관(현재의 산하이 관)을 선제공격하며 도발합니다. 그러자 수문제는 수륙군 30만 명을 동원하여 요동성을 공격합니다. 그러나 고구려군은 보급선을 격파하여 군량 보급을 끊고, 때마침 닥친 장마로 발이 묶인 틈을 타 고구려의 병마원수 강이식이 5만 명의 정예병을 공격하여 수나라는 대패하고 맙니다.

수나라에서는 수문제가 물러나고 수양제가 즉위합니다. 그는 돌궐을 압박해 기어이 돌궐 왕이 장안으로 입조하도록 합니다. 입조入朝란 신하가 조정의 회의에 참여하는 것을 말합니다. 즉 돌궐이 수나라의 속국이 되었다는 의미입니다. 이제 수나라에 조공하지 않는 나라는 고구려밖에 없습니다. 수나라의 침입을 예상한 고구려는 608년 신라와 백제를 공격하여 후방을 안정시킵니다. 이때 한강 이북의 땅을 거의 회복합니다.

수양제는 611년 탁군에 군사를 집결시키고, 612년 총 113만 3800명의 군사를 이끌고 고구려를 침략합니다. 100만이 넘는 군인이 동원된 그다음 전쟁은 1300년 후 일어난 제2차 세계대전입니다. 그 때문에 고구려와 수나라의 전쟁은 가히 세계대전급 전쟁이라 할 수 있습니다. 하지만 을지문덕과 고건무에게 패해 퇴각합니다.

613년 수양제는 다시 탁군에 군사를 집결시킨 뒤 고구려를 침공합니다.

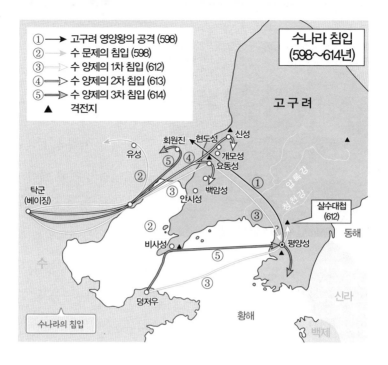

수양제는 우문술과 함께 요동으로 진격하였고, 왕인공에게 북쪽의 신성을 공격하게 합니다. 하지만 이번에도 두 성을 함락시키지 못했고, 본국에서 양현감이 반란을 일으켰다는 소식을 듣자 급히 퇴각합니다.

614년 수양제는 다시 고구려를 침략합니다. 여러 번의 전쟁에 지친 영양왕은 사신을 보내 화친을 제의했고, 더 이상 싸울 힘이 없던 수양제가 화친 제의를 받아들여 퇴각합니다.

수양제는 무리한 고구려 침략으로 민심을 잃었고 수나라 곳곳에서 반란이 일어납니다. 결국 618년 수양제는 살해당하고 수나라는 멸망합니다.

영양왕은 수나라와의 전쟁 중에도 거란, 말갈 등의 이민족을 흡수하고, 백제와 신라를 쳐 영토를 넓혔습니다. 그 때문에 일부 역사가들은 영양왕 대에 고구려의 영토가 가장 넓었을 것이라고 주장하기도 합니다.

영양왕은 문화 사업도 활발히 펼쳤습니다. 595년 고구려 승려 혜자는 백제의 승려인 혜총과 함께 외국으로 건너가 불교를 전파하고, 혜가

연자방아

는 쇼토쿠 태자의 스승이 됩니다. 600년 영양왕은 수나라와의 1차 전쟁에서 승리한 것을 기념하기 위해 태학 박사 이문진에게 명해 국초부터 전해지는 《유기》 100권을 정리해 《신집》 5권을 편찬하도록 합니다.

(백제-근초고왕-고흥-서기, 신라-진흥왕-거칠부-국사, 고구려-영양왕-이문진-신집으로 외워두면 좋습니다.)

610년 고구려 승려 담징은 백제를 거쳐서 왜국 승려인 법정과 함께 일본으로 건너갑니다. 담징은 종이, 먹, 연자방아 등의 제작 방법을 일본에 전하였습니다.

수나라가 멸망한 후 얼마 되지 않아 618년 음력 9월 영양왕도 사망합니다. 고구려 최후의 명군 영양왕이 사망하면서 더 이상 그를 능가하는 왕이 나오지 못하더니 고구려는 멸망합니다.

읽을거리

영양왕의 누이는 울보인 평강공주이고, 매형은 바보 온달입니다. 평강공주의 아버지인 평원왕이 어린 공주에게 자꾸 울면 바보 온달에게 시집보내겠다고 하자, 평강공주는 나이가 들어 정말로 온달에게 시집가려고 가출합니다. 하지만 온달은 사실 바보가 아니었고 커다란 잠재능력을 갖춘 사람이었습니다. 평강공주의 헌신적인 뒷바라지에 온달은 훌륭한 무사가 되었고, 중국 후주의 무제가 쳐들어온 배산전투에서 큰 공을 세우고 왕의 사위로 인정받습니다.

처남이 왕이 된 후 신라에 잃어버린 땅을 되찾기 위해 출진했다가 현재 충청북도 단양군에 있는 산성에서 전사합니다. 현재 이 산성은 온달산성이라고 부릅니다.

고구려 수 전쟁 - 살수대첩 612년

　수양제의 2차 침입 때 육군은 요하를 넘어 요동성을 포위하고, 내호아가 이끄는 수군은 바다를 건너 강을 따라 평양성으로 향합니다. (한나라의 고조선 침투 경로와 은근히 비슷합니다.)

　하지만 100만 대군을 동원하고도 요동성조차 점령하지 못하자 초조해진 수양제는 우중문, 우문술에게 9개 군 35만 병력을 차출해 평양을 공격하도록 명령합니다.

　전투에 필요한 것은 무기뿐만이 아닙니다. 밥을 먹어야 전투를 할 수 있습니다. 그 때문에 무기의 공급만큼이나 식량의 보급도 중요한 문제입니다. 수양제는 별동대에게 100일 치 식량을 지고 가라는 터무니없는 명령을 내립니다. 각 병사는 무기와 식량을 합쳐 자신의 몸무게만큼의 무게를 들고 가야 했기에 무게를 견디지 못한 병사들은 길을 가다가 보급품을 버립니다. 이를 알아차린 지휘부가 버리면 죽는다고 엄포를 놓자 이번에는 땅을 파고 보급품들을 묻어버립니다.

　을지문덕은 대담하게도 항복하겠다며 우중문을 방문하고 수나라군의 사기가 꺾였다는 것을 파악한 후 유유히 돌아갑니다. 약이 오른 우중문은 도망치는 을지문덕을 추격하고 을지문덕은 편안히 기다리다 거짓으로 패하고 도망치기를 반복합니다. 하루에 일곱 번을 싸워 일곱 번을 모두 진적도 있습니다.

　우중문이 굶주린 배를 움켜쥐고 평양까지 진격하는 이유는 내호아가 이끄는 수군을 만나면 보급을 받을 수 있기 때문입니다. 하지만 영양왕의 동생 고건무가 평양성 외곽에서 패배를 가장해 내호아를 평양성으로 끌어들인 후, 내호아의 군사들은 성내를 약탈하는 사이에 매복시킨 500명의 군사로 기습하여 수나라 군을 섬멸시킵니다.

우중문의 별동대는 간신히 평양성까지는 도착했지만 보급을 받을 길이 없어진 상태에서 싸울 방법은 없습니다. 이때 을지문덕은 유명한 〈여수장우중문시與隋將于仲文詩(수나라 장수 우중문에게 보내는 시)〉를 보내며 조롱합니다.

神策究天文　신책구천문　귀신 같은 전략은 하늘의 이치를 다하였고,
妙算窮地理　묘산궁지리　기묘한 계략은 땅의 이치를 다하였도다.
戰勝功旣高　전승공기고　전쟁에 이겨 공 이미 높으니
知足願云止　지족원운지　만족함을 알고 그만하기를 원하노라.

이 도발에 우문술도 우중문도 분노하지만, 더 이상 작전 속행이 불가하다는 것을 잘 알기에 결국 퇴각합니다. 을지문덕은 이제 퇴각하는 수군을 추격하여 살수(청천강)까지 다다릅니다.

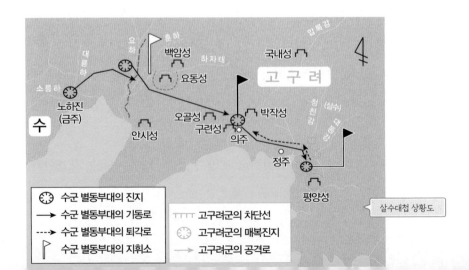

살수대첩 상황도

우리가 알고 있는 살수대첩은 살수 상류에 댐을 세워 물을 가두어 두었다가 강을 건너는 수나라 군대를 몰살시킨 전투입니다. 30만 5000명 중 단 2700명만 살아남았다고 합니다. 살수 대첩은 우리 역사 3대 대첩大捷(큰 승리) 중 하나입니다.

그런데 말입니다. 도대체 군대가 어떻게 행군을 하면 30만 명이 물속에 빠져 죽을 수 있는지가 항상 의문이었습니다. 남미의 아마존 정도라면 모를까 청천강 정도의 폭으로는 어림없습니다. (아마존이라면 강을 건너는 것 자체도 불가능합니다.)

전쟁에서 지고 무질서하게 후퇴하다가 청천강변에 수 킬로미터를 늘어서서 건넌다면 가능은 합니다만, 수나라 군대는 패주한 것이 아니라 후퇴 중이었습니다. 혹시 1열에 3000명씩 100열로 행군한다면 가능할 것도 같습니다마는, 그렇게 행군을 시키는 멍청한 사령관은 없습니다. 그나마 가능성이 있는 얘기는 수나라 군대가 강을 건너는 도중 둑을 무너트려 수나라 군대를 분단시킨 후 각개격파를 하는 것입니다.

하지만 이런 가정도 과연 당대에 고구려가 단시간에 댐을 만들 정도의 기술이 있을 때만 가능한 얘기입니다. 지금도 댐 건설은 엄청난 양의 건축자재와 인원, 건설기기들이 총동원되고 건설 기간도 오래 걸리는 난공사입니다. 정말 그런 기술이 있다면 댐을 만들 것이 아니라 차라리 평양성을 더 튼튼하게 쌓거나 건설기기를 전투용으로 개조하는 것이 훨씬 승산이 있어 보입니다.

실제로 사서에는 수공 얘기 자체가 없습니다. 아마도 진실은 후퇴하는 수나라 군사들이 청천강에서 발이 묶였는데 추격하던 고구려군에게 학살당한 것이 아닐까 합니다.

그런데 삼국 시대 최강의 장군이며 아마도 우리 역사상 최강의 장군인 을지문덕에 대한 기록이 상당히 빈약합니다. 《삼국사기》에는 을지문덕의 출생지와 가문의 계보 등이 불확실해서 알 수 없다고 쓰여 있습니다. 어느 날 갑자기 나타나 살수대첩에서 커다란 전공을 세우고는 다시 기록이 없습니다. 도대체 무슨 일이 있었던 것일까요?

읽을거리

고구려의 공격력은 개마무사(鎧馬武士)에게서 나옵니다. 요동 지방의 철광 지대를 확보하여 철이 풍부하였으며 우수한 제련 기술을 이용하여 강력한 철제 무기와 갑옷을 만들었습니다. 무사와 말의 몸에 철갑을 두르고 돌격하는 중장기병은 위력뿐 아니라 겉모습으로도 상대를 위압할 만합니다.

고구려는 공격도 잘했지만 수비 또한 막강했습니다. 고구려의 수도는 평지성과 산성으로 나뉘어져 있습니다. 전쟁이 일어나면 평지의 농작물과 건물을 태워 적이 이용할 수 없게 한 후 산성으로 들어가 농성합니다. 산성은 절벽이나 가파른 산 등 험준한 지형에 산성을 쌓은 후 옹성, 치, 어긋문 구조를 이용해 적군의 공격을 막아냅니다. 평안북도 영변군에 있는 영변 산성은 너무도 단단하여 쇠로 만든 옹성이라는 의미의 철옹성(鐵甕城)이라고도 불렸습니다.

개마무사(鎧馬武士)

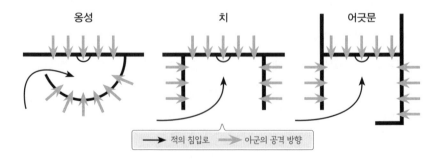

옹성   치   어긋문

→ 적의 침입로   ⇒ 아군의 공격 방향

9장

치열한
전투의
시대

우리 역사		세계사
백제 무왕 즉위	600년	
	610년	무함마드 이슬람교 창시
살수대첩	612년	
	619년	당나라 수나라를 멸망시킴
김춘추 김문희 결혼	625년	
신라 선덕여왕 즉위	632년	
백제 의자왕 즉위	641년	
대야성 전투	642년	
안시성 전투	645년	
태종무열왕 즉위	654년	
백제 멸망	660년	
고구려 멸망	668년	
나당전쟁	676년	
대조영 발해건국	698년	

중국에서는 수나라가 계속 고구려를 침공하다가 38년 만에 멸망하고 당나라가 들어섭니다.

당나라에 의해 7세기 후반 고구려와 백제가 멸망하고 698년 대조영이 발해를 건국합니다.

중국의 북쪽에는 돌궐이 있습니다. 돌궐은 동쪽으로는 만주, 서쪽으로는 흑해까지 넓게 분포한 북방 민족입니다. 수나라가 돌궐 군대의 협력을 받아 건국될 정도로 강한 세력이었습니다. 하지만 돌궐이 동, 서로 나뉘어 싸우느라 세력이 크게 약화합니다.

서돌궐은 서양에서 나름대로 세력을 형성하다가 657년 멸망하고 동돌궐은 수나라에 복속되었다가, 수가 멸망하고 당이 들어서면서 당나라를 위협할 정도의 세력을 회복합니다. 실제로 당나라 초기에는 당나라가 돌궐에 신하라고 칭했습니다. 동돌궐은 당나라에 대항하여 고구려와 동맹을 맺습니다. 연개소문은 돌궐의 공주와 혼인했을 정도입니다. 하지만 당태종이 외교적인 이간책을 시도하여 동돌궐을 분열시킨 후 공격하면서 크게 약화합니다. 682년 동돌궐은 힘을 모아 부활합니다.

617년에는 티베트고원의 중앙에 송첸캄포에 의해 토번이 건국됩니다. 641년 당 왕실에서는 토번의 협박으로 문성공주를 공녀로 보내고 이후 5명의 공녀를 더 보내지만 토번은 장안을 공격하여 당나라를 굴복시키고 장안 근처에 군대를 주둔시킵니다.

이 시기에는 특이하게도 한, 중, 일 삼국에서 모두 여왕이 나왔습니다. 592년 왜국에서는 스이코 천황이 즉위하고 632년 우리나라에서 선덕여왕이 즉위하고, 선덕여왕 사후 647년 진덕여왕이 즉위합니다. 당나라에서는 측천무후가 당을 대신해 무주武周를 세우고 690년 스스로 황제

우마이야 왕조

위에 오릅니다.

중동에서는 610년 무함마드가 이슬람을 창시합니다. 661년 이슬람 세력은 이집트, 동로마, 이란을 장악하고 우마이야 왕조를 세웁니다.

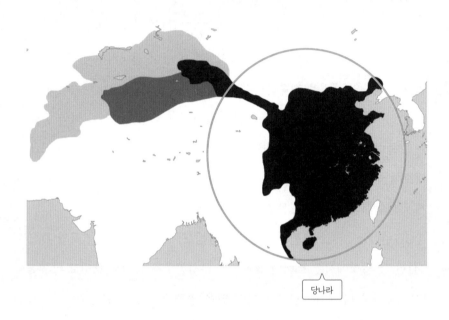

당나라

영양왕이 고구려를 되살리는 동안 무왕은 백제를 되살리고 있었습니다. 서동 설화의 주인공인 서동이 무왕으로 알려져 있습니다. 서동은 몰락한 왕족으로 어릴 적에 마를 캐고 살았습니다. 신라 진평왕의 셋째 공주 선화가 아름답다는 소문을 듣고 아내로 삼기 위해 서라벌로 갑니다. 동네 아이들에게 마를 주고는 노래를 만들어 퍼트립니다.

善化公主主隱	善化公主니믄	선화공주님은
他密只嫁良置古	눔 그스지 얼어 두고	남몰래 얼어두고
薯童房乙	맛둥 바을	맛둥 방을
夜矣夘乙抱遣去如	바믜 몰 안고 가다	밤에 몰래 안고 간다.

소문을 들은 왕이 선화공주를 궁궐에서 쫓아내자 서동은 선화공주와 결혼하게 됩니다.

서동은 마를 캐면서 어마어마한 양의 금을 함께 캐었다고 합니다. 이 금을 이용해서 사람들의 환심을 얻어 결국 왕이 되었고, 선화공주와 함께 용화산 아래에 미륵사를 창건합니다. 서동설화가 사실인지는 모르겠으나 무왕은 대단한 수완가였습니다.

무왕은 즉위 후 신라에 맹공을 퍼부어 땅을 빼앗아 오고 고구려의 남

무왕의 신라공격

진을 견제하기 위해 수나라에 조공을 바치며 고구려 공격을 요청합니다. (이 때문에 열받은 영양왕이 백제를 공격합니다.) 수나라가 멸망하고 당나라가 건국한 뒤에도 중국과 좋은 관계를 유지합니다.

외부적으로 백제가 안정되자, 무왕은 왕권을 강화하기 대규모 토목 공사를 벌이고, 익산으로 천도를 계획합니다. 익산 미륵사를 지은 이유도 아마 이 때문인 것 같지만 천도의 꿈은 끝내 이루지 못하고 사망합니다.

✧ 익산 미륵사 ✧

신라를 대표하는 절이 황룡사라면 백제를 대표하는 절은 미륵사입니다. 아쉽게도 현재는 절 터만 남았습니다. (터는 지ᄴ라고 합니다. 그래서 현재는 미륵사지라고 부릅니다.)

백제는 금당 앞에 한 기의 탑을 배치하는 1탑 1금당식 가람배치를 합니다. 이를 세 번 반복하면 3탑 3금당 양식이 됩니다.

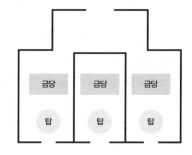

미륵사 모형

미륵사에는 가운데 목탑이 있고, 양쪽에 두 개의 석탑이 있었습니다. 목탑과 동탑은 사라지고 서탑만 남았는데 그나마 벼락을 맞아 붕괴 일보 직전이었고 일제 강점기에 무너지지 않도록 콘크리트를 발라놓았습니다. 2015년 전면 해체하고 보수하여 2019년 세상에 다시 모습을 드러냅니다.

서탑은 1993년 복원되었습니다. (서탑이 어떤 형태인지는 기록이 남아있지 않습니다. 동탑과 비슷한 형태일 것이라 짐작하고는 복원하였습니다. 그 때문에 많은 비판을 받고 있습니다.)

익산 미륵사지 석탑

그런데 익산 미륵사지 석탑의 해체 과정 중 사리 장엄구(불탑에 사리를 봉안할 때 사용하는 용기나 공물, 공예품)가 발견되었습니다. 금제 사리 봉안기에는 639년(무왕 40년)에 왕비가 주도하여 미륵사를 창건하였으며, 무왕의 왕비는 백제의 좌평인 사택적덕의 딸이라고 기록되어 있습니다.

정림사지 오층 석탑

김춘추 김문희 결혼　625년

김춘추의 아내는 김유신의 동생인 김문희인데 둘이 부부가 되는 얘기는 상당히 재미있습니다. 두 명이 결혼할 때를 625년이라고 하고, 이야기에 나오는 인물의 나이부터 알아보겠습니다. 김문희는 16살(중3)이고 김춘추는 23살(대학교 졸업반)입니다. 김춘추 이모인 덕만공주는 45살이고 덕만공주 사촌인 김유신은 31살입니다.

첫째 장면입니다.

어느 날 언니인 김보희가 김문희에게 "서라벌의 서악에 올라가서 소변을 보았는데 그 소변이 서라벌 시내에 가득 찼다"라는 꿈을 얘기합니다. 문희는 비단 치마를 주고 꿈을 삽니다.

둘째 장면입니다.

김유신이 김춘추와 집에서 공차기 놀이인 축국을 하다가 김춘추의 옷고름을 밟아 옷의 솔기가 터집니다. 김유신이 보희를 불러 옷고름을 꿰매어 주라고 시켰는데 보희가 몸이 불편하다는 핑계로 나서지 않자, 문희에게 대신 시킵니다. 춘추는 문희에게 호감을 느껴 계속 만나게 됩니다. 그리고 임신까지 합니다.

여성들이 축국을 하는 모습

이쯤 되면 김유신이 일부러 옷고름을 밟은 것 같습니다. 왕족과 혼인

관계를 맺고 싶었겠지요.

족보를 따지면 김춘추가 김문희의 5촌 조카지만 신라시대에는 근친혼이 허물이 아니었습니다. 김유신 아버지인 김서현과 어머니인 만명부인도 4촌 간입니다. 게다가 김유신의 부모도 혼전 임신을 하고 사랑의 도피를 했습니다.

이 사실을 안 김유신은 아버지를 알 수 없는 아기를 배었다며 문희를 기둥에 묶고 장작을 쌓은 채 불을 지릅니다. 그런데 덕만공주가 김춘추와 등산을 하다가 연기가 피어오르는 것을 봅니다. 자초지종을 안 덕만공주가 김춘추에게 문희를 구하라 명령하고 김춘추가 급히 말을 달려 문희를 구하고 둘은 결혼합니다.

왠지 김유신의 계략이거나 김유신, 김춘추 둘의 계략인 것 같습니다. 김유신이 덕만공주의 등산 날짜를 미리 확인한 뒤 젖은 장작을 써서 연기를 피웠다는 말도 있습니다. 몰락한 가야 왕족과 신라 왕족의 결혼이니 쇼를 벌여 확실하게 인정받고 싶었던 모양입니다.

셋째 장면입니다.

김춘추와 김문희는 일곱 아들을 두었습니다. 장남은 신라 30대 왕인 문무왕 김법민, 차남은 대당 외교의 핵심 김인문입니다. 그리고 다섯 딸을 둡니다. 장녀는 대야성주 김품석에게 시집갔으나 대야성이 함락될 때 죽임을 당한 고타소였고 그리고 차녀는 김유신에게 시집가는 지소부인입니다. (지소부인은 32살이나 많은 외삼촌과 결혼했습니다.)

김유신은 김춘추의 처남이자 사위이고, 김춘추는 김유신의 매부이자 장인입니다.

보희의 꿈 이야기는 기원전 6세기 페르시아 아케메네스 제국을 만든 키루스 대왕의 할아버지가 꾼 꿈과 완전히 똑같습니다.

메디아의 왕 아스티아게스는 어느 날 자신의 딸인 만다네의 소변으로 온 세상이 잠기는 꿈을 꿉니다. 사제들을 불러 해몽해 보니 "만다네의 아이가 왕이 되어 아시아를 지배한다"라는 내용이었습니다. 이 이야기가 신라까지 들어와 보희의 꿈 이야기로 각색이 되었겠지요. 신라가 페르시아와 교류를 했다는 증거일지도 모르겠습니다.

왕건의 조부인 작제건의 탄생 설화는 문희와 김춘추가 결혼 이야기를 그대로 복사했습니다.

작제건의 어머니가 언니의 오줌 꿈을 사고, 당 숙종이 집을 찾아와 옷을 꿰매달라고 청하자 코피가 난 언니 대신 작제건의 어머니가 옷을 꿰매주었고, 둘이 눈이 맞아 작제건을 낳았다고 합니다.

고구려가 부여의 동명왕 신화를 복사한 것처럼, 고려는 신라 문무왕의 신화를 복사했습니다.

키루스 대왕

선덕여왕 즉위　632년

진평왕에겐 아들이 없고 딸들만 있었습니다. 신라에선 아들이 왕위를 잇지 못하면 사위가 왕위에 올랐습니다. 탈해 이사금, 내해 이사금, 미추 이사금이 그런 사례입니다. 따라서 진평왕 다음 왕은 진평왕의 사위이자 사촌 형인 김용춘이 왕이 되어야 합니다. 하지만 혈통을 중시한 진평왕은 성골인 덕만에게 왕위를 물려줍니다. 아마도 왜국에서 스이코 천황이 여자로서 즉위한 것이 영향을 준 것 같습니다.

하지만 남성 중심 문화에서 여왕으로 즉위한 덕만의 권위는 무척이나 약했습니다. 당 태종이 모란 그림과 씨앗을 보내자 모란 그림에 벌과 나비가 없는 것은 향기가 없다는 뜻이고, 이는 짝이 없는 여왕을 비꼬는 뜻이며, 실제로 모란 씨앗을 심었더니 향기가 나지 않았다는 이야기가 있습니다.

외부로는 고구려와 백제의 파상공세로 큰 위기에 처합니다. 633년에 백제 무왕이 서곡성을 함락시킵니다. 서곡성에서 서라벌까지는 일사천리로 이동할 수 있습니다. 언제라도 백제가 서라벌을 침략할 수 있는 상황입니다.

642년 백제 의자왕은 40여 개의 성을 빼앗고, 옛 가야의 중심지인 대야성까지 함락합니다. 같은 해 겨울 선덕여왕은 고구려에 김춘추를 파견하여 군사 원조를 요청하지만 실패합니다.

643년에는 백제가 당항성을 공격하자 당나라에 군사 원조를 요청하지만 역시 실패합니다. 오히려 당 태종에게 "여왕을 모시지 말고, 나의 사촌을 보낼 테니 신라의 국왕으로 받아 섬겨라"는 모욕적인 말까지 듣습니다. (그런데 47년 후 당나라는 여자에게 나라를 빼앗깁니다.)

사실 당시의 상황으로는 언제 나라가 무너져도 이상하지 않을 정도였습니다. 그나마 대야성에서 서라벌로 향하는 마지막 길목인 압독주(경상북도 경산시)에서 김유신이 버티고 있었기에 간신히 나라가 지탱되고 있었습니다.

선덕여왕은 종교에 의지하기 시작하고 각지에 수많은 사찰을 건립합니다. 634년 분황사를 건축하고 645년에는 황룡사에 9층 목탑을 건축합니다. 그리고 자장율사를 당나라로 유학 보내는 등 부처님의 힘을 빌려 국난을 헤쳐 나가려고 합니다. 하지만 647년 자신이 상대등으로 임명한 비담이 반란을 일으키고, 반란의 와중에 사망합니다. 비담의 난은 김유신에 의해 진압되고 선덕여왕 사후 사촌 자매인 승만공주가 즉위하여 진덕여왕이 됩니다.

선덕여왕의 가족에 대해 알아보자면, 먼저 음갈문왕이라는 남편이 있습니다. 갈문왕은 왕의 아버지나 장인, 여왕의 남편 등에게 주어지는 칭호로 왕에 버금가는 자리입니다. 앞에 나온 모란 그림 얘기는 사실이 아닙니다. 모란은 향기가 나고 벌과 나비도 날아옵니다. 선덕여왕의 첫째 동생인 천명공주는 본인의 당숙이자 진지왕의 아들인 김용춘(용수)과 결혼하여 김춘추를 낳습니다. 셋째 동생은 진위가 불분명한 선화공주입니다.

> **읽을거리**
>
> 선덕여왕은 건축의 여왕입니다. 선덕여왕 대에 만들어진 건축물을 알아보겠습니다. 633년 지어진 첨성대는 원형을 유지하는 것 가운데 세계에서 가장 오래된 천문대로 백제인 아비지를 초청하여 만들었습니다. 천문관측은 독립국의 증거이므로 선덕여왕 대에 이르러 신라가 자주국임을 선언한 것입니다.
>
> 경주 분황사 모전석탑은 634년 제작된 한국에서 가장 오래된 모전석탑으로 전탑(塼塔)은 벽돌로 만든 탑입니다. 그런데 분황사 모전석탑은 벽돌이 아니라 돌을 벽돌처럼 네모나게 깎아 사용해서 만든 탑입니다. 전탑을 본(模)뜬 탑이라고 해서 모전석탑(模塼石塔)입니다. 9층 탑이었지만 현재는 3층만 남았습니다.

첨성대

분황사 모전석탑

백제 의자왕 즉위 641년

무왕의 뒤를 이어 의자왕이 백제의 왕으로 즉위합니다. 아직 관계가 좋았던 당은 의자왕을 '주국대방군왕백제왕柱國帶方郡王百濟王'으로 책봉합니다. 그 답례로 642년 의자왕은 당나라에 사신을 보내 조공합니다. 당나라의 책봉으로 국제 사회의 인정을 받은 의자왕은 유교적 정치사상을 강조하여 왕권을 강화합니다. 덕분에 해동증자라는 별명을 얻습니다. (해동海東은 우리나라, 증자曾子는 공자의 제자로 효행이 으뜸인 제자입니다.)

백제가 안정되자 의자왕은 직접 군사를 이끌고 신라 정벌에 나섭니다. 642년 낙동강 서편에 위치한 미후성 등의 40여 성을 획득하고, 신라의 제일 중요한 거점인 대야성을 함락시키며 옛 가야 지역 대부분을 점령합니다. 643년에는 고구려와 화친을 하고, 신라가 당나라와 통하는 교통의 요충지 당항성을 집중적으로 공격합니다. 하지만 645년 당나라와 단교하는 결정적인 실책을 하면서 백제는 몰락합니다.

대야성 전투   642년

대야성은 옛 가야지역 전체를 총괄하는 중심지입니다. 그래서 신라에서는 진골 출신의 사람에게 인근 지역의 병력을 총괄하는 관직인 도독都督을 주어 지키게 했습니다. 백제 의자왕 시절 재야성의 성주는 김춘추의 사위 김품석이었습니다. 그런데 사람됨이 좋지 못해 김품석은 부하 검일의 부인을 빼앗고, 검일은 품석에게 원한을 가지게 됩니다.

642년 백제는 고구려와 손을 잡고 당항성을 친다는 정보를 흘립니다. 당황한 신라는 당 태종에게 구원을 요청하고, 군대를 당항성으로 집중시킵니다. 하지만 이는 백제의 속임수였습니다. 신라군이 당항성에 집중하는 동안 백제의 윤충은 1만 명의 군사를 이끌고 대야성을 공격합니다. 이때 검일은 모척과 공모하여 몰래 백제군과 내통해 군량 창고에 불을 지릅니다.

김품석은 항복하면 살려주겠다는 윤충의 말을 믿고 성문을 열려고 합니다. 죽죽이라는 신라의 장수가 윤충의 말을 속임수라 생각하고 결사 항전을 주장하지만 김품석은 기어이 성문을 열고 항복합니다. 하지만 윤충은 자기 말을 어기고 신라군을 무자비하게 학살합니다. 김품석은 아내 고타소와 자식을 죽인 후, 스스로 목을 찔러 죽습니다. 죽죽은 혼란을 수습하고 간신히 성문을 다시 닫고 적을 막습니다. 하지만 중과부적 상태에서 고군분투하다 결국 성은 함락되고 죽죽은 전사합니다.

대야성이 함락되면서 백제는 달구벌(대구)-경산-영천-서라벌(경주)로 이어지는 신라 침공로를 확보하게 됩니다. 대야성 전투는 삼국 통일전쟁의 첫 번째 중요 전투입니다.

김춘추는 딸의 사망 소식에 눈이 뒤집힙니다. 백제를 자기 손으로 멸망시키겠다고 결심한 김춘추는 동맹을 맺기 위해 적국인 고구려는 물론 바다 건너 왜국과 당나라까지 동분서주합니다. 결국 김춘추의 노력은 성과를 얻어 당은 백제와의 관계를 끊고 신라와 동맹을 맺게 됩니다.

대야성의 위치

고구려 연개소문 대막리지 취임　642년

　618년 영양왕의 동생 고건무가 고구려 왕위에 올라 영류왕이 됩니다. 수나라와의 전쟁에서 평양으로 쳐들어온 수나라 군대를 물리친 전쟁 영웅이었지만, 전쟁에 염증을 느끼고 당나라와 화친 정책을 폅니다.

　하지만 당 태종이 즉위하면서 당나라는 무리한 요구를 하며 고구려를 도발합니다. 일부러 하급 관리를 사신으로 보내 고구려를 무시하였으며, 사신은 버젓이 간첩행위를 합니다. 631년에는 당이 수나라 전쟁 승리의 기념물인 경관까지 허물어버리기를 요구하였고 영류왕은 그 요구를 들어줍니다. (경관은 패군 전사자의 시신을 쌓아 만듭니다.) 경관을 허문 후 영류왕은 마음을 고쳐먹고 당나라 방어를 위해 천리장성을 축조합니다. 그러나 그의 굴욕외교에 대한 불만은 커져만 갑니다.

　영류왕은 반대파의 대표인 연개소문에게 천리장성 축조를 감독하는 임무를 맡겨 국경지대로 쫓아버렸는데 그러고도 걱정이 됐는지 연개소문을 암살하려고 합니다. 642년 영류왕이 자신을 노린다는 소식을 들은 연개소문은 역으로 정변을 일으켜 영류왕을 죽이고 보장왕을 왕위에 앉힙니다. 그리고 스스로 대막리지의 자리에 올라 고구려의 정권을 장악합니다.

연개소문이 대막리지가 되고 얼마 되지 않아 김춘추가 동맹을 맺기 위해 고구려로 오는데 연개소문은 오히려 죽령 이북의 영토를 달라는 요구를 합니다. 김춘추가 이를 거절하자 연개소문은 그를 가둡니다.

김춘추는 고구려의 관리인 선도해에게 뇌물을 주고 자신을 구해달라고 합니다. 그러자 선도해는 구토지설龜兎之說(거북이와 토끼 이야기)을 들려줍니다. 김춘추는 자기를 먼저 풀어주면 신라에 가서 선덕여왕에게 이야기해 죽령 이북의 땅을 주겠다고 속이고 마침내 신라로 달아날 수 있었습니다.

구토지설의 원본은 불경《자타카》에 실려있는 부처님의 전생 이야기입니다. 《자타카》에서는 주인공이 토끼가 아닌 원숭이, 그리고 용왕이 아닌 악어의 아내가 원숭이 심장을 먹고 싶어 하자, 악어가 원숭이(부처님의 전생)에게 강 건너 과일이 많은 곳으로 데려다주겠다고 꾀어냅니다. 그러나 강 한가운데에 이르자 물에 빠트려 죽이려 했고 자초지종을 들은 원숭이는 자신은 심장을 나무에 걸어놓았다고 속여 탈출합니다.

부처님 덕분에 김춘추가 살아났습니다.

고구려의 관등은 초기에 1위 상가, 2위 대로, 3위 패자의 순서였습니다.

상가는 국상이라고도 하는데 고구려 제가회의의 수장입니다. 미천왕을 옹립한 창조리 이후 국상이 사라집니다. 미천왕 대에 왕권이 강화되면서 상가라는 직책을 없앤 것 같습니다. 상가가 없어지면서 2위인 대로가 1위의 관등이 됩니다.

대로는 막리지라고도 합니다. 막리는 우두머리이고 '지'는 사람을 의미합니다. 즉 우두머리인 사람이라는 의미입니다. 고구려 후기에는 대(大)를 붙여 대대로 혹은 대막리지라고 부릅니다. 대막리지로도 부족했는지 태대막리지(太大莫離支)라는 표현도 나옵니다. 그리고 보니 신라에서도 태대각간(太大角干)이라는 관직을 사용했습니다. 이 관직을 가진 사람은 김유신이 유일합니다.

고구려 당 전쟁 - 안시성 전투 645년

연개소문이 집권하면서 당나라의 오만방자하고 터무니없는 요구를 거부합니다. 결국 고구려와 당의 관계는 극한으로 치닫습니다. 626년 정변을 일으켜 두 형제를 죽이고 황위를 찬탈(현무문의 변)한 당 태종은 연개소문의 정변을 트집 잡아 전쟁을 일으킵니다.

정변으로 정권을 잡기는 하였지만 정치, 경제, 군사에 있어서는 천재였던 당 태종은 육화진六花陣을 사용하여 개모성, 비사성, 요동성, 백암성 등 4개의 성을 함락시킵니다. (요동성과 백암성은 당 태종이 직접 지휘하였습니다.)

연개소문은 안시성 외곽으로 고연수를 장군으로 삼아 15만 대군을 보냅니다. 고연수는 당나라군이 진을 치고 있는 주필산을 공격합니다. 고구려군에 의해 본진이 함락되려는 순간 고구려군의 후위로 돌아 들어온 당군이 공격합니다. 앞뒤로 공격을 받은 고구려군은 결국 패배하고 고연수는 항복합니다. (주필산 전투는 한국사 5대 패전 중 하나입니다.)

하지만 주필산 전투에 너무나 많은 힘을 쏟은 당군은 더 이상 진군을 하지 못하고 안시성에서 가로막힙니다.

당나라군은 안시성을 함락하려고 성의 동남쪽 귀퉁이에 토산을 쌓기 시작합니다. 토산 정상을 통해 성으로 들어갈 작정입니다. 고구려군의 방해에도 불구하고 연인원 50만 명을 동원하여 2개월 만에 기어이 토산을 완성합니다. 하지만 당나라군이 방심한 틈에 고구려군이 토산을 기습해 빼앗아버립니다.

겨울이 오고 양식마저 떨어지자 당군은 결국 철수합니다. 당 태종은 최후의 자존심을 지키려고 안시성주에게 성을 지킨 공으로 비단을 하사합니다. (안타깝게도 안시성주의 이름은 기록에 남아있지 않습니다.)

고구려군의 반격이 두려웠던 당군은 요하 하류의 요택으로 철군하는데, 요택이 진흙탕이라 당 태종까지 나서서 병사들과 함께 수레를 밀어야 했습니다.

안시성 전투는 많은 전설을 만들어냅니다. 당 태종이 한쪽 눈에 화살을 맞아 애꾸가 되었다던가, 요택까지 추격한 연개소문에게 당 태종이 항복을 했

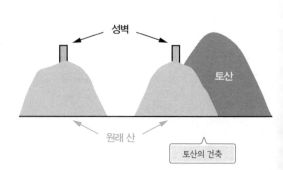

다든가 하는 이야기들이 있습니다. 당 태종은 이후에도 다시 한번 대규모의 고구려 원정을 시도하였으나 준비 중에 결국 사망합니다. 그의 유언은 "고구려 원정을 그만두라"였습니다.

안시성 전투는 삼국 통일전쟁의 두 번째 중요 전투입니다. 수나라가 고구려를 침공할 때 무왕은 수나라를 지원하기로 하고는 약속을 지키지 않았습니다. 645년 당이 고구려를 침공했을 때 당 태종은 동맹을 맺고 있던 백제와 신라에 동시에 고구려를 공격할 원군을 요청합니다. 그런데 신라가 3만 명의 군사를 동원해 고구려를 공격했지만 의자왕은 신라를 공격하여 7개 성을 차지합니다. 아버지나 아들이나 중국을 이용할 생각뿐입니다. 격노한 당 태종은 백제와 절교합니다. 그 후 돌궐－고구려－백제－왜의 남북 동맹과 당－신라의 동서 동맹이 맺어집니다.

읽을**거리**

당 태종이 사망하고 그의 9번째 아들 이치가 제위에 올라 고종이 됩니다. 당 고종은 짝사랑했지만 아버지의 궁녀라 건들지 못했던 무조를 황후로 맞이합니다. 그녀가 측천무후입니다.

이 부부가 결국 백제와 고구려를 멸망시키고 측천무후는 당나라도 멸망시킵니다.

진덕여왕을 마지막으로 신라에서 성골은 씨가 말라버리고 진덕여왕 사후 화백회의에서 다음 왕을 뽑기 위한 회의가 열립니다. 신라의 대장군이었으며 당시 화백회의의 의장인 상대등의 직위를 가진 알천이 가장 유력한 후보였지만, 알천은 김춘추에게 양보합니다. 아마도 김춘추가 동분서주하며 당나라와의 동맹을 성공시킨 공로 때문일 것입니다.

태종무열왕이 즉위할 당시 신라는 고구려와 백제에 치여 풍전등화風前燈火(바람 앞의 등불)와 같은 상태였습니다. 655년에는 고구려, 백제, 말갈이 연합해서 신라 33개 성을 빼앗아 나누어 가졌고, 659년에는 하슬라(강릉시) 방어선이 무너져 남쪽의 실직(삼척시)까지 밀려갑니다.

태종무열왕은 다급하게 당나라에 구원을 요청했지만 당나라는 측천무후가 정권을 잡기 위해 암투를 벌이는 통에 신라를 도와주지 못합니다. 측천

고구려

동해

7세기 초

6세기 말

황해

백제

신라

태종무열왕시대 신라 영토의 변화

무후가 마침내 정권을 잡게 되자 고구려의 후방에 있는 백제를 먼저 제거하기로 방침을 정하고 660년에 소정방과 13만 명의 대군을 보냅니다.

백제 멸망   660년

의자왕은 신라와의 전쟁에서 계속되는 승리로 인해 기고만장해져 폭군으로 변해버렸습니다. 656년 3월에 좌평(지금의 장관) 성충이 전횡을 멈출 것을 간언했으나 도리어 옥에 갇히게 됩니다. 성충은 28일 동안 단식하면서 의자왕의 마음을 돌리려 했으나 결국 사망하고 맙니다. 또 다른 충신인 좌평 흥수도 귀양을 보냅니다. 그리고 의자왕은 좌평을 자기 아들들로 모두 교체합니다. 신하들은 모두 등을 돌리고 좌평 중 임자라는 인물은 아예 첩자를 통해 김유신과 내통하기까지 합니다.

660년 3월 군사 12만 2711명, 배 1900척 규모의 당군이 황해를 건너 덕물도에 6월 21일 상륙합니다. 5만 명의 신라군도 5월 26일 신라에서 출발합니다. 양측은 7월 10일 동쪽과 서쪽에서 동시에 백제를 협공하기로 합니다.

당나라의 배가 숙적인 고구려를 치러갈 것이라고 예상했던 백제 조정에서는 신라와 당나라가 동·서에서 공격해 오자 크게 당황합니다. 급히 신하들을 모아 대책 회의를 하지만 의견은 하나로 모아지지 않습니다. 결국 귀양 가 있던 좌평 흥수에게 의견을 묻습니다. 흥수는 백강(금강) 입구를 막아 적의 수군이 진입하지 못하도록 하고, 육로로는 탄현을 봉쇄하여 장기전을 펼쳐야 한다고 간언합니다. 흥수의 전략은 성충이 사망 직전 자신의 피로 의자왕에게 올린 전략과 동일한 것이었습니다.

하지만 의자왕은 성충과 흥수는 자신에게 원한이 있어서 일부러 패전할 전략을 올린 것이라 생각하고는 반대되는 전략을 세웁니다. 백강과 탄현을 지나 안으로 유인 후 궤멸시킨다는 작전입니다.

결과적으로 백제는 멸망합니다. 그 때문에 성충과 흥수의 전략을 사용하지 않아 멸망했다는 이야기가 나옵니다. 하지만 이미 신하들이 등을 돌린 상황에서 성충과 흥수의 전략을 사용했다 하더라도 목숨을 걸고 막아줄 장수들이 없습니다. 백제는 의자왕의 전횡으로 이미 싸우기도 전에 패배가 결정되어 있었습니다.

의자왕은 백제 최후의 충신이자 명장인 계백에게 5000명의 결사대를 이끌고 황산벌로 나가 신라군을 막으라고 명령합니다. 죽음을 예감한 계백은 황산벌로 가기 전에 부인과 자식을 손수 죽입니다. (적의 손에 죽거나 포로가 되느니 자신의 손으로 죽인 것이지요.)

황산'벌'이라고 하지만 실제 전투는 산성에서 이루어졌습니다. 백제가 산성에서 방어하고 신라가 공격했습니다. 계백과 결사대는 7월 9일 김유신이 지휘하는 신라군 5만 명과 싸워 4번이나 승리합니다. 16살 동갑내기 화랑인 김유신의 조카 반굴과 김품일의 아들 관창도 이때 용감하게 싸웁니다. 반굴은 전사하고, 관창은 나이가 어리다는 이유로 계백이 돌려보냅니다. 하지만 관창은 다시 백제군을 향해 병사들과 돌격하고 다시 잡힙니다. 결국 계백은 관창의 머리를 베어 말 안장에 매어 보냅니다. 관창의 머리를 보고 슬퍼하며 분노한 신라군은 7월 10일 5번째 전투를 벌이고 계백과 결사대는 전멸합니다.

한편 백강에서도 당나라군을 막아내지 못하고 신라군과 당나라군은 7월 11일 사비성 근처에서 합류합니다. 의자왕은 비굴하게 제발 물러나달라고 간청하지만 나당연합군은 받아주지 않습니다. 13일에 의자왕은 적이 사용할 만한 식량과 물품들을 보관한 창고들을 불태우고 태자 부여효와 함께 방어에 유리한 웅진성으로 달아납니다.

사비성이 함락되자 삼천궁녀가 낙화암에 떨어져 죽었다는 이야기가 있습니다. 하지만 조선의 폭군 연산군이 긁어모은 궁녀도 1000명을 살짝 넘는 수준에 불과합니다. 영토도 적고, 인구는 훨씬 적은 800년 전의 백제

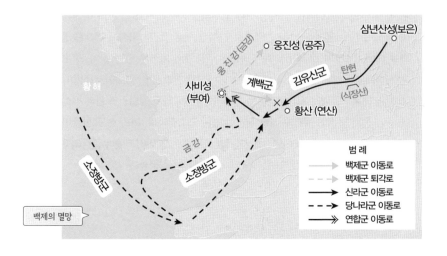

에 궁녀를 3000명이나 모으는 것은 불가능합니다. 의자왕에 대한 부정적인 인식이 만들어낸 이야기일 뿐입니다.

웅진성으로 달아난 의자왕은 7월 18일 부하인 예식진에게 잡히고 당군에게 넘겨지면서 백제는 멸망합니다. 의자왕의 항복 소식이 전해지자 태종무열왕은 7월 29일 사비성으로 이동하고, 8월 2일에 열린 정식 항복식에서 의자왕이 따르는 술잔을 받습니다. 그리고 자기 딸과 사위를 죽게 만든 대야성의 배신자 검일은 찢어 죽이고, 모척은 목을 베어 죽입니다.

660년 9월 3일 의자왕은 왕후인 은고부인과 아들인 부여융, 부여효, 부여태, 부여연, 대좌평 사택천복 이하 신하 및 장수 93명과 백성 1만 2000여 명과 함께 당나라로 끌려갑니다.

660년 11월 1일 장안에 도착한 의자왕은 당 고종과 측천무후 앞에 무릎을 꿇습니다. 당 고종은 이들의 잘못을 크게 꾸짖은 후에 모두 사면해 줍니다. 하지만 의자왕은 나라를 망쳤다는 자괴감에 괴로워하다 며칠 후에 화병으로 사망합니다.

읽을거리

신라군은 황산벌 전투로 하루 지체된 7월 11일 당군과 합류합니다. 당군은 일정을 못 맞추었다는 이유로 신라의 장수 김문영을 처형하려고 합니다. 이에 김유신이 직접 도끼를 들고 당나라 진영으로 가서 백제를 멸망시키기 전에 네놈들부터 박살 내버리겠다며 길길이 날뛰는 바람에 김문영의 처형은 없던 일이 됩니다. 하지만 이때부터 신라를 신하국 취급하는 당나라와 신라 간의 불화가 시작됩니다.

한편 태종무열왕은 백제부흥운동이 일어났을 때, 태자 김법민과 함께 직접 전투에 나가 진압합니다. 백제에 대한 원한이 컸던 모양입니다. 어느 정도 한풀이를 한 태종무열왕은 다음 해인 661년 6월 사망합니다. 그 뒤를 이어 태종무열왕의 아들이자 김유신의 조카인 김법민이 문무왕이 되어 마침내 삼국을 통일합니다.

백제 멸망 후 당나라는 웅진도독부를 비롯한 5도독부 및 백제도호부를 설치합니다. 하지만 백제의 유민들은 당나라의 지배를 거부하고 백제를 되살리려고 합니다. 귀실복신과 승려 도침, 흑치상지, 지수신 등이 임존성과 주류성을 근거지로 백제부흥운동을 벌입니다.

660년 8월 봉기한 백제 부흥군은 열흘 만에 200여 개의 성을 탈환합니다. 9월 23일 사비성을 포위하고, 웅진성도 공격합니다. 고구려도 660년 말부터 뇌음신 장군을 지휘관으로 해서 신라 북쪽 한강 유역을 공격하여 신라의 주력을 국경으로 몰리게 하여 도와줍니다. 왜국에 체류하던 부여풍이 5000명의 왜군과 함께 귀국해 왕위에 오르면서 백제부흥운동은 전성기를 맞이합니다.

하지만 백제의 태자였던 부여융이 당나라군의 지휘관이 되어 돌아와 유인궤와 함께 백제부흥운동을 토벌합니다. 고구려도 661년 제2차 고구려-당 전쟁이 벌어지면서 백제를 지원하지 못합니다.

엎친 데 덮친 격으로 백제 부흥군 지도자 사이에서 내분이 일어납니다. 복신과 도침이 서로 싸우더니 복신이 도침을 죽입니다. 복신이 풍왕마저 죽이려 하자 풍왕이 선수를 쳐 복신을 죽입니다. 부여풍은 사그라지는 백제부흥운동을 되살리기 위해 왜국에 도움을 요청합니다. 드디어 왜국은 662년 신라의 동쪽을 공격하여 서라벌 근방까지 도달합니다. 신라는 왜국의 도발에 맞서 오히려 백제 부흥 운동의 중심지인 주류성을 공격합니다.

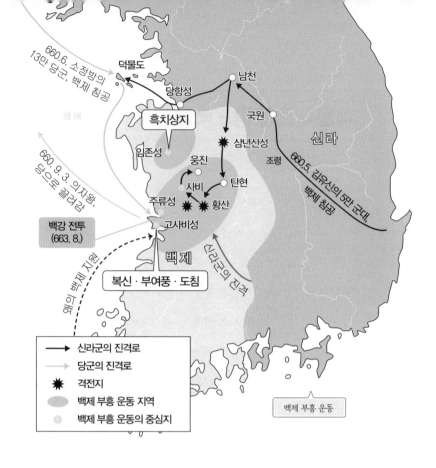

서기 663년에 백강과 인근 주류성 일대에서 신라, 당나라 연합군과 백제 부흥군, 왜국 연합군의 수상 전투가 벌어집니다.

왜군은 약 4만 2000명에 1000척의 대군을 보내었고, 당나라는 약 1만 7000명에, 170척의 규모로 맞섰습니다. 하지만 산전수전 다 겪은 당군은 화공과 학익진을 이용하여 백제 부흥군, 왜국 연합군을 궤멸시킵니다. (당군의 배의 크기가 왜군을 압도했습니다.)

부여풍은 가까스로 탈출에 성공해 고구려로 도망칩니다. 왕을 잃은 성들은 나당연합군의 공격에 항복했고, 9월 8일 주류성마저도 항복합니다. 마지막 남은 임존성에서 저항하던 흑치상지는 성을 나와 항복합니다. 당군은 흑치상지를 받아들이고는 임존성을 공격하도록 명령합니다. 결국 임존성은 함락되고 성을 지키던 지수신은 고구려로 도망치면서 백제 부흥 운동은 끝이 납니다.

고구려 멸망　　668년

연개소문은 독재자입니다. 하지만 군사적인 능력이 있어 고구려는 당의 공격을 막아낼 수 있었습니다. 661년 당나라는 수군과 육군을 동시에 보내 고구려를 공격합니다. (고조선 때부터 사용하던 공격로입니다.)

요동도행군(사령관:글필하력), 평양도행군(소정방), 패강도행군(임아상), 부여도행군(소사업), 누방도행군(정명진), 옥저도행군(방효태)의 총 6개 부대 35만 명이 공격에 참가합니다.

8월 소정방이 이끄는 평양도행군이 황해를 건너 패수(대동강)에 상륙하고 평양성을 공격합니다. 하지만 당대 최강의 방어력을 자랑하는 평양성은 꿈쩍도 하지 않습니다. 게다가 고구려군이 후방을 차단해 보급이 끊기게 되자 굶어 죽을 처지에 놓이게 됩니다.

당 고종이 신라에 급히 사신을 보내 보급을 요청하였고 김유신이 이끄는 신라군은 쌀 4000석, 조 2만 2000석을 준비하고 10월 말에 평양으로 전진합니다.

글필하력이 지휘하는 요동도행군도 압록강 하구로 침입하는데 겨울이 되어 압록강이 얼어붙자 압록강을 걸어서 건넙니다. 연개소문은 아들 연남생에게 군대를 주어 이들을 맞서게 하지만 고구려군은 패배하고 3만여 명이 사살 또는 포로가 됩니다. 그러나 중국 서북 지역에서 철륵이 반란을 일으키자 이를 막기 위해 요동도행군과 부여도행군, 누방도행군을 철수시킵니다. 고구려군은 이때를 놓치지 않고 철수하는 당군의 뒤를 쳐 누방도행군 대장 정명진을 죽입니다.

요동도행군의 철수로 승기를 잡은 연개소문은 직접 군사를 이끌고 사수를 향합니다. 발석거로 사수의 얼음을 깨 퇴로를 막은 후 옥저도행군을 공격해 방효태와 그의 아들 13명을 모조리 죽이고 당군도 전멸시킵니다. 이때 임아상도 죽고 패강도행군도 전멸합니다.

한편 평양에서는 당군이 굶어 죽기 직전 김유신의 보급부대가 도착했고 당군은 궤멸당할 위기에서 벗어납니다. 하지만 전의를 상실한 당군은 밥만 먹고는 그대로 퇴각합니다.

그런데 연개소문이 죽자 상황이 바뀝니다. 으레 그렇듯이 독재자의 사후 권력을 차지하기 위한 암투가 벌어집니다. 연개소문의 맏아들인 연남생이 태막리지의 직위에 올랐으며, 두 아우인 연남건과 연남산은 형을 도와 국사를 돌보았습니다. 하지만 셋은 서로 권력을 뺏으려 한다고 의심하다가 연남생이 당나라에 투항해 버립니다. 뒤이어 연개소문의 동생 연정토가 신라에 투항합니다.

연남생은 당나라에 고구려를 쳐달라고 요구해 제3차 고구려-당 전쟁이 일어납니다. 667년 2월, 이세적이 이끄는 당군은 요하를 건너 신성을 포위합니다. 신성은 50만 당나라 군대에 맞서 7개월을 버티지만, 9월 배신자 사부구가 신성 성주를 포박하고 당군에 항복하면서 함락당합니다. 연이어 신성 주변의 16개 성이 격파당하자, 고구려는 15만 명을 동원하여 당나라군에 맞섭니다. 하지만 금산전투와 남소성 전투에 연이어 패배하면서 요하 방어선이 붕괴합니다.

668년 2월 이세적과 설인귀가 부여성을 기습공격해서 함락시키자, 부여주에 딸린 40개 성이 모두 당나라에 항복합니다. 연남건은 부여성 탈환을 위해 5만 명의 병력을 보내지만 설하수에서 대패합니다. 그 이후 당나라는 국내성에서 연남생의 군대와 합류하여 압록강을 넘어 평양성을 향해 전진합니다. 연남생이 길앞잡이를 해주었기 때문에 파죽지세로 내려옵니다.

한편 신라도 문무왕과 김인문 등이 20만 명의 병력을 동원해 고구려 영토로 진격합니다. 고구려 남부 방어선이며 고구려 삼경 중 하나인 한성이 떨어지고, 7월에는 평양성 동쪽 사천蛇川에서 고구려 군을 물리치고 당군과 합류해 평양성을 포위합니다. 연남산과 보장왕이 항복하지만 연남건은 항복을 거부하고 성에서 버팁니다. 하지만 내통자였던 승려 신성이 성문을 열면서 668년 고구려는 멸망합니다.

나라를 팔아먹은 연남생은 장안에서 잘 먹고 잘 살았습니다.

당나라에 항복한 연남산도 장안에서 잘 먹고 잘 살았습니다.

연남건은 평양성이 함락되자 자살을 기도하였으나 실패하고 결국 당나라군에게 사로잡히고 맙니다. 당 고종은 연남건을 죽이려했지만 연남산이 애걸복걸하여 죽음은 면합니다. 이후 연남건은 장안에 끌려갔다가 현 쓰촨성 첸저우黔州에 유배되었는데 이후의 삶은 전해지지 않습니다.

김유신 태대각간 등관　668년

삼국시대 최고 무장은 누구일까요? 백제와 고구려를 물리치고 삼국을 통일하는데 가장 큰 공을 세운 김유신도 후보 중 한 명일 것입니다. 하지만 아무래도 수나라 100만 대군을 물리친 을지문덕에게는 못 미칠 것 같습니다. 2위도 되지 못할 것 같습니다. 고구려의 광개토대왕, 태조왕, 대무신왕, 백제의 근구수왕, 근초고왕이 전공이 더 높습니다. 신라만 놓고 따져도 이사부보다 아래입니다. 젊을 때의 김유신의 전공은 그리 높지 못합니다. 이사부 장군은 연전연승하며 백제와 고구려를 밀어붙이지만, 김유신은 백제와 고구려를 상대로 일진일퇴를 거듭합니다.

김유신의 전성기는 66세부터입니다. 김유신이 66세 되던 660년 상대등 금강이 사망하고 후임으로 김유신이 임명됩니다. 아마도 매부이자 장인인 태종무열왕이 힘을 쓴 것 같습니다. 하지만 딱히 빛나는 전적을 세

우지는 못합니다. 황산벌에서 계백과 싸울 때도 4전 4패를 하고 김품일이
아들 관창을 죽게 만들고서야 승리합니다. 고구려가 당나라 결전을 벌일
때 김유신이 맡은 임무는 당나라 군에게 물자를 수송하는 것이었습니다.
나당 전쟁에서는 나이가 많아서 전쟁터에 참가하지도 못했습니다.

그러나 김유신이 졸장이라는 소리가 절대 아닙니다. 고구려와 백제의
공격에 멸망할뻔 했던 신라를 구하고 오히려 백제와 고구려를 멸망시킨
것은 결국 김유신의 공이기 때문입니다. 그래서 조카이자 매부인 문무왕
은 김유신에게 668년 태대각간 관직을 수여합니다. 살아서 태대각간의 관
직에 오른 사람은 김유신이 유일합니다.

673년 향년 78세로 사망한 후 150여 년이 지난 흥덕왕 대에는 흥무대
왕興武大王으로 추존됩니다. 한국사 전체에서 왕족이 아니면서 왕으로 추
존된 경우도 김유신이 유일무이합니다.

고구려부흥운동 - 석문전투   672년

고구려의 장군 검모잠은 고구려가 멸망하자 670년 고구려 유민들을 모
아 고구려 3경 중 하나인 한성으로 이동합니다. 이동 중에 보장왕의 아들
안승을 만나 왕으로 추대합니다.

검모잠은 신라에게 "원병을 보내어 나라를 되찾는 것을 도와주면 신라
를 상국으로 모시겠다"며 도움을 요청합니다. 당나라를 축출하려던 신라

는 안승을 '고구려왕'으로 봉하고 금마저(전라북도 익산시)에 임시 정부를 세울 수 있도록 해줍니다. 그리고 군량미와 전쟁 물자를 보내줍니다.

이 소식을 들은 당 고종은 고간을 보내 고구려 부흥세력 토벌을 명령합니다. 그런데 검모잠과 안승이 대책을 논의하며 대립하다가 안승이 검모잠을 죽이고 신라에 항복합니다. 672년 석문(현 황해도 서흥군)에서 신라군과 고구려 부흥운동 세력 연합은 당나라와 전투를 벌이고 초반에는 연합군이 승리합니다. 승리에 고무된 연합군은 무질서하게 당군을 추격합니다. 하지만 이는 연합군을 유인하려는 당군의 계략이었고 연합군이 방심한 틈을 타 당나라군이 역습하고 연합군은 대패합니다. (이 전투에 김유신의 아들 김원술이 참전했습니다. 간신히 살아 돌아온 아들을 본 김유신은 문무왕에게 도망쳐왔다는 죄를 물어 목을 베라고 합니다. 하지만 문무왕이 강력히 거부하자 아예 자식과 의절합니다.)

신라군이 당군에 크게 패배하면서 신라는 더 이상 고구려 부흥군을 지원하지 못합니다. 고구려 부흥군은 홀로 당군과 싸웠지만 673년 호로하 전투를 끝으로 당군에 의하여 완전히 토벌되고 남은 무리는 신라로 피난합니다. 고구려의 유민들은 신라의 배려로 금마저를 수도로 보덕국을 만들어 살게 됩니다.

683년 신라 신문왕은 보덕왕 안승을 불러 김씨金氏 성을 주고 진골 귀족으로 편입시킵니다. 왕이 없어진 보덕국은 혼란에 빠집니다. 그러다 684년에 안승의 조카이자 보덕국의 장군인 대문이 반란을 모의하다가 사전에 발각돼 처형됩니다. 그러자 남은 무리가 크게 반란을 일으키지만 고구려인들로 구성된 황금서당에 진압되고 보덕국은 사라집니다.

　백제가 멸망한 뒤 당나라는 웅진도독부熊津都督府를 비롯한 5개 도독부를 설치합니다. 그리고 고구려가 멸망하면 9개 도독부를 설치하여 당나라의 영토로 만들려고 계획합니다. 게다가 663년(문무왕 3년)에 신라를 계림대도독부鷄林大都督府로 하고, 문무왕을 계림주대도독으로 임명합니다. 신라로서는 기가 막혔지만 아직 고구려가 건재했기 때문에 참을 수밖에 없었습니다.

　그러나 668년 고구려가 멸망한 뒤 당나라가 평양에 안동도호부를 설치하고 이를 통해 한반도 전체를 지배하려고 합니다. 그동안 꾹 참던 신라는 마침내 폭발하였고 당나라를 한반도에서 축출하기 위한 전쟁이 시작됩니다.

　670년 3월 신라의 설오유와 고구려 부흥 세력의 고연무가 지휘하는 연합군 2만 명이 압록강을 건너 요동의 오골성을 선제공격합니다. 당

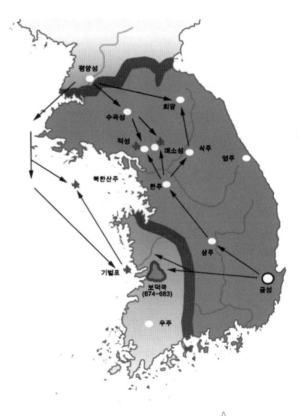

나당전쟁

군의 이목이 요동으로 집중되는 사이 신라군은 부여융이 웅진도독으로 있는 옛 백제 지역을 공격하여 82개 성을 빼앗았고, 671년에는 사비성을 함락시키고 그곳에 소부리주를 설치하여 백제의 옛 땅을 완전히 신라땅으로 만듭니다.

당나라는 671년 설인귀에게 수군을 끌고 백제로 향하게 하고, 육지로는 고간에게 육군을 이끌고 압록강을 넘게 합니다. 육군은 앞에 나온 것처럼 성과를 거두어 672년 7월에 평양을 점령하고, 8월에는 한시성과 마읍성까지 점령합니다. 하지만 설인귀의 수군은 신라군에 격파당하고 당으로 되돌아갑니다.

당 고종은 674년에 문무왕의 관작을 삭제하고 문무왕의 동생인 김인문을 신라왕에 책봉하여 수십만의 군대를 동원해 신라를 침공하지만 실패합니다. 김인문은 사실 당나라의 인질이나 다름없었기 때문에 어쩔 수 없이 책봉을 받았습니다. 문무왕도 이 점을 잘 알고 있어서 김인문을 책망하지 않았습니다. 하지만 김인문은 이 사건이 부끄러웠는지 나당전쟁이 끝나고도 귀국하지 못하고 당나라 장안에서 사망합니다. 시신은 신라로 이장되었고 태대각간이 추증됩니다.

675년 9월 설인귀가 신라의 유학생 풍훈을 길잡이로 삼아 다시 쳐들어왔으나 천성 전투에서 패하고 철수합니다.

9월 말 이근행이 이끄는 4만 군대가 매소성(경기도 연천군 청산면)에 주둔하며 신라를 공격합니다. 신라군은 매소성 전투에서 대승리를 거두며 당군을 몰아냅니다. 매소성 전투에는 김유신의 아들 김원술도 참전했습니다. 김유신은 이미 죽었지만 원술의 어머니는 끝까지 아들을 외면했다고 합니다.

676년 11월, 금강 하구인 기벌포(충청남도 서천군 장항읍) 앞바다에서 설인귀가 이끄는 당의 수군이 마지막 발악을 하지만 이 전투에서도 신라군이 승리합니다.

당나라는 676년 안동도호부를 요동성으로 옮기고, 웅진도독부는 건안성(현재 개평)으로 옮기면서 대동강 북쪽으로 완전히 철수하였고, 신라는 국경선을 대동강부터 원산만까지로 확정합니다.

660년 백제 멸망, 668년 고구려 멸망, 676년 당나라 축출. 8년마다 일어난 사건으로 외우시기를 바랍니다.

읽을거리

토번은 나당 전쟁의 승리에 큰 도움을 줍니다.

수나라 때부터 수십 년간 지속된 고구려와의 전쟁으로 인해 중국은 서쪽에 신경을 쓰지 못했고 그 사이 토번의 세력이 자라납니다. 토번의 명군 송첸감포는 당 태종에게 왕비로 맞이할 테니 당나라의 공주를 달라고 요구합니다. 당 태종이 거절하자 20만의 군사를 일으켜 당나라를 쳐들어갑니다. 토번의 기세에 놀란 당나라는 641년 문성공주를 황후로 보냅니다.

669년에는 당나라의 안서 4진을 공격하여 함락시킵니다. 670년 당 고종은 설인귀를 대장으로 10만 명의 군대로 토번을 공격합니다. 그러나 설인귀는 토번의 명장 가르친링에게 대패합니다. 간신히 살아 돌아온 설인귀는 관직을 박탈당하고 서민으로 전락했다가 당 고종의 비호로 671년에 다시 군사령관으로 복귀합니다. 676년 3월 토번이 다시 당나라를 공격하자, 당나라는 토번을 막기 위해 신라에서의 퇴각을 결정합니다.

신라 신문왕 즉위 681년

문무왕은 자신의 시신을 화장하여 유골을 동해에 안장해달라고 부탁합니다. 그러면 용이 되어 왜구를 막겠다고 유언합니다. 신문왕은 아버지의 유언에 따라서 장사하였고 그 위치가 대왕암입니다.

신문왕은 동해의 용이 된 부왕을 위해 인근에 사찰을 세웁니다. 문무왕의 은혜에 감사한다는 뜻으로 감은사感恩寺라고 합니다. 감은사에는 대왕암까지 연결되는 수로가 있습니다.

신문왕은 대왕암이 내려다보이는 언덕에 전망대를 만들었는데 이를 이견대라고 합니다.

할아버지인 태종무열왕, 아버지인 문무왕에 이어 왕인 된 신문왕은 중앙·지방제도, 군사제도, 교육제도를 정비하여 통일 신라의 기틀을 잡은 왕입니다. 그래서 필자는 신문왕을 통일신라의 아버지라고 부릅니다.

대왕암

삼국 통일까지 오랜 전란 속에서 전쟁 영웅과 공신 세력이 지나치게 비대해졌습니다. 평화의 시대에는 전쟁 영웅이 필요 없습니다. 그 때문에 전쟁 영웅에 대한 대대적인 숙청이 필요합니다. 신라만 그런 것이 아닙니다. 중국 한나라도 중국을 재통일한 후 한신을 비롯한 수많은 전쟁 영웅과 공신들이 숙청당합니다. 임진왜란의 주요 원인 중 하나도 일본을 통일한 후 너무나 많아진 장군을 숙청하기 위함이었습니다.

신문왕은 즉위하자마자 진골 공신들의 관직을 강등시킵니다. 당연히 공신 세력은 이에 반발하였고 급기야 681년 8월 8일 김흠돌의 난이 일어납니다. 신문왕은 이미 예상했었고 준비한 진압군으로 일주일 만에 반군을 제압합니다. 이 사건으로 인해 진골 공신들의 관직이 떨어지는 것이 아니라 목이 떨어지는 대대적인 숙청이 시작됩니다. (신문왕의 계략 같다는 생각도 듭니다.) 진골들이 사라진 정치판에는 6두품이 대신 자리를 차지합니다. 진골들의 모임인 화백회의와 의장인 상대등의 권한은 대폭 축소됩니다. 대신 국정은 왕명을 수행하는 집사부를 중심으로 운영되었고, 그 장관인 시중(중시)의 권한이 강화됩니다.

진골 공신 숙청이 완료되자 신문왕은 사회 제도 개혁에 착수합니다. 682년 고등 교육기관인 국학을 설치하고 8세기 말 원성왕 대에는 국학의 졸업생들을 대상으로 독서삼품과讀書三品科라는 시험을 치렀습니다. 유교 경전으로 시험을 쳐서 성적을 상품上品, 중품中品, 하품下品으로 나눠 관리 임용에 참고하는 방식입니다.

683년에는 흑금서당을 만듭니다. 신라에는 수도의 방어와 치안을 담당하는 서당誓幢이라는 중앙군이 있습니다. 583년(진평왕 5년) 처음 설치되었는데, 613년(진평왕 35년) 녹금서당으로 이름을 바꿉니다. 문무왕 대에 신라인 1개 부대와 백제인 1개 부대를 추가합니다. 신문왕은 삼국통일로 새로 편입된 고구려와 백제, 말갈인을 받아들여 부대를 구성하며 신라를 삼국을 아우르는 국가를 만들려고 노력합니다. 효소왕 대에 신라인 1개 부대를 더 만들면서 구서당이 됩니다.

서당이름	구성원	설치연도	금(衿)색 *금(衿)은 옷깃입니다.	
녹금서당(綠衿誓幢)	신라인	613년(진평왕 35년)	녹자색(綠紫色)	
백금서당(白衿誓幢)	백제인	675년(문무왕 15년)	백청색(白靑色)	
자금서당(紫衿誓幢)	신라인	677년(문무왕 17년)	자록색(紫綠色)	
황금서당(黃衿誓幢)	고구려인	683년(신문왕 3년)	황적색(黃赤色)	
흑금서당(黑衿誓幢)	말갈인	683년(신문왕 3년)	흑적색(黑赤色)	
벽금서당(碧衿誓幢)	보덕인	686년(신문왕 6년)	벽황색(碧黃色) 보덕국 멸망 뒤 편성	
적금서당(赤衿誓幢)	보덕인	686년(신문왕 6년)	적흑색(赤黑色) 보덕국 멸망 뒤 편성	
청금서당(靑衿誓幢)	백제인	687년(신문왕 7년)	청백색(靑白色)	
비금서당(緋衿誓幢)	신라인	693년(효소왕 2년)	미상	

685년에는 지방 제도인 9주 5소경제를 확립합니다. 신라에는 이미 일선주, 삽량주, 한산주, 수약주, 하슬라주, 소부리주, 청주, 발라주가 있었는데 685년 완산주를 추가하면서 9주 체제가 완성됩니다. 또한 이전부터 있던 북원경, 금관경, 중원경에 685년 서원경과 남원경을 추가해 5소경이 됩니다. 9주에는 지방군인 정을 두었는데 국경 지역인 한주에는 2정을 두었습니다. 그래서 신라의 지방군은 10정十停입니다.

689년에는 녹읍祿邑을 폐지합니다. 신라에서는 진골 귀족들은 땅에서 수조권(세금을 거두는 권리)과 노동력을 징발할 수 있는 권한까지 있었습니다. 이를 녹읍이라 합니다. 반면에 6두품과 그 이하들은 수조권만 있었습니다. 그런데 진골 귀족들도 수조권만 있는 관료전을 받게 됩니다. 이제 신라는 완전히 전제군주에 의한 관료제 사회가 된 것입니다. 한편 이해에 수도를 달구벌(지금의 대구)로 옮기려 했지만 신하들의 반대로 포기합니다.

신문왕의 손자 성덕왕 대에는 백성에게 정전을 지급하여 농사짓게 하고 조세를 거두어 국가 재정을 튼튼히 합니다. 그러나 귀족 세력이 다시 강해지면서 경덕왕 대인 757년 녹읍이 부활합니다.

국학에서 경전을 강의한 사람은 강수와 설총입니다. 이들은 후대의 최치원과 함께 신라의 3대 문장가로 꼽힙니다.

임나가라 출신인 강수는 당나라 외교 문서 전담이었습니다. 진덕여왕 대에 김인문이 인질로 당에 넘겨지는데, 강수는 김인문을 풀어내 돌려보내달라는 글인 '청방인문서'를 씁니다. 나당전쟁 때 설인귀가 신라 진영에 보냈던 서신에 대해 답해주는 '답설인귀서'와 태종무열왕 대에 당에 보내는 외교문서도 강수가 지었습니다. (강수는 별명이고 본명은 우두牛頭입니다.)

설총은 원효대사와 태종무열왕의 딸 요석공주 사이에서 태어난 아들로 한글 이전 우리말 표기법인 이두를 집대성했습니다. 이두는 이미 이 책에서 여러 번 나왔습니다. 금성(金城)이 '서울'이라고 발음되고 마립간(麻立干)은 '마루한'이라고 발음한다는 것 등이 이두식 표현입니다. 그리고 그는 신라에 유교를 확립시킨 유학자입니다. 그의 작품으로는 사촌인 신문왕을 훈계하기 위해 지은 《화왕계》가 있습니다. 왕을 화왕(모란), 간신을 장미, 충신을 백두옹(할미꽃) 등에 비유해 간신을 멀리하고 충신을 가까이하라는 내용입니다.

이 시대에 활동했던 유학자를 한 명 더 소개하자면 김대문이 있습니다. 진골 출신 귀족으로 한산주 도독을 지냈으며, 당대 이름난 화랑들의 전기를 기록한 《화랑세기》, 당대 이름난 승려들의 전기를 기록한 《고승전》, 신라의 잡다한 야사를 기록한 《계림잡전》, 음악에 관한 책인 《악본》, 한산주 지역의 지리와 풍속을 기록한 《한산기》 등을 썼습니다. 이 책들은 김부식이 《삼국사기》를 쓸데 참고하게 됩니다.

✦ 원효와 의상 ✦

우리나라의 불자(佛者)들에게 가장 존경하는 스님을 물어보면 1위는 언제나 원효대사입니다. 원효대사는 우리나라뿐 아니라 세계적으로도 위대한 사상가 중 한 명입니다. 같은 시기를 살았던 의상 또한 원효 못지않은 승려입니다. 하지만 두 사람의 행적은 661년 해골바가지 때문에 극명하게 달라집니다.

650년 원효와 의상은 함께 당나라로 가서 유학하려 합니다. 그러나 도중에 고구려에서 첩자로 오해받아 수십 일 동안 갇혔다가 간신히 신라로 돌아옵니다. 하지만 이 둘은 포기하지 않고 661년 다시 당나라 유학을 시도합니다.

가는 도중 날이 어두워져서 어떤 동굴에 들어가서 잠을 잡니다. 원효는 잠결에 목이 말라 근처에 있던 바가지의 물을 마십니다. 그런데 일어나보니 동굴은 무너진 무덤이었고 원효가 마셨던 건 해골바가지에 담긴 썩은 물이었습니다. 원효는 구역질하기 시작하는데 문득 썩은 물도 목이 마를 때 달고 시원하게 마셨다는 것을 깨닫습니다. 모든 것은 마음먹기에 달렸다는 깨달음을 얻고는 유학을 포기합니다. 해골 물을 마시지 않았던 의상은 그대로 당나라 유학길에 오릅니다.

불교식으로 말하자면 원효는 내면의 불성을 발견하면 바로 성불할 수 있다는 선종의 처지를 대변한 것이고 의상은 경전 연구와 교리를 중시한 교종의 입장을 대변한 것입니다. 그렇다고 원효의 경전 공부가 부족한 것은 절대 아닙니다. 원효가 저술한 《대승기신론소》, 《십문화쟁론》, 《금강삼매경론》은 한·중·일은 물론 인도까지 전해진 불교계의 중요한 저술입니다.

어느 날 원효는 거리에서 "누가 자루 빠진 도끼를 주면, 내가 하늘을 떠받칠 기둥을 찍을 텐데(誰許沒柯斧 我斫支天柱)"라는 노래를 부르고 다녔습니다. 무열왕은 이 말의 속뜻을 이해하고 과부가 되어 요석궁에 있던 자신의 딸과 이어줍니다. 그리고 둘 사이에서 설총이 태어납니다. 어쨌든 사음(邪婬)하지 말라는 계율을 어긴 원효는 환속하여 스스로를 소성거사(小姓居士)라 부르며 술 마시고 고기 먹고 고성방가하는 등 무애행(無碍行, 거침없는 행동)을 하며 세월을 보냅니다.

그렇다고 해서 불법 전파를 게을리하지도 않았습니다. 불교 이론을 이해 못 하는 백성들을 위해서 부처님의 가르침을 <무애가>라는 노래로 만들어 직접 거리를 돌아다니며 표주박 모양의 그릇을 들고 춤을 추면서 불렀습니다. 많은 백성이 무애가를 따라 불렀고 그중에는 깨달음을 얻은 사람도 있었을 것입니다. 또 염불만 열심히 해도 극락에 갈 수 있다며 "나무아미타불"을 외치며 염불하도록 가르쳤습니다.

한편 의상은 당나라에서 화엄종을 연구한 뒤 신라로 돌아와 부석사를 비롯해 많은 사찰을 창건합니다. 저서로는 화엄 사상의 요지를 210자로 축약해 표현한《화엄일승법계도(華嚴一乘法界圖)》등이 있습니다.

화엄종에서는 현세의 고통을 관세음보살이 구원해 준다는 믿음이 있습니다. 의상은 원효의 '나무아미타불' 뒤에 관세음보살을 붙입니다. '나무아미타불'을 염불하여 미래에는 극락에 가고 '관세음보살'을 염불함으로써 현세의 고통에서 구원받을 수 있도록 한 것입니다.

10장

◆

발해라는
국가

우리 역사		세계사
	716년	우마이야 이베리아 반도 정복
발해 무왕 즉위	719년	
	732년	카를 마르텔 우마이야 방어 성공
발해 문왕 즉위	737년	
	750년	압바스 왕조 성립
	751년	카롤링거 왕조 성립
	755년	안록산의 난
신라 혜공왕 즉위	765년	
	794년	일본 헤이안 시대 시작

690년 당의 측천무후는 무주라는 국가를 세우고 중국 역사상 유일한 여자 황제가 됩니다. 하지만 말년인 705년 병으로 건강이 악화되자 손자인 이융기가 주도하여 신룡정변을 일으킵니다. 이융기는 할머니인 측천무후에게 당을 부활시키고 태상황제로 물러나면 더 이상의 책임을 묻지 않겠다고 합니다. 결국 엄마인 무후에 의해 폐위되었던 예종이 다시 황제가 되면서 무주는 1대 만에 멸망합니다. 예종은 당을 부활시킨 공이 큰 이융기에게 제위를 물려줍니다. 이융기는 제위에 오르니 현종입니다. 현종은 치세 초기 명군으로 당을 다시 융성시킵니다.

고구려 유민 출신 장군인 고선지가 747년 파미르 산맥을 넘어 서역에서 종횡무진 활약하며 72개 국가를 정복합니다. 751년에는 아바스 왕조와 탈라스에서 전투하지만 패배합니다.

하지만 현종이 양귀비에 빠져 국정이 어지러워지더니, 755년 안록산과 사사명이 난리를 일으켜 당나라가 멸망 직전까지 갑니다.

당의 북쪽에서는 742년 위구르가 돌궐 제국을 무너트리고 제국을 세우고 위구르는 당나라 북방을 자주 침범하여 막대한 공물을 뜯어냅니다. 당의 남쪽에서는 738년 이족과 백족이 남조를 세우고 당나라를 괴롭힙니다.

중동에서는 우마이야 왕조가 크게 성장하여 지중해의 아프리카 해안을 장악하고 지브롤터에 상륙 716년 이베리아반도를 평정합니다. 하지만 유럽의 동쪽에서는 카를 마르텔의 프랑크 군대가 732년 우마이야 왕조를 막아냅니다. 카를 마르텔의 아들 피핀 3세가 751년 메로빙거 왕조를 대신해 카롤링거 왕조를 프랑크 왕국에 세웁니다.

750년 페르시아인의 아바스 왕조가 아랍인들의 우마이야 왕조를 격파하고 영토를 고스란히 차지합니다.

793년 바이킹이 노섬브리아 왕국을 습격하면서 처음으로 역사에 기록을 남기고, 794년 일본에서 나라 시대가 끝나고 헤이안 시대가 시작됩니다.

당은 고구려를 멸망시키고 그 자리에 안동도호부를 설치했지만 여전히 고구려 땅을 장악하지 못합니다. 요동 지역에 있던 신성, 요동성, 안시성 등은 여전히 항복하지 않았습니다.

668년 당은 고구려 부흥 운동을 막기 위해 지배층 및 부유하고 건강한 자들을 중심으로 2만 8000여 호를 뽑아 중국 영주로 옮겨버립니다. 그리고 토벌군을 보내 남아있던 부흥 운동군을 공격합니다. 671년 안시성이 함락되고, 안승의 부흥군도 연전연패하면서 부흥 운동은 잠잠해집니다. 당은 장안으로 끌고 갔던 보장왕을 요동도독 조선왕에 봉하고 요동으로 돌려보냅니다. 하지만 보장왕은 680년 말갈과 손을 잡고 고구려 부흥을 위해 반란을 일으키려고 하다가 실패하여 681년 고구려의 정반대 편인 중국의 서쪽 촉으로 유배당하고 그곳에서 사망합니다.

696년 거란인 이진충과 손만영이 영주도독 조문홰에게 반란을 일으킵니다. 이때 영주에 끌려갔던 고구려 장군 출신인 걸걸중상(대중상)과 그의 아들 대조영, 말갈의 추장 걸사비우가 고구려 부흥 운동을 위해 만든 영주 성방 고구려라는 군사 조직의 지원을 받아 고구려 유민, 말갈인들을 모아 영주를 빠져나와 만주 동부 지역으로 이동합니다. (걸걸중상의 아들이 대조영입니다. 따라서 걸걸은 대大와 같은 뜻입니다. 아마도 걸걸은 '클'이 아닐지 생각됩니다.)

무주의 성신황제(측천무후)는 걸사비우와 걸걸중상을 각기 허국공許國

公과 진국공震國公으로 책봉하고, 지금까지의 죄를 사면해 준다며 회유했지만 둘은 이를 거부합니다. 측천무후는 이해고를 보내 이들을 공격합니다. 걸걸중상은 병으로 죽었고, 걸사비우는 싸우다가 전사합니다. 하지만 대조영이 지도자가 되어 추격해 오는 이해고의 당나라군을 천문령 전투에서 크게 무찌릅니다.

마침내 만주 동부에 도착한 그는 남아 있던 고구려 유민과 말갈인을 규합하여, 698년 길림성 돈화현 부근의 동모산 기슭에 나라를 세웁니다. (발해의 백성은 고구려 유민과 말갈족으로 이루어졌다고 합니다. 하지만 이 책에서 몇 번 얘기했듯이 '고구려 사람=말갈족'이니 구별할 필요가 없습니다.)

요동과 만주지역을 장악하지 못했던 당나라는 705년 사신을 보내 대조영의 건국을 인정합니다. 713년에는 대조영에게 발해군왕渤海郡王이라는 관직을 수여했고, 국제 사회에서도 발해를 자주국으로 인정합니다. 신라에서도 대조영에게 진골만 받을 수 있는 대아찬이라는 관직을 줍니다. (신라인 외에 진골 대접을 받은 사람은 금관가야 왕족 구형왕, 고구려 왕족 안승과 대조영 세 명뿐입니다.)

대조영이 세운 나라의 이름은 논란이 많습니다. 처음에는 진국, 나중에는 발해라는 국호를 사용했다고 하지만, 진국, 발해는 당나라에서 준 이름입니다. 자기 나라를 무엇이라고 불렀을지는 모르겠습니다. (대한민국도 유럽에서는 고려Korea라고 부릅니다.) 일본에 보낸 문서에는 '고려'라고 했습니다. 일단은 발해라는 명칭을 가장 많이 사용하니 이 책에서는 '발해'라고 하겠습니다.

발해를 우리 민족의 국가로 볼 수 있느냐도 논란거리입니다. 필자는 우리 민족 국가를 요동, 만주, 한반도에 세워졌으며 농경을 하던 국가로 정의합니다. 발해는 만주에서 농업하던 국가이니 당연히 우리 민족의 국가입니다. 이로써 고구려는 30년 만에 새로운 나라로 탄생하였습니다. 위에 발해, 아래에 신라가 있던 시기를 한국사에서는 남북국 시대라고 합니다.

읽을거리

고대 중국은 차이나(China), 중세 중국은 타브가치(Tabgach), 근대 중국은 키타이(Khitai)라고 합니다. 차이나는 진나라, 타브가치는 북위를 건국한 선비족 탁발부, 키타이는 거란입니다. (셋 다 한족漢族이 아닙니다.)

'키탄' 또는 '키타이'라고 스스로 부르는 종족을 중국에서는 契丹이라 쓰고 키탄이라 불렀습니다. 우리나라에서는 '글단'이라 부르다가 '거란'으로 발음이 바뀌었습니다.

거란족은 선비족 우문부의 분파입니다. 4세기경 거란은 모용선비족인 전연의 영향력 아래 있다가 4세기 말 독립합니다. 7세기경 거란의 지배 세력 중 하나인 대하(大賀)씨가 당나라에 귀부하여 국성인 이씨를 하사받습니다. 하지만 696년에 이진충이 '무상가한(無上可汗)'을 칭하며 독립합니다. 그러나 이진충이 죽고 후계자인 손만영이 집권할 때 돌궐과 당의 협공을 받고 멸망합니다. 그 후 발해, 당, 돌궐 사이에 끼어 강대국의 눈치를 보며 살다가, 907년 야율아보기가 거란족을 대통합하며 요나라를 건국합니다. 요나라는 두고두고 고려를 괴롭힙니다.

한편 8세기에는 당도 발해, 돌궐, 토번 사이에 끼여 동네북으로 전락합니다.

발해 무왕 즉위   719년

    대조영(고왕)에 이어 아들 대무예(무왕)가 발해의 가독부(발해의 왕을 부르는 명칭)로 즉위합니다. 무왕은 독자적인 연호인 인안仁安을 사용하고, 주변의 여러 나라를 정복해 만주 북부 지역까지 영토를 확장합니다.

    725년 당나라는 발해의 후방에 있는 흑수말갈에 관청을 설치하고 관리를 파견하려고 합니다.

    흑수 말갈은 고구려의 동족인 말갈이 아닙니다. 이름만 말갈이지 말갈족과 다른 종족입니다.

    발해 무왕은 아들인 대도리행을 당나라로 보내 당의 조치에 항의하지만 당 현종은 받아들이지 않습니다. 이에 무왕은 동생 대문예에게 흑수말갈을 치도록 명령합니다.

    겁쟁이였던 대문예는 흑수말갈의 국경 지대에서 흑수말갈을 치는 것을 반대하는 의견을 형에게 보냅니다. 무왕은 대문예를 소환합니다. 처벌이 무서웠던 대문예는 그대로 당나라로 망명합니다. 분노한 무왕은 당나라에 사신을 보내 대문예를 처형할 것을 요청합니다. 당 현종은 거짓말을 하며 처형을 차일피일 미루는데 728년 당나라에 사신으로 와있던 발해 왕자 대도리행이 사망하는 사건이 일어납니다. 당 현종은 아들이 죽은 마당에 동생까지 죽으면 누가 뒤를 잇겠냐며 구슬리는 동시에 대문예를 발해 왕으로 세울 수도 있다는 협박을 합니다.

    화가 머리끝까지 난 무왕은 732년 장문휴를 앞세워 당의 산둥 지방 등주를 기습공격합니다. 발해군의 기습 공격을 전해 들은 당 현종은 급히 토벌군을 보냈지만 발해군의 기세를 꺾지 못합니다. 당황한 당나라는 나당 전쟁 이후 서먹한 관계였던 신라에까지 원군을 요청합니다.

733년 1월 성덕왕은 약속대로 병력 10만 명을 파견했지만 추위와 눈보라 때문에 절반이 죽는 바람에 제대로 싸우지도 못하고 돌아갑니다. (아마 10만 명은 과장이고 멀리서 쳐다보다가 눈보라 핑계를 대고 돌아갔을 가능성이 큽니다.) 신라군이 퇴각하자 당 현종은 대문예를 총사령관으로 삼아 발해를 직접 공격할 결심을 합니다. 이 소식을 들은 무왕은 낙양으로 자객을 보내 대문예를 죽이려고 했지만 실패합니다.

같은 해 무왕은 직접 군사를 이끌고 거란과 연합하여 만리장성 바로 앞에 있는 마도산을 선제공격합니다. 당나라는 총력을 다하여 무왕이 만리장성을 넘지 못하게 막는 것이 고작이었습니다. 이후 발해는 전쟁의 발단이었던 흑수말갈을 정복해 버리며 당과의 전쟁을 마무리합니다.

발해는 넓어진 땅을 다스리기 위해 중경인 서고성으로 수도를 옮깁니다.

읽을거리

중국의 《영고기관(今古奇觀)》이라는 책에는 이태백이 발해 글자를 해독했다는 얘기가 있습니다. 당나라 현종(서기 713년~755년)에게 발해가 발해 문자로 국서를 보냈는데 아무도 해독을 못합니다. 현종은 백방으로 해독할 수 있는 사람을 수소문했고, 간신히 이태백을 찾습니다.

이태백은 발해가 당나라를 공격하겠다는 내용이라고 번역합니다. 현종은 이태백에게 발해 문자로 답신을 써 줄 것을 명령합니다. 그러자 이태백은 과거 시험에서 자신을 떨어뜨린 대신이 시중을 들어주면 쓰겠다고 합니다. 결국 대신이 먹을 갈고 방으로 들어갈 때 신발을 벗겨주었습니다.

후대의 이야기책에 나온 것이라 신빙성은 떨어지겠지만 발해가 독자적인 문화를 가졌으며, 당에 위협적이었던 것은 사실인 것 같습니다.

발해 문왕 즉위   737년

무왕의 뒤를 이어 문왕이 즉위합니다. 무려 56년간 재위하는데 신화와 역사가 섞인 가야의 수로왕, 고구려의 태조대왕, 신라의 혁거세 거서간을 제외하면 문왕보다 더 오래 재위한 왕은 우리나라 역사상 고구려 장수왕밖에 없습니다. 그리고 업적 또한 장수왕만큼이나 뛰어납니다.

문왕은 지방 통제력 강화를 위해 수도를 여러 번 옮깁니다. 750년대 수도를 중경현덕부에서 상경용천부로 천도했고, 780년대에 다시 동경용원부로 옮깁니다.

서기 762년에 당이 문왕을 발해 국왕으로 책봉하면서 발해를 나라로 인정합니다. 이후 두 나라는 큰 충돌 없이 우호 관계를 유지했고 서로 간의 문화 교류도 활발하게 이루어졌습니다.

당의 문물과 제도를 받아들여 고등교육기관인 주자감胄子監을 설치하고, 중앙 정치 기구로 3성 6부제를 조직합니다. 그러나 발해의 실정에 맞게 조직을 바꾸어 독자성을 보입니다. 3성은 정당성을 중심으로 운영하였으며, 정당성 아래에는 6부를 두어 행정 실무를 담당하게 합니다.

군사 조직으로는 당나라의 16위 제도를 참작하여 중앙에 10위를 두었습니다. 지방의 전략적 요충지나 국경 지역에는 별도의 지방군을 두었습니다.

문왕은 일본에도 자주 사신을 보냈는데 자신을 고려 국왕 대흠무로 소개합니다. 그리고 신라와는 교통로를 개설하여 교류하였습니다.

신라 혜공왕 즉위 765년

《삼국유사》에 혜공왕의 설화가 실려있습니다. 내용은 다음과 같습니다.

경덕왕은 왕비인 사량부인에게 아들을 얻지 못하자 내쳐버리고 만월부인과 재혼합니다. 그러고는 당대 명망이 높던 승려 표훈대덕을 불러 "천제에게 왕자를 점지해 달라고 기도하라"고 요구합니다. 그러자 천제는 "딸은 가능하지만 아들은 없다"고 말합니다. 경덕왕은 "딸을 아들로 바꿔달라"고 천제에게 부탁합니다. 그러자 천제는 "딸을 아들로 바꿀 수 있으나 그렇게 하면 나라가 위태로울 것이다"라고 경고합니다. 그러나 경덕왕은 끝내 아들로 태어나게 해달라며 고집을 부렸고 마침내 아들이 태어납니다. 하지만 여자로 태어나야 할 아이가 남자로 태어나는 바람에 몸은 남자지만 마음이나 행동거지는 여자 같았다고 합니다.

이 아이가 경덕왕의 뒤를 이어 혜공왕이 됩니다. 설화에 나온 것처럼 사서의 기록에서도 대단히 여성스러웠다고 합니다. 게다가 8살 때인 765년 즉위를 합니다. 너무 어린 나이라 어머니인 만월부인이 섭정합니다.

혜공왕이 태어난 시기는 소수의 진골 귀족에게 권력이 집중되어 왕권이 약해지던 시기였습니다. 11살 때인 768년 김대공과 김대렴 형제가 반란을 일으키자 연달아 신라 전역에서 각간 96명이 서로 군사를 일으켜 세력을 다투게 되는 '96각간의 난'이 일어납니다. 각간은 신라의 가장 높은 관직입니다. 현재의 국무총리와 같은 위치입니다. 96명이나 있을 수는 없습니다. 아마 귀족들이 너도나도 각간을 자처하며 난을 일으킨 것이겠지요.

어찌어찌하여 반란은 진압됩니다. 하지만 어릴 때 너무 큰 일을 겪어서인지 혜공왕은 어른이 되어서도 국정을 만월부인과 상대등이 된 고종사촌 김양상에게 맡기고 방탕하게 살아갑니다. 상대등이 국정을 맡았다는 것에서 알 수 있듯이 신라의 정치가 중앙 집권 및 왕권 강화 정책이 멈추고 신문왕 이전으로 되돌아가게 됩니다.

780년 이찬 김지정이 반란을 일으켜 혜공왕과 왕비, 자식들 등 일가를 몰살합니다. 이로써 무열왕계 왕위 세습이 끊어집니다. 같은 해 4월 내물왕 10대손인 상대등 김양상이 난을 진압하고 선덕왕으로 즉위합니다. 이때부터 내물왕계가 왕위를 이어갑니다. 이후 약 150년 동안 20명의 왕이 바뀌는 혼란이 이어집니다.

불국사와 석굴암

　신라의 재상 김대성이 전생의 부모를 모시기 위해 석굴암을 만들었고 현생의 부모를 모시기 위해 불국사를 창건했다고 합니다. 그러나 《불국사고금창기(佛國寺古今創記)》에 의하면 528년(법흥왕 15년)에 불국사를 처음 지었고, 751년(경덕왕 10년)에 김대성이 크게 중수하면서 청운교, 백운교, 석가탑, 다보탑 등을 만들었다고 합니다.

　가람(사찰)의 건물 배치는 나라와 시대별로 특색이 있습니다.

　고구려는 탑을 중심으로 금당을 사방으로 세 채 배치하는 1탑 3금당식 가람배치입니다.

　백제는 금당 앞에 한 기의 탑을 배치하는 1탑 1금당식 가람배치입니다.

　신라는 한 기의 탑 뒤에 금당을 3채 나란히 배치하는 1탑 3금당식 가람배치입니다.

　통일신라는 한 채의 금당 앞에 두 기의 탑을 배치하는 2탑 1금당식 가람배치입니다.

　불국사도 2탑 1금당식입니다.

　불국사 얘기만으로도 책 한 권은 만들 수 있으니 몇 가지만 짚고 넘어가겠습니다.

불국사 다보탑과 석가탑

법화경 견보탑품에는 부처님이 법화경을 설할 때마다 땅에서 탑이 솟아 나오고 그 탑 속에서 다보여래가 법화경의 법문이 진실하다는 것을 증명해 준다는 대목이 있습니다. 석가모니가 법화경을 설할 때도 이러한 기적이 일어났습니다. 석가탑은 석가모니, 다보탑은 다보여래를 상징합니다.

탑이나 불상 안에는 불경을 넣어둡니다. 말세가 되어 불법이 전해지지 않으면 꺼내서 사용하기 위해서입니다. 석가탑 수리 중에도 《무구정광대다라니경》이 나왔습니다. 이 경전은 '현존하는 가장 오래된 목판 인쇄물'이라고 추정됩니다. (제작 연도와 저자가 명확하지 않습니다.)

다보탑에는 모퉁이에는 돌사자가 한 마리씩 총 네 마리 있었습니다. 일제강점기에 일본에서 상태가 좋은 것은 가져가고 상태가 나쁜 한 마리만 남았습니다. 한 마리는 대영박물관에 보관 중이며 나머지 두 마리는 일제강점기에 탑 속에 있던 사리함과 함께 일본으로 가져갔는데 현재 행방불명입니다.

아프가니스탄 바미안석불

석굴암도 간략하게 설명하고 넘어가겠습니다. 석불사(석굴암)는 김대성과 이성룡이 창건해서 774년에 완성했고 석굴암은 인도와 중국 등에 있는 석굴사원의 영향을 받아 만들어졌습니다.

필자는 석굴암 본존불이 미켈란젤로의 조각보다 훌륭하다고 생각합니다. 미켈란젤로의 조각은 조직

윈강 석불

석굴암 본존불

이 치밀하고 부드러운 대리석을 사용했습니다. 그 때문에 정교한 조각을 할 수 있습니다. 그런데 본존불은 단단하고 조직이 거친 화강암으로 만들었습니다. 조각이 대단히 힘들고 정교한 묘사를 할 수 없습니다. 그런데도 생생한 표정과 옷 주름을 묘사했으니 장인의 솜씨가 미켈란젤로보다도 더 뛰어난 사람입니다. (석굴암 이후 우리나라의 조각 솜씨는 오히려 떨어집니다.)

미켈란젤로의 피에타

✦ 성덕대왕 신종 ✦

성덕대왕신종(聖德大王神鐘)은 성덕왕을 기리고자 경덕왕 시기 주조를 시작하여 손자인 혜공왕 7년(771년) 12월 14일에 완성된 동종입니다. 감독관은 대각간 김옹과 각간 김양상입니다.

성덕대왕신종은 신라 최대의 종도 아니고 가장 오래된 종도 아닙니다. 신라 최대의 종은 경덕왕 대에 만들어진 황룡사 대종으로, 규모가 성덕대왕신종의 네 배입니다. 여몽전쟁으로 황룡사가 파괴될 때 소실되었습니다. 가장 오래된 종은 성덕대왕신종보다 46년 전 성덕왕 대에 만들어진 상원사 동종입니다.

성덕대왕신종은 웅장하면서도 긴 여운이 남는 소리로 유명한데 여기서 비롯된 여러 가지 괴담이 있습니다.

갓난아이를 쇳물에 던져넣고 종을 완성했기 때문에 종소리가 에밀레~~라고 울린다는 전설이 있습니다. 하지만 전설은 전설일 뿐이고 심지어 이 이야기는 1927년 《동아일보》에 처음 등장합니다. 성분 분석에서도 뼈의 칼슘, 인 등이 나오지 않았습니다.

또 종을 매달고 있는 쇠막대가 현재의 기술로도 만들 수 없는 강도를 자랑하기 때문에 지금도 1300년이 다 돼가는 옛날 쇠막대를 쓴다는 이야기도 있습니다. 이는 전혀 사실이 아닙니다.

성덕대왕신종은 파손의 우려 때문에 종을 치지 않고 있으며 대신 신라대종을 만들어 치고 있습니다. 신라대종은 갓난아이를 넣지도 않았고, 성덕대왕신종보다 더 무겁지만 현대에 만든 쇠막대기로 잘만 버티고 있으며 종소리도 성덕대왕 신종 못지않게 훌륭합니다.

성덕대왕신종

✦ 한지 ✦

　한지(韓紙)는 닥나무를 재료로 한국 전통 방식으로 제조한 종이입니다. 종이를 최초로 개발한 나라가 중국이니 중국으로부터 제지 기술이 들어왔을 것입니다. 하지만 제지 기술은 이미 중국을 능가했습니다.

　신라의 한지를 계림지(鷄林紙)라고 하는데 중국의 문인(文人)들이 구하려고 애를 썼다는 기록이 있습니다. 한지에 인쇄한《무구정광대다라니경》은 지금도 남아있습니다. 이후로도 한지의 품질은 세계 최고였습니다. 고려의 견지(繭紙), 명표지(名表紙), 조선의 백면지, 설화지, 상화지, 경면지, 죽엽지 등은 우리나라의 주요 수출품이었습니다.

11장

✦

왕권을
위한
싸움

우리 역사		세계사
	802년	크메르 제국 건설
발해 선왕 즉위	818년	
김헌창의 난	822년	
장보고의 난	838년	
	843년	베르됭 조약 프랑크 왕국 분열
진성여왕 즉위	887년	

당나라를 남과 북에서 괴롭히던 위구르 제국과 토번 제국이 멸망합니다. 하지만 9세기 말 황소의 난이 일어나며 결국 당나라도 멸망합니다.

인도차이나반도에서는 크메르 제국이 건국됩니다.

태평양

인도양

크메르제국

중동에서는 아바스 조의 칼리파 알 무타와킬이 암살되고 무정부 상태가 되면서 이슬람 제국이 분열됩니다.

서유럽에서는 바이킹들이 남하하고 프랑크왕국이 분열됩니다.

발해 선왕 즉위   818년

5경 · 15부 · 독주

회원부
철리부 · 안원부
영주 · 동평부
막힐부 · 상경
속주 · 용천부 · 솔빈부 · 안변부
부여부 · 중경 · 동주 · 정리부
장령부 · 현덕부
서경압록부 · 동경
용원부
남경
남해부

발해의 행정구역

5경 상경 / 중경 / 동경 / 남경 / 서경

15부 상경용천부 / 중경현덕부
동경용원부 / 서경압록부
남경남해부 / 부여부 / 동평부
막힐부 / 철리부 / 정리부 / 회원부
안변부 / 안원부 / 솔빈부 / 장령부

독주 영주 / 속주 / 동주

문왕이 죽고 사촌 동생인 대원의가 즉위하지만 성질이 포악하고 시기심이 많아 1년도 안 되어 귀족들에 의해 살해당합니다. 그래서 호칭이 폐왕廢王입니다. 그 후 문왕의 손자 대화여가 즉위하지만 6개월도 안 되어 사망해 성왕成王이 되고 794년 성왕의 뒤를 이어 문왕의 막내아들 대숭린이 즉위해 강왕康王이 됩니다.

비슷한 시기 신라에서도 삼촌 헌덕왕이 조카 애장왕을 몰아내고 왕위에 올랐습니다. 그 이후로도 발해의 정국은 혼란에 빠져 허우적거렸는데 대조영의 동생 대야발의 4대손이던 대인수가 즉위하며 선왕宣王이 되어 정리됩니다.

선왕은 즉위하자마자 아무르강 유역에서 요동반도, 대동강에 이르는 지역에 살던 말갈 부족들에 대한 정복 활동을 2년 만에 마무리하고 남은 기간은 발해의 내정 안정화에 주력합니다. 그리고 지방 행정을 5경 15부 62주로 완전히 정비하고 당나라와 교역을 활성화하고 선진문물을 수입하여 나라를 발전시킵니다. 그래서 당나라에서 해동성국海東盛國이라 부를 정도였습니다.

그러나 발해는 9세기 말에 지배층의 권력 다툼 등으로 국력이 크게 약해져서 926년 거란의 침략을 받아 멸망합니다. 왕자 대광현을 비롯하여 발해 유민의 일부는 고려로 망명합니다.

✣ 상경용천부 ✣

성왕은 동경용원부에서 상경용천부로 재천도합니다. 이후 멸망할 때까지 상경용천부는 발해의 수도였습니다.

상경성은 당의 장안성을 모방하여 건설한 계획도시로서 외성과 내성, 주작대로를 갖추었습니다. 지금도 궁궐터와 성벽의 흔적이 남아 있으며, 고구려 문화의 전통을 이어받은 온돌 시설과 불상, 기와 등이 발견되었습니다. 고구려와 발해의 유물을 비교하면 발해가 고구려의 뒤를 이었다는 것을 일목요연하게 알 수 있습니다.

발해 귀면와

발해 돌사자상

발해 함화 4년명 비상

김헌창의 난 822년

785년 선덕왕이 후사 없이 죽자 귀족들은 회의를 열어 차기 왕을 정합니다. 태종무열왕 5대손인 김주원을 차기 왕으로 추대하려 했으나, 김주원은 때마침 내린 폭우로 갑자기 불어난 알천(현재 북천)을 건너지 못해 궁궐에 당도하지 못합니다. 이에 귀족들은 내물왕 12대손인 상대등 김경신을 왕으로 추대하니 이가 바로 38대 원성왕입니다. (김경신이 귀족을 협박했다는 이야기도 있습니다.)

왕위 계승 싸움에서 패배하고 정치적 위협을 느낀 김주원은 명주(현재 강릉시)로 물러납니다. 원성왕은 김주원을 명주군왕으로 책봉하여 그를 달랩니다. 그리고 김주원의 아들 김헌창에게도 중앙과 지방의 주요 요직을 주며 섭섭지 않게 대접합니다.

하지만 야심이 컸던 김헌창은 원성왕의 손자인 헌덕왕 14년(822년)에 반란을 일으킵니다. 교과서에서는 아버지가 왕이 되지 못한 것에 불만을 품고 난을 일으켰다고 합니다. 하지만 김헌창은 장남이 아니기 때문에 아버지가 왕이 되어도 왕위를 계승하지 못합니다. 그리고 아버지가 왕위쟁탈전에서 밀려난 지 무려 37년이나 지난 시기에 난을 일으켰습니다.

김헌창은 나라 이름을 장안長安, 연호를 경운慶雲이라 정하고 옛 백제 땅을 점령합니다. 그러나 군사적 재능이 없었던 김헌창은 신라군의 공격에 속수무책으로 당하고 맙니다. 심지어 470년(자비 마립간 13년)에 만들어져 149번의 공격에도 함락된 적이 없던 보은군 삼년산성마저도 지키지 못합니다.

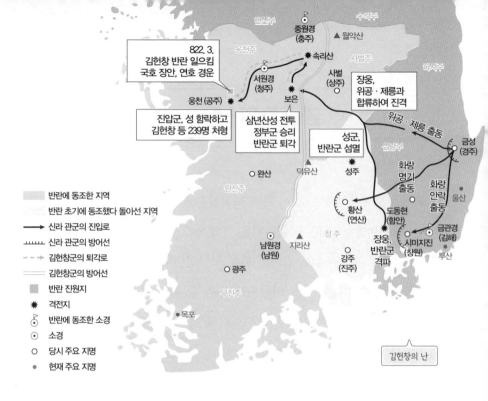

삼년산성 함락 후 신라군은 김헌창의 본거지인 웅진성을 포위합니다. 포위된 지 10일 만에 김헌창은 자살합니다. 불과 한 달 정도의 반란이었습니다.

다행히 김헌창의 아버지와 형은 반란에 참여하지 않았고 특별히 벌을 받지도 않았습니다.

읽을거리

헌덕왕 사후 아우인 흥덕왕이 즉위합니다. 흥덕왕 사후 흥덕왕의 사촌인 김균정과 김균정의 조카인 김제륭이 왕위를 다투고 이때 김주원의 증손자인 김양이 김균정을 호위합니다. 군사를 동원한 다툼 끝에 김균정은 사망하고 김제륭이 희강왕으로 즉위합니다. 하지만 1년이 지나 다시 반란이 일어나 희강왕은 자살하고 민애왕이 즉위합니다.

김균정의 아들 김우징은 장보고를 찾아가 자신이 왕이 되도록 도와달라 부탁하고, 김양은 김우징을 도우려고 군사를 모집해 장보고에게 합류합니다.

장보고의 본명은 이두로 궁복弓福 또는 궁파弓巴입니다. 궁弓은 활이니 아마 활을 잘 쏘아서 '활보'라고 불린 것 같습니다. 나중에 완도에 청해진을 설치하는 것으로 보아 완도 사람일 가능성이 크며, 출신을 알 수 없다고 한 것으로 보아 가문은 5두품 이하였을 것입니다.

골품제에 묶여 자신의 뜻을 펼 수 없었던 '활보'는 당나라로 건너가 군에 입대합니다. 이름도 한자를 써서 장보고로 바꿉니다. 용맹하고 군사적 재능까지 있던 그는 치청평로 번진을 정벌하는 부대에 참가해 큰 공을 쌓고 서주 무령군武寧軍의 소장少將(현 대령에서 준장 정도)이 됩니다.

장보고는 신라인들이 당에서 해적들에게 잡혀 노비로 팔리고 있는 사실에 분노합니다. 그래서 828년 신라로 귀국하여 흥덕왕에게 "군사 1만을 주면 당의 해적들을 막겠다"라고 호언장담합니다. 흥덕왕은 이를 허락한 뒤 대사大使라는 특별 관직까지 내립니다.

장보고는 완도에 바다를 깨끗하게 하는 군대란 뜻의 청해진淸海鎭을 설치하고 자신의 말대로 해적을 소탕하여 신라인 노예 매매를 사라지게 만듭니다. 그뿐만 아니라 해적들로부터 바다를 보호하고 중국과 일본 간의 무역을 중계하며, 당나라 동해안의 신라방 사회를 원격 통제하여 막대한 재산을 축적합니다. 또한 서남 항로를 개척하여 페르시아 및 아라비아에서도 교역을 위해 찾아오도록 만듭니다. 일본의 승려 엔닌圓仁이 쓴《입당구법순례행기》에서는 신라를 거치지 않고 중국에 가는데도 신라어 통역

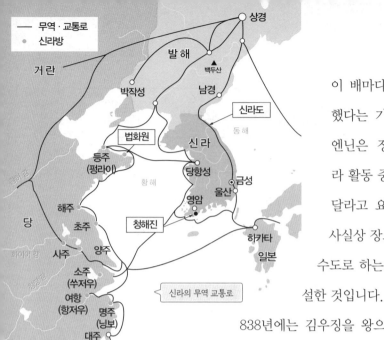

이 배마다 배치되어 동행했다는 기록이 있습니다. 엔닌은 장보고에게 당나라 활동 중 자신을 보호해 달라고 요청까지 합니다. 사실상 장보고는 청해진을 수도로 하는 해상 왕국을 건설한 것입니다.

838년에는 김우징을 왕으로 만들기 위해 군사를 일으킵니다. 염장, 정연, 김양 등을 선봉장 삼아 달벌(대구)에서 신라 정부군을 크게 물리치고 민애왕을 시해하며 김우징을 왕으로 옹립합니다. 하지만 신무왕이 된 김우징이 1년도 못 돼 죽으면서 그의 아들이 왕위에 올라 문성왕이 됩니다.

장보고의 위세는 하늘 높은 줄 모르고 올라갑니다. 진골만 임명되는 상대등의 직책까지 받습니다. 장보고는 임금이 되기 전 자신을 도와주면 장보고의 딸과 혼인하겠다는 신무왕의 약속을 아들인 문성왕에게 대신 요구합니다. 문성왕도 굳이 마다할 이유가 없어서 결혼하려고 합니다. 하지만 진골 귀족들이 이 결혼을 반대하면서 성사되지 않습니다. 이 소식을 들은 장보고는 분노하여 반란을 일으키려 합니다. 이미 청해진군에 의해 신라정부군이 패배하고 왕이 죽었습니다. 반란이 일어난다면 신라는 망할 것이 분명합니다.

진골 귀족들은 무진주(현 전라남도 광주) 별가로 있던 염장을 장보고에 보내고 장보고는 자신의 부하였던 염장을 의심 없이 받아주었습니다. 그러나 염장을 환영하기 위해서 열었던 연회에서 장보고가 술에 취한 사이 염장이 그의 칼을 빼앗아 장보고의 목을 베어 암살합니다.

장보고가 죽은 후 염장이 청해진을 운영하지만 장보고만큼 능력이 없었기 때문에 세력이 쇠퇴합니다. 다시 정연이 청해진을 맡았지만 몰락을 막지는 못했고 결국 851년 청해진 일대에 살던 주민들은 벽골(현재 김제)로 강제로 이주당하며 청해진은 사라집니다.

한편 김양은 신무왕과 문성왕 대에 계속 승진하여 벼슬이 시중(현재 총리)에 이르렀고 842년(문성왕 4년)에는 김양의 딸이 문성왕과 혼인합니다. 857년 사망하자 문성왕은 김양에게 각간을 추증했고, 장례 절차는 김유신의 예에 따르게 했으며 무덤은 태종무열왕의 능역에 함께 장사 지냈습니다. 당시 인생의 최종 승리자는 김헌창도 아니고 김우징과 장보고도 아닌 김양인 것 같습니다.

읽을거리

이정기는 732년 당나라의 영주에서 고구려 유민의 아들로 태어났습니다.

안사의 난으로 당나라가 혼란에 빠지자 산동지역의 청주를 점령합니다. 그리고 병사들의 추대로 절도사가 됩니다. 절도사란 정해진 지역(번진)의 군권과 행정권을 모두 가진 사람으로 절도사가 다스리는 지역은 사실상 독립왕국입니다.

765년 당나라로부터 치청평로절도사(淄靑平盧節度使)로 임명된 이정기는 주위를 정복하여 산동반도 전체를 장악합니다. 염전을 개발하고 발해, 신라 등과의 중계무역을 통해 막대한 부를 축적합니다. 이정기는 독자적으로 법을 만들고, 관리를 임용하고, 세금을 걷는 등 거의 독립국으로 행세합니다.

당나라에서 절도사직의 세습을 인정하지 않자 이정기는 주변 절도사들과 함께 4진의 난을 일으킵니다. 이정기는 대운하를 차단하며 당나라를 협박합니다. 이정기의 아들 이납은 782년 11월에 제나라로 국호를 정해 칭왕까지 합니다. 784년 1월 절도사직 세습 요구가 받아들여지자 칭왕을 취소합니다.

치청평로 번진은 4대 이사도까지 세습되었다가 장보고도 참가한 당나라군의 공격을 받아 이사도는 참수되고 번진은 멸망합니다.

신라방과 발해관

신라방(新羅坊)은 남북국 시대 당나라 동해안 연안 각지에 설치된 신라인들의 거주지입니다. 주로 교역하던 상인들이 많았으나, 견당사라고 불리는 사신단, 당나라 유학생, 불법을 배우러 간 구법승 등 다양한 사람이 머물렀습니다. 당나라에는 신라방 외에도 아랍방, 페르시아방도 있었습니다. 이들을 통해 아랍과 페르시아의 물건이 거래되었습니다.

879년(헌강왕 5년)에 바닷가로 놀이를 갔다가 동해 용왕의 아들인 처용을 데리고 옵니다. 처용이 페르시아나 아랍 사람이라는 설이 있습니다.

신라방에는 숙박시설인 신라소, 사찰인 신라원이 있습니다. 장보고도 적산원(赤山院)이라는 절을 세웠습니다. 일본 승려 엔닌이 적산원을 방문합니다. 신라방은 신라가 망하고도 한동안 유지되었습니다. 특이하게도 신라방의 주민들은 고려인이 아닌 신라인의 정체성을 가지고 있었다고 합니다.

신라가 수출하던 물품은 금·은 세공품, 인삼, 칼, 양탄자, 놋그릇 등입니다. 특히 양탄자는 인기가 많아 일본 황실의 창고인 쇼쇼인(正倉院)에 8세기경 신라에서 일본으로 수출한 양탄자가 45장이나 보관되어 있습니다.

발해관은 중국 당나라 등주(산둥반도)에 있던 발해의 사신들이 머물던 여관입니다. 길 건너 신라관이 있었습니다.

발해에서 외국으로 통하던 주요 교통로가 5개 있었는데, 발해관은 등주로 가는 길 중간에 있습니다.

발해의 수출품은 모피, 인삼, 말 등입니다. 특히 모피는 일본에서 인기가 많았습니다.

서기 919년 여름 발해 사절단이 일본에 갑니다. 사절단은 발해의 의상인 담비 가죽옷을 입고는 땀을 뚝뚝 흘리며 천황이 베푸는 연회장으로 갑니다. 그런데 천황의 아들이 검은담비 가죽옷 여덟벌을 껴입고 나와 사절단을 맞이합니다. 그만큼 모피가 부의 상징이었습니다. 아마 연회장 바닥에는 신라 양탄자를 깔았을 것 같습니다.

한편 신라와 발해는 큰 전쟁도 없고, 신라도를 통해 교역도 했습니다. 하지만 대외적으로는 당나라 빈공과에 누가 더 많이 급제했느냐로 겨루기도 하고, 사신들끼리 서로 앞자리를 차지하려고 다투는 등 은근히 라이벌 의식이 있었던 것 같습니다.

신라 진성여왕 즉위 887년

신라의 제48대 국왕인 경문왕이 왕위에 오르자 왕의 귀가 당나귀 귀처럼 갑자기 길어집니다. 경문왕은 두건을 만드는 장인을 불러 귀를 덮는 두건을 만들게 합니다. 그리고 평생토록 사람들에게 말하지 않도록 엄히 단속합니다. 하지만 두건 장인은 죽을 때가 되어 도림사의 대나무 숲속 사람이 없는 곳으로 들어가서 대나무를 향해 "임금님 귀는 당나귀 귀"라고 외친 후 죽습니다. 그 후로 바람이 불 때마다 대나무 숲에서 "임금님 귀는 당나귀 귀"라는 소리가 납니다. 왕이 이 소리를 싫어해서 대나무를 베어 버리고 산수유를 심었습니다. 그러자 바람이 불면 "임금님 귀는 길다"라는 소리가 났다고 합니다.

이 이야기는 그리스 신화가 원전으로 서양과 신라가 교류했다는 증거일 수도 있습니다. 하지만 이 설화의 속뜻은 자못 심각합니다. 귀를 막고 백성의 목소리를 듣지 않는 경문왕에게 귀를 열고 백성의 말을 들어달라는 원망이 들어있습니다. 그만큼 당대 신라는 혼란스러웠습니다.

경문왕은 2남 1녀를 두었는데 순서대로 헌강왕, 정강왕, 진성여왕이 됩니다. 진성여왕은 신라와 한국사의 세 번째이자 마지막 여왕입니다. 국정에 관심이 없던 진성여왕은 자신과 불륜관계인 유부남이자 자신의 삼촌 위홍에게 국정을 맡겼고, 위홍이 죽자 얼굴 반반한 남자들을 애인으로 삼고는 국정을 맡깁니다. 불륜을 저지르고 애인을 만드는 것도 좋은 일은 아니지만, 그 사람들에게 국정을 맡기는 것은 나라를 망치기로 작정한 일입니다.

진성여왕 집권 시기에는 국가의 생산력이 줄어들면서 가난을 이기지 못해 구걸하고 다니거나 부잣집의 종으로 들어가는 사람들이 생깁니다. 배를 곯는 어머니를 위해 부잣집의 종으로 들어가는 '효녀 지은' 이야기도 이때를 배경으로 합니다. 그 결과 국내의 여러 주·군이 공물을 바치지 않아 왕실의 재정도 궁핍해집니다. 하지만 진성 여왕은 백성들의 사정은 살펴보지도 않고 관리를 보내 조세를 독촉합니다. 결국 백성들의 분노가 폭발하였고 원종과 애노의 난을 시작으로 전국 각지에서 농민이 봉기합니다.

농민 봉기를 배경으로 각 지방의 실력자들은 중앙 정부의 통제에서 벗어나면서 독립적인 세력인 호족으로 성장합니다. 호족들은 지방에서 세력을 키운 몰락한 중앙 귀족, 무역에 종사하며 재력과 무력을 쌓은 세력, 군진 세력 등 다양합니다. 신라 최초의 호족은 장보고입니다. 이들은 근거지에 성을 쌓고 군대를 보유하여 성주 혹은 장군이라 자칭하며, 그 지방의 행정권과 군사권을 장악하고 경제적 지배력도 행사하였습니다.

그리고 당나라에 유학을 한 일부 6두품 세력들은 개인의 능력보다 혈통을 중시하는 골품제를 비판하고 유교 사상을 바탕으로 개혁을 주장합니다. 하지만 정부가 개혁안을 받아들이지 않자 호족과 힘을 합쳐 새로운 사회를 건설하려고 합니다.

결국 농민 봉기, 호족 성장, 6두품의 개혁 의지가 한데 뭉쳐 신라를 무너트리기 시작합니다.

서기 891년 북원의 군벌 양길이 궁예를 시켜 북원 동부락과 명주 관내를 습격하는 사건이 터지고, 서기 892년 견훤이 무진주(현재 광주광역시)를 점령하고 왕을 자칭합니다. 서기 894년에는 궁예가 스스로 장군이라 칭하며 여러 성을 점령합니다. 사실상 후삼국시대가 개막됩니다.

결국 진성여왕은 서기 897년 6월 헌강왕의 서자이자 자신의 조카인 김요에게 왕위를 물려주고 자진 퇴위하고 12월에 사망합니다. 당시 나이는 29세~32세 사이로 추정됩니다.

✦ 최치원 ✦

신라 삼현 중 한 명인 최치원은 12살 때인 868년 당나라 유학을 갑니다. 통일신라 시대 6두 품이 성공하는 가장 빠른 길은 당나라에서 유학하여 외국인 대상으로 치러지는 시험인 빈공과 에 합격하는 것입니다.

최치원은 18살에 장원급제합니다. 당시까지 빈공과에 합격한 가장 이른 나이가 50세였다고 합니다. 그리고 번번이 발해가 장원급제했습니다. 최치원의 급제는 개인의 영광이며 신라의 영 광이기도 했습니다. 하지만 2년간 관직이 나오지 않아서 빈둥거렸고 현위라는 미관말직(현재 동사무소 7급 공무원)에 임명되어 임기를 마치자 다시 백수가 됩니다. 아는 사람의 소개로 회남 절도사 고병의 밑에서 벼슬을 하게 되고 황소의 난 때는 《토황소격문》을 쓰기도 합니다. 이 글 을 황소가 읽다가 너무 놀라 침상에서 굴러떨어졌다는 일화가 있습니다. 하지만 더 이상 당나라 에서 큰 직책을 맡지 못하자 885년 신라로 귀국합니다.

이미 신라에 명성이 자자했던 최치원은 왕실에서 제법 높은 대접을 받습니다. 헌강왕의 곁에 서 유학의 경서를 강론하고 신하들과 국정을 협의하는 행사인 경연을 담당했으며, 당에 보내는 외교문서를 작성했습니다.

894년에는 진성여왕에게 시무십여조(時務十餘條)라는 개혁 정책을 건의합니다. 진성여왕은 최치원에게 6두품 신분으로서 오를 수 있는 최고 관직인 아찬을 내리고 개혁을 펼치려 합니다. 하지만 신라는 개혁할 힘을 잃었고, 진성여왕도 개혁을 추진할 능력이 없었습니다. 인생무상을 체감한 최치원은 898년 2월 은퇴합니다. 은퇴 후 전국을 유람하며 바위에 글자를 쓰기도 하고 책을 쓰기도 하며 지내다가 사망합니다.

최치원이 현재 부산 바닷가에 왔다가 이곳의 경치에 감탄해 자신의 호인 해운(海雲)을 따서 해운대라는 이름을 짓고, 해운대에 있는 동백섬의 남동쪽 해안 암석에 새깁니다.

우리나라를 무궁화의 나라라고 표현한 것은 아마도 최치원이 최초일 것입니다. 당나라에서 신라와 백제의 사신이 누가 더 상석에 앉느냐로 언쟁을 한 적이 있습니다. 이때 당나라가 신라 편을 들어 신라가 상석에 앉습니다. 이 소식을 들은 최치원은 사불허북국거상표(謝不許北國居上表, 북국(발해)이 위에 머무르는 것을 허가하지 않은 것을 감사하는 글)를 당나라에 보냅니다. 여기에 신라를 근화향(槿花鄕, 무궁화 나라)이라고 적었습니다.

✦ 5교 9산 ✦

삼국 시대의 불교는 왕실과 국가를 중심으로 성립·발전하였습니다. 국가 위주의 불교는 경전 연구와 교리를 중시한 교종입니다. 남북국 시대 신라 땅에는 국가의 지원을 받아 5개 종파가 만들어집니다.

남북국시대 말 중앙 정부의 통제력이 약해지자 지방에서는 호족이 성장합니다. 호족들은 불교 종파인 선종을 자신들의 사상적 기반으로 삼습니다. 선종은 참선을 통해 내면의 불성을 발견하면 바로 성불할 수 있다고 가르칩니다.

821년 승려 도의가 처음으로 선법을 포교하지만 교종이 성하던 신라에서는 크게 전도되지 못합니다. 하지만 경전 공부를 할 필요가 없으며 간단한 수행 방법을 제시한 선종은 백성의 큰 호응을 얻었고, 호족들은 백성들의 지지를 얻기 위해 선종을 후원합니다. 이에 따라 전국에 선종 사찰이 세워집니다. 그리고 선종 승려인 도선에 의해 풍수지리설도 보급됩니다.

5교 (교종)
9산 (선종)

신라

한강

임진강

예성강

낙동강

○卍 광조사
해주

굴산사 卍○
강릉

법흥사 卍○
영월

○卍 부석사
영주

문경

○卍 봉암사

○卍 성주사
보령

○卍 경복사
전주

○卍 실상사
남원

검제

금산사 卍○

곡성
○卍 태안사

보림사 卍○
장흥

분황사 卍○
경주

○卍 통도사
양산

봉림사 卍○
창원

?미산문
?산: 이엄

사굴산문
개산: 범일

수미산문
개산: 이엄

사자산문
개산: 절중

수미산문
개산: 이엄

화엄종
창종: 의상

?반종
?산: 보덕

법성종
창종: 원효

?상종
?산: 진표

계율종
개산: 자장

실상산문
개산: 홍척

가지산문
개산: 도의

동리산문
개산: 혜철

봉림산문
개산: 현욱

5교 9산 신라 중기에 성립된 교종의 5교와 신라 말기와 고려 초에 성립된 선종의 9산을 통칭하여 5교 9산이라 합니다.

?라

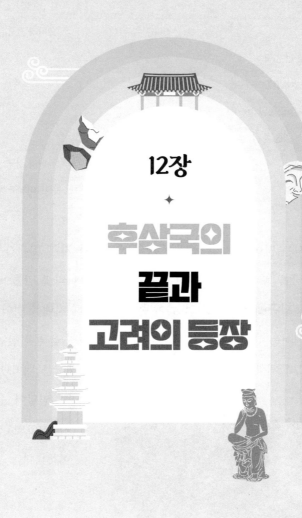

12장

후삼국의
끝과
고려의 등장

우리 역사		세계사
	916년	요나라 건국
고려 건국	918년	
발해 멸망	926년	
후삼국 통일	936년	
고려 광종 즉위	949년	
	960년	송나라 건국
	962년	오토1세 신성로마제국 황제 즉위

중국에서는 당이 멸망 후 5대 10국의 혼란기를 거쳐 10세기 후반 송나라가 중국을 통일합니다. 북쪽에는 거란족이 요나라를 만들어 발해를 무너트리고 남쪽에는 베트남(안남)이 중국에 승리해 지배를 벗어납니다.

서유럽에서는 유럽대륙을 휩쓸던 마자르족(헝가리)을 물리친 오토 1세가 신성 로마 제국의 황제로 즉위하였고, 동로마 제국은 뛰어난 황제들이 연달아 출현하면서 최고의 전성기를 이룹니다.

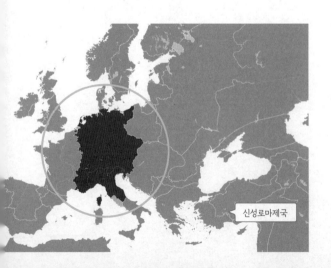

신성로마제국

후삼국의 성립 900년

지렁이의 아들 견훤은 어려서 호랑이 젖을 먹고 자랐다고 합니다. 그래서인지 체격이 남달리 컸으며 용모도 비범했습니다. (지렁이가 아니라 지룡地龍이라는 얘기도 있습니다.)

견훤은 계모와 이복동생들에게 구박받다가 고향을 떠나 상경해서 군인이 됩니다. 무력이 남달랐던 견훤은 착실히 경력을 쌓았으며 이후 왕명을 받들어 군사를 이끌고 서남해 일대의 호족과 해적들을 쓸어버리며 명성을 떨칩니다.

892년 서남해를 평정한 견훤은 신라를 뒤집어엎을 결심을 합니다. 견훤이 반기를 들자 신라에 불만이 많던 옛 백제지역에서는 한 달 만에 5000명이나 되는 사람들이 운집하였고, 견훤은 이 무리를 이끌고 봉기합니다. 견훤은 무진주(현재 광주광역시)를 습격해 지방관을 쫓아내고 전남 일대를 장악한 뒤 스스로 '신라 서면도통 지휘병마제치 지절도독전무공등주군사 행전주자사 겸 어사중승 상주국 한남군개국공 식읍이천호'라고 자칭합니다.

900년 견훤은 완산주(현재 전북 전주)에 이르러 환영나온 백성들에게 백제를 부흥시키겠다는 포부를 전합니다. 그리고 완산주를 수도로 삼아 후백제를 건국합니다. 견훤이 상주(현재 경상북도 문경시) 출신이라는 것은 아무도 따지지 않았습니다.

한편 신라를 뒤엎으려는 또 다른 야심가 승려 선종은 891년 절에서 나

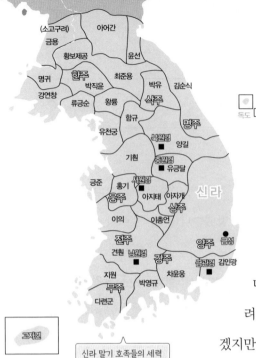

신라 말기 호족들의 세력

와 죽주에서 한창 이름을 날리던 기훤에게 들어갑니다. 선종의 속명은 궁예로 헌안왕 혹은 경문왕의 서자입니다. 태어날 때 이빨이 나 있었고 이를 불길하다고 여겨 높은 곳에서 던져 죽이려는 것을 유모가 받아 도망쳤다고 합니다. 이때 실수로 눈을 찔려 애꾸가 됩니다. (왕족인지는 모르겠지만 애꾸인 것은 확실합니다.) 하지만 기훤이 자신을 중용하지 않자 궁예는 892년에 기훤을 떠나 북원에서 위세를 떨치던 양길에게 들어갑니다.

양길의 부하가 된 궁예는 강원도 지역을 정복하고 894년에 대관령을 넘어 명주(강릉시)까지 정복합니다. 이후 장군을 자칭하며 양길로부터 독립합니다. 897년에는 왕륭의 영토인 송악(현재 개성)을 수도로 정하고 왕륭의 아들 왕건을 중용합니다.

양길은 궁예를 습격하려 했지만 궁예가 이를 예견하고 선제공격을 가합니다. 899년에는 비뇌성 전투에서 양길군을 완전히 격파하고 900년에는 왕건을 지휘관으로 삼아 청주·충주에 있던 양길군 잔당 등을 토벌해 소백산맥 이북의 영역을 장악합니다.

901년 스스로 왕위에 올라 국호를 고려라 합니다. 궁예가 '고려'라는 국호를 쓴 것은 궁예의 영역이 옛 고구려 남부 지역이라 그곳 백성들이 고구려 유민의식을 가지고 있었기 때문입니다. 그들의 지지를 얻으려고

'고려'라는 국호를 사용합니다. (왕건의 고려와 구별하기 위해 후고구려라고 합니다.)

903년 궁예는 왕건에게 금성군(현재 나주) 공격을 명령합니다. 왕건은 인근 호족들과 연합하여 진도와 나주를 공격, 점령하는 데 성공합니다. 견훤은 일차적으로 나주평야라는 곡창지대와 그 부속 도서를 완전히 잃어버렸고, 영산강 수운과 서남해안의 제해권도 완전히 잃어버리면서 후고구려에 밀리게 됩니다.

교만해진 궁예는 904년 국호를 마진摩震, 연호를 무태武泰라고 정한 뒤 철원으로 수도를 옮깁니다. 더 이상 고구려계 호족들과 유민들의 도움을 받지 않겠다는 의미입니다. 911년에는 국호를 태봉泰封, 연호를 수덕만세水德萬歲로 고칩니다. 914년에는 연호를 다시 정개政開로 고칩니다. 게다가 스스로를 미륵이라 자칭하고, 관심법觀心法으로 인간의 생각을 꿰뚫어 본다고 주장하고, 법봉法棒을 사용하여 가신들을 때려죽이는 등 공포정치를 자행합니다.

궁예의 공포정치에 견딜 수 없었던 호족들은 918년 정변을 일으켜 궁예를 내쫓고 왕건을 대신 세웁니다. 궁예는 거지꼴로 도망쳐 다니다가 굶주림에 보리 이삭을 먹게 되는데 이를 본 백성에게 들켰고, 궁예의 폭정에 분노한 백성들에게 맞아 죽습니다.

후백제와 후고구려가 건국되는 동안 신라는 효공왕을 끝으로 김씨 왕계마저도 끊깁니다. 그래

후삼국의 형세

서 처남인 박예겸의 아들 박경휘가 뒤를 이어 신덕왕이 됩니다. 제8대 아달라 이사금 이후 728년 만에 박씨가 왕이 되었습니다. 게다가 신라의 국토마저도 그 시절로 되돌아갔습니다.

고려 건국 918년

918년 6월 15일 왕건은 '고려' 건국을 선포하고 연호를 '천수天授'라 하며 도읍을 송악으로 옮깁니다. 고려를 건국한 왕건은 견훤과 우호 관계를 유지했는데 상주에 세력을 잡고 있던 견훤의 아버지 아자개가 918년 고려에 항복합니다. 아자개가 아들이 아닌 왕건에게 귀부한 이유는 알 수 없습니다. 짐작하자면 신라의 토박이면서 백제의 뒤를 잇겠다고 한 것이 마음에 들지 않았나 봅니다. 왕건은 너무나 기뻐서 아자개를 마치 아버지처럼 우대했다고 합니다.

반면 견훤은 독이 바짝올라 신라를 공격합니다. 920년 대야성을 함락하고 신라를 넘보게 되자 신라는 고려에 구원을 요청합니다. 고려가 구원군을 보내면서 잠시 유지되었던 우호 관계는 금이 갑니다.

925년 조물성 전투에서 견훤은 조카인 진호를, 왕건은 사촌인 왕신을 서로 인질로 보내며 화친합니다. 그러나 몇 달이 지난 후 진호가 병으로 급사합니다. 왕건은 진호의 시신을 정중히 수습하여 후백제로 보냅니다. 하지만 견훤은 진호가 고려 측에 의해 살해당한 것으로 여기고 왕신을 죽입니다. 화친은 완전히 파탄 나고 후백제와 고려 간의 전쟁이 다시 시작됩니다.

926년 거란에 의해 발해가 멸망한 후 태자 대광현이 10만 명이 넘는 발해 유민을 이끌고 망명합니다. 이로써 고려의 국력이 크게 향상됩니다. 927년 고려-신라 연합군은 대야성을 되찾아옵니다. 고려군은 이제 경상남도 서부까지 주둔하게 됩니다.

수세에 몰린 견훤은 927년 서라벌을 공격하기 위해 커다란 도박을 합니다. 먼저 신라의 근품성(문경시 인근)을 빼앗아 서라벌로 향하려고 하자, 고려-신라 연합군이 길목을 막아섭니다. 그러나 이것은 위장전술이었고 고려-신라 연합군이 근품성으로 모인 사이 고울부(경북 영천시)를 습격하고 서라벌까지 그대로 진격합니다. 견훤은 서라벌을 점령해 경애왕을 자살시키고, 김부를 경순왕으로 세웁니다. 무기 만드는 대장간을 파괴하고, 장인 및 숙련병을 모조리 끌고 돌아갑니다. 그 후 사실상 신라는 이름만 남게 됩니다.

어린이 역사책에는 포석정에서 술 마시고 놀다가 죽은 것으로 나오지만 그렇지는 않습니다. 경애왕은 고려와 연합하여 후백제에 빼앗긴 성을 도로 찾는 등 나름 신라를 되살리기 위해 열심히 노력한 왕입니다. 아마도 포석정에서 전쟁에 승리할 수 있도록 제사

포석정

를 지냈을 것입니다.

　왕건은 신라를 구하기 위해 서라벌로 달려왔지만 이미 때가 늦었습니다. 그는 신숭겸, 김락 등의 장수들과 함께 공산(현재 대구광역시 팔공산)에서 매복하여 철수하고 있는 후백제군을 습격할 계획을 짭니다. 하지만 이를 눈치챈 견훤은 역으로 매복을 위해 진격해 오던 고려군을 기습합니다. 예상치 못한 역습에 고려군은 큰 혼란에 빠졌으며, 김락이 전사합니다. 신숭겸이 왕건에게 병졸의 복장을 입힌 뒤, 자신은 왕의 복장을 갖추고는 후백제군을 유인합니다. 신숭겸은 끝까지 싸우다가 죽었고, 왕건은 간신히 달아나게 됩니다.

　그 후 견훤은 연전연승하며 충북, 경북 일대로 세력을 확장하고 929년 나주를 탈환합니다. 932년에는 후백제의 함대가 서해를 통해 예성강으로 들어와 고려 수군을 급습하여 고려의 선박 1000여 척을 불 지르고 300필의 군마를 약탈합니다. 예성강 하류에는 고려의 수도인 개경이 있습니다. 즉 후백제는 언제라도 개경을 공격할 수 있다는 것을 보여준 것입니다. 하지만 후백제군은 그 이후 공세에서 수세로 몰리게 됩니다.

　예성강 전투 2년 전인 930년 고려의 명장 유금필은 고창(현재 안동)을 공격한 후백제군을 박살 내고 경상도 쪽에서 고려의 세력을 회복합니다. 933년에는 견훤의 아들 견신검이 신라를 공격하지만 유금필이 불과 80기의 병력으로 후백제군을 뚫고 서라벌을 구원하고는 다시 돌아갑니다. 934년 운주(오늘날의 충남 홍성)에서 고려와 후백제는 전투를 벌입니다. 이번에도 유금필의 활약으로 후백제군은 대패하고 도망칩니다. 유금필은 기세를 타고 나주까지 도로 뺏어옵니다.

차전놀이

안동 지방에서 내려오는 전승에 따르면 견훤은 지렁이의 화신이라 모래땅에 진을 치고 있다가 목숨이 위태로워지면 지렁이로 변해 모래 속으로 숨어버렸다고 합니다. 이때 안동 출신의 권행, 김선평, 장정필 세 사람이 안동 사람들로 하여금 낙동강에 소금을 풀게 하고 큰 나무를 묶어서 앞으로 진격하게 하였더니 견훤이 강에 빠져 옴짝달싹 못 하고 패배합니다. 이를 기념하여 만든 놀이가 차전놀이입니다.

후삼국 시대의 끝　936년

934년 운주전투에서 패배한 견훤은 이미 68세였습니다. 그 때문에 운주전투에서도 고려에 화친을 제의하기도 했습니다.

견훤은 왕위에서 물러날 결심을 합니다. 그리고 유독 좋아했던 4남 금강에게 왕위를 물려주려 합니다. 하지만 장남이면서도 왕위를 물려받지 못한 견신검은 동생 견양검, 견용검, 능환 등과 모의하여 935년 3월 정변을 일으켜 견훤을 금산사에 유폐하고, 견금강을 죽여버립니다. 견금강이 죽었다는 소식을 들은 견훤은 6월 필사적으로 금산사에서 탈출해 나주로 도망가며 왕건에게 귀순하겠다고 연락합니다. 왕건은 크게 기뻐하며 유금필 등을 보내 견훤을 모셔옵니다.

왕건은 견훤이 개경에 도착하자 깍듯이 예우합니다. 견훤이 자신보다 나이가 10살이나 많다고 하여 '상보尙父 어르신'이라 높여 부르고, 궁궐에 거처를 마련해 주고 양주를 식읍으로 주고 후백제에서 투항해 온 자를 가신으로 붙여주었으며, 지위는 고려의 신하보다 위에 둡니다. 견훤의 귀순 소식을 들은 신라의 경순왕도 11월 고려에 귀순합니다.

936년 6월 견훤은 왕건에게 견신검의 토벌을 주청합니다. 그해 9월 일리천(현재 경상북도 구미시 선산읍 일대)에서 왕건, 견훤이 이끄는 고려군과 견신검이 이끄는 후백제군이 후삼국 최후의 전투를 시작합니다.

사실 전투는 이미 승패가 정해져 있었습니다. 견훤을 본 후백제의 장군들은 무기를 버리고 견훤이 탄 말 앞으로 와서 항복합니다. 게다가 견신검이 중군에 있다는 것까지 알려줍니다. 왕건은 견신검이 지휘하는 중군을 공격합니다. 패배한 견신검은 황산(현재 충남 논산)까지 달아났다가 동생인 견양검과 견용검, 능환 등과 함께 항복합니다. 이로써 견훤은 자신이 세운 나라를 자신이 멸망시킨 세계사의 유래가 없는 인물이 됩니다.

왕건은 능환에게 반역죄를 물어 참수시킵니다. 견양검과 견용검은 진주로 유배보냈다가 몇 년 후 처형시킵니다. 그러나 견신검은 목숨을 살려주고 관직까지 내립니다. (하지만 견신검도 몇 년 후 처형된 것 같습니다.) 제일 미운 견신검이 살았다는 것에 분노한 견훤은 등창이 터져 936년 황산 근처의 사찰(개태사로 추정)에서 사망합니다.

읽을거리

종기는 피부병의 일종으로 면역력이 약해진 환자나 노인에게 자주 발생합니다. 고대에는 무시무시한 난치병이었습니다. 종기가 등에 나면 등창이라고 하는데 종기 중 가장 치료하기가 힘들다고 합니다. 조선시대 문종, 성종, 효종, 정조가 종기로 사망합니다. (문종은 등창이었습니다.) 현대에는 약 먹고 연고 바르고, 수술하면 깨끗하게 낫는 병입니다.

✦ 신라와 발해의 부흥운동 ✦

경순왕이 고려에 귀부를 결정하자 태자였던 큰아들은 동생 및 이순유 등과 함께 반대합니다. 그러나 경순왕이 귀부하고 935년 11월 개경으로 옮겨가자, 김일은 동생과 함께 개골산에 들어가 바위 아래 집을 짓고 마로 된 옷을 입고 초근목피(草根木皮, 풀뿌리와 나무껍질)로 끼니를 때우다가 생을 마감했다고 합니다. 태자가 마로 된 옷을 입었다고 해서 마의태자라고 합니다.

마의태자가 신라부흥운동을 주도했다는 이야기도 있습니다. 하지만 신라 자체가 교섭을 통해 고려에 흡수되었고, 신라인들이 푸대접받지 않았기 때문에 신라부흥운동은 크게 일어난 적도 없고 오래도록 계속되지도 않았습니다.

발해부흥운동은 자료가 부족해서 정확하게 알 수 없습니다. 아마도 요나라의 근거지가 발해와 가까워 부흥운동을 효과적으로 저지할 수 있었고, 고려가 지속해서 발해 유민들을 흡수하여 부흥운동을 할 인원이 부족하고, 946년 11월 무렵 백두산 분화로 옛 발해지역이 초토화되어 사람들이 많이 떠나버리는 등 여러 가지 문제로 강하고 지속적인 부흥운동은 일어나지 않았습니다. 하지만 발해부흥운동이 거란의 침입을 막아주어 100여 년간 고려는 후삼국의 혼란을 수습하고 국력을 성장시킬 수 있었습니다. 때문에 거란의 침입을 잘 막아낼 수 있었습니다.

읽을**거리**

고구려, 백제, 신라 부흥운동 중 고구려부흥운동은 성공했습니다. 고구려의 뒤를 이어 발해가 세워졌고 발해가 멸망할 때 즈음 고려가 일어나 고구려를 계승합니다. 발해 유민이 고려로 들어온 이유도 두 나라가 모두 고구려를 계승한 형제국이라는 의식이 있었기 때문입니다.

고려 태조 즉위 · 918년

태太는 光啓于禩(광계우사), '천대千代에 빛을 뿌리다'는 의미입니다. 나라를 세운 왕에게 붙이는 묘호입니다. 삼국을 통일한 태조는 호족세력 통합정책, 고구려의 옛땅을 회복하려는 북진정책, 불교를 통해 민심을 수습하고 왕실의 안정을 도모하는 숭불정책을 국가의 기본 3대 정책으로 삼았습니다.

그리고 호족세력을 통합하는 방법으로 결혼정책을 추진합니다. 전국 여러 지역의 호족들과 혼인 관계를 맺고 관직과 토지, 왕씨 성 등을 내려 줍니다. 그러다 보니 태조는 부인이 29명, 자식을 34명이나 두게 됩니다. 그럼에도 안심이 되지 않은 태조는 사심관 제도와 기인제도를 실시합니다.

사심관 제도는 지방에 연고가 있는 고관에게 자기의 고장을 다스리도록 임명하는 제도입니다. 935년(태조 18년) 신라의 마지막 왕인 경순왕 김부를 경주의 사심관으로 임명한 것이 시초입니다.

기인제도其人制度는 지방 유력자의 자식을 수도에 머무르게 하는 제도입니다. 신라의 상수리 제도를 이어받은 것으로 차이점은 지방 유력자 본인이 머무르는 것입니다. 기인제도는 조선 광해군 대까지 시행됩니다.

태조는 고구려 계승을 내세우며 건국 초부터 북진 정책을 추진합니다. 폐허가 된 고구려의 수도 평양성을 서경西京이라 고치고 북진의 기지로 삼았습니다. 이후 서북면을 개척하여 발해 유민들을 받아들입니다. 발해와 갈등을 일으키던 흑수부 말갈족은 고려 때 여진족이라 불리게 되는데 태조는 여진족의 거주지를 공략합니다.

또한 발해를 멸망시킨 거란을 배척합니다. 942년(태조 25년) 10월, 거란이 세운 요나라는 화친을 위해 고려에 사신 30명과 낙타 50마리를 보냅니다. 하지만 고려는 요나라의 사신들을 모조리 섬으로 유배 보내고 낙타 50마리를 개경 만부교 밑에 묶어서 굶겨 죽입니다. 북진정책의 결과 태조 말 고려의 영토는 청천강에서 영흥만에 이르는 지역까지 넓어졌습니다.

태조는 백성의 생활을 안정시키기 위해 세금을 줄이고 가난한 백성을 구제하였습니다. 백성의 사상을 하나로 모으기 위해 불교를 국교로 삼습니다. 그리고 신분, 귀천, 지역에 차별 없이 불법을 듣게 하려고 해마다 무차대회無遮大會를 개최합니다. 그리고 세상을 떠날 무렵, 후대의 왕들을 위해 10가지 유훈遺訓을 남깁니다. 이를 훈요십조라 합니다.

첫째, 불교를 잘 위할 것.

둘째, 절을 제멋대로 창건하지 말 것.

셋째, 왕위 계승은 적자적손(嫡者嫡孫)을 원칙으로 하되 장자가 자격이 없을 때는 인망 있는 자가 대통을 이을 것.

넷째, 당나라의 풍속은 억지로 따르지 말고 거란의 풍속은 절대로 따르지 말 것.

다섯째, 서경(西京)을 중시할 것.

여섯째, 연등회(燃燈會)·팔관회(八關會)를 소홀히 다루지 말 것.

일곱째, 왕이 된 자는 충고에 귀 기울이고 아첨은 멀리하며, 백성들의 민심을 얻을 것.

여덟째, 차현(車峴) 이남 공주강(公州江) 밖은 산형지세(山形地勢)가 배역(背逆)하니 그 지방의 사람을 등용하지 말 것.

아홉째, 모든 관료의 녹봉을 제도에 따라 정해둘 것.

열째, 경전과 역사서를 공부하고 현실을 경계할 것.

읽을거리

 빛이 강하면 그림자도 진한 법입니다. 태조의 3대 정책은 국가에 도움이 되는 정책이지만 폐단도 있습니다.

 결혼정책으로 생긴 자식들은 태조 사후 치열한 권력다툼을 벌였고 거란에 대한 배척은 이후 거란의 침입을 불러옵니다. 또한 숭불정책은 사찰 부패와 승려의 타락을 가져왔고 훈요십조는 현대인들이 보기에는 종교 차별, 국가 차별, 지역 차별 등 문제가 많습니다. 특히 8조는 해석에 따라 호남차별을 의미하기 때문에 논란이 많습니다. 그래서 후대에 만든 것이 아니냐는 의심을 받습니다. 하지만 훈요십조가 날조라는 증거가 없으니 왕건이 남긴 말이 맞다고 보아야 합니다. 현대인들의 눈에는 차별이지만 당시에는 차별이 당연하던 사회입니다.

 차현(車峴) 이남 공주강(公州江) 밖은 아래의 지역입니다.

고려 가족제도

고려는 성별에 따라 차별을 두지 않았습니다. 호적에는 남녀 관계없이 태어난 순서대로 적었고 재산을 상속할 때도 아들과 딸이 균등하게 나눠 가졌습니다.

혼인 제도는 일부일처제였으며 대체로 신랑이 신붓집에 가서 결혼식을 치르고, 신부의 집에 살았습니다. 정말로 장가(杖家, 장인·장모의 집)를 갔습니다. 고려에서는 부부가 평등한 관계로 각각 자신의 재산을 소유하였고, 부부가 모두 이혼을 요구할 수 있었고, 남녀 모두 당연히 재혼할 수 있었습니다. 고려의 여성은 남편이 죽으면 호주가 될 수 있었습니다. 고려에서는 친가와 외가를 구별하지 않았습니다. 초상이 났을 때도 친가와 외가를 구별하지 않고 동등한 기간 애도를 하였습니다. 음서제에서 사위, 조카, 친손자와 외손자도 음서의 대상이었습니다.

때문에 '이모, 고모', '삼촌, 외삼촌'과 같은 호칭을 사용하지 않았습니다. 어머니의 자매(이모)와 아버지의 자매(고모)는 '어머니 버금(앚-)가는 분'이라는 뜻으로 '아자미', 아버지의 형제(큰·작은아버지)와 어머니의 형제(외삼촌)는 '아버지 버금(앚-)가는 분'이라는 뜻으로 '아자비'라고 불렀습니다. 아줌마, 아재(아저씨)는 여기에서 나온 말입니다.

사실 지금도 친척은 아저씨, 아줌마로 부르는 것이 맞습니다. '이모, 고모'는 친척 관계를 나타내는 말이고, '삼촌, 외삼촌'은 촌수(寸數)를 나타내는 말이지 친척을 부르는 말이 아닙니다. 이러한 평등했던 가족제도는 성리학을 국시로 삼은 조선시대에 망가집니다.

읽을거리

충렬왕 대에 박유는 고려에 남자가 적고 여자가 많으니 일부다처제를 해야 한다고 건의합니다. 고려는 여자의 권력이 남자보다 강한 나라입니다. 이 소식을 들은 여자들이 박유가 지나갈 때 우르르 몰려가서 욕을 하고 손가락질을 해대었고, 다른 대신들은 아내가 무서워서 말도 꺼내지 못합니다. 겁을 먹은 박유는 결국 자신의 말을 취소합니다.

고려의 정신 세계

고려는 불교국가이지만 그렇다고 다른 종교나 무속을 무시하지 않았습니다.

불로장생과 현세의 복을 구하는 종교인 도교는 왕실과 귀족층에서 유행하였습니다.

국가적으로 도교 행사인 초제(醮祭)를 지내기도 했습니다. 초제는 천지, 산천 등의 자연신들과 도교의 상제(上帝)나 오방산해신군(五方山海神君) 및 성신(星辰) 등에게 제사를 지내는 것입니다. 태조는 초제를 지내기 위해 924년 개경 대궐 밖에 구요당(九曜堂)을 건설합니다.

도교는 불교 및 무속과 혼합됩니다.

팔관회는 불교 팔관재계와 도교의 초제, 무속의 제천의식이 합쳐진 행사로 신라 진흥왕 대에 불교의 팔관재계를 지키기 위해 열렸던 불교법회이지만 이미 이때에도 무속과 합쳐진 형태였습니다. 898년 11월 궁예가 송악(개성)에서 팔관회를 열었고, 918년 궁예를 축출한 직후부터 팔관회는 국가 행사가 됩니다.

고려에서는 풍수지리도 유행했습니다. 풍수지리설은 불교 선종과 함께 호족들의 사상적 기반이 됩니다. 호족들은 자신의 근거지가 서라벌 못지않은 명당이라고 주장해 자신의 권위를 확립하였으며, 더 나아가 지기가 쇠한 서라벌을 대신해 새로운 나라를 세우고자 했습니다.

우리나라에서 풍수지리설은 후삼국시대 도선대사로부터 시작됩니다. 도선대사가 왕용건에게 왕이 나올 자리를 점지해 주자, 왕용건이 그곳에 집을 지었고 그 집에서 왕건이 태어났다고 합니다. 풍수지리설은 조선에서도 이어졌으며 현재에도 사용되고 있습니다. 다만 고려는 양택이라 하여 사람이 살 수 있는 도시나 집터 등을 정할 때 주로 사용했지만, 조선 이후로는 음택이라 하여 죽은 사람의 묫자리를 정할 때 많이 사용합니다.

✦ 향도 ✦

향도(香徒)는 고려 시대 향촌의 대표적 신앙 조직이자 농민 공동체 조직으로, 매향(埋香) 활동을 하는 불교도들이 기원입니다. 매향은 죽은 뒤 미륵불의 세계에 태어날 것을 염원하면서 강이나 바닷가에 향나무를 묻는 일을 말합니다. 향도는 매향을 하고 난 후 이 사실을 큰 돌에 새겨서 남기는데 이를 매향비라고 합니다.

지방의 호족으로 지방 관청에 속해 있던 하급 관리인 향리를 중심으로 향도는 운영되었으며 절이나 불상, 석탑 등을 만들 때 주도적인 역할을 하였습니다. 후기에는 마을의 관혼상제를 함께 치르고 친목을 다지는 소규모 농민 조직이 됩니다.

한편 고려는 불교 외에 무속(巫俗)도 여전히 믿었습니다. 자연을 국가나 군사의 수호신으로 숭상하고, 신의 이름을 붙이고 벼슬을 내렸습니다. 또한 왕건의 조상인 호경은 호경사(虎景祠)에 산신으로 모셔졌고, 왕건의 할머니는 정사(井祠)에서 용신(龍神)으로 모셔져 정기적으로 관리를 파견하여 제사를 지내는 등 국가적인 숭앙대상이었습니다. 지방에서도 자연을 신앙의 대상으로 삼아 서낭굿, 당산굿 등의 이름으로 제사를 지냈고 그 지역의 위인을 수호신으로 모셨습니다.

고려 광종 즉위   949년

태조 사망 후 훈요십조 3조에 따라 맏아들이 즉위하여 고려 2대 왕 혜종이 됩니다. 그는 아버지를 따라 여러 전쟁터를 누비며 무공을 세운 용맹한 장군입니다. 왕이 된 후 자신을 죽이려고 칼을 들고 침소에 난입한 자객 '들'을 맨주먹만으로 때려잡을 정도였습니다. 하지만 전투 중에 외상후 스트레스장애가 생겼고, 이에 따라 공황장애를 앓게 됩니다. 마음이 약해져 정적들을 제거하지 못하다 보니 되려 그들에 의해 여러 번 암살당할 뻔합니다. 결국 불과 3년 만에 죽으면서 이복동생인 왕요가 정종으로 즉위합니다.

혜종에게는 흥화궁군이라는 맏아들이 있었음에도 훈요십조 따위는 무시하고 세력이 가장 컸던 정종이 즉위한 것입니다. 정종은 왕위에 오르자마자 정적을 제거합니다. 유력한 호족인 왕규에게 반역의 혐의를 씌워 왕규의 세력을 몰살하는데 그 수가 300여 명이었습니다.

정종은 호족의 세력을 약화시키고 왕권을 강화하기 위해 947년(정종 2년) 광군사光軍司를 설치하고 호족들의 사병私兵을 빼어 광군으로 편성하니 그 수가 30만 명이 됩니다. 그리고 서경 천도를 계획하지만 재위 4년에 사망하면서 백지화됩니다.

정종은 동생인 왕소에게 제위를 넘기고, 그가 즉위하니 바로 광종입니다. 광光은 能紹前業(능소전업), '선대의 위업을 잘 이어 나갔다'는 의미입니다. 고려의 아버지라고 할 수 있는 왕소에게 잘 어울리는 묘호입니다.

광종은 호족들이 소유한 노비 중 원래 양인이었지만 강제 및 불법적으로 노비가 된 자들을 다시 양인으로 해방하는 노비안검법을 시행합니다. 양인들은 세금을 내야하고 군역의 의무까지 지게 됩니다. 호족의 힘은 약해지고 국가의 힘은 강해집니다. (노비안건법은 이후 30년쯤 지난 성종 대에 노비환천법을 제정하여 양인을 다시 노비로 돌리게 됩니다.)

그리고 호족들의 직위 세습을 막기 위해, 중국 후주에서 귀화한 쌍기의 제안에 따라 958년(광종 9년) 과거제를 실시하여 유교적 지식과 능력을 지닌 인재를 선발합니다.

960년(광종 11년)에는 개경을 황도라 칭하였으며 스스로 황제라 칭합니다. (우리 역사에서 최초이며 그 후 황제를 칭한 사람은 조선 고종과 순종뿐입니다.) 그리고 준풍峻豊이라는 연호를 사용합니다. 또 신하의 공복公服을 제정했는데 보라색(자색)＞붉은색(단색)＞연한 붉은색(비색)＞초록색(녹색) 순으로 정하여 관리의 위계질서를 세웠습니다.

호족들은 개혁정책에 저항하지만 광종은 자신의 개혁 정책에 반대하는 공신과 호족들을 숙청하여 왕권을 강화합니다.

읽을거리

광종은 즉위하자마자 광덕(光德)이라는 연호를 사용합니다. 황제를 칭한 후에는 준풍(峻豊)을 사용합니다. 하지만 송나라와의 통교를 시작하면서 관계를 돈독히 하기 위해 송나라의 연호를 사용합니다.

고려의 관리 선발 제도

고려에서 관리의 선발은 과거와 음서가 있습니다.

과거(科擧)는 고위관직 진출을 위해 치러진 시험으로, 유교를 정치 이념으로 가지고 있던 한국과 중국, 베트남 지역에서 행해졌고 중국 수나라 시대에 최초로 시행되었습니다.

고려의 과거는 양인 백정들도 응시할 수 있었습니다. 그런데 인종 14년에 부호장 이상의 자제들만 제술과에 응시할 수 있도록 자격을 제한하기도 합니다. 그래서인지 제술과가 명경과보다 대우가 높습니다. 과거의 종류는 다음과 같습니다.

고려의 과거 제도			
문과	제술과 (시와 부)	→	관료
	명경과(유교 경전)		
음서	→		
잡과	→		기술자
승과	교종선	→	승관
	선종선		

무과(武科)는 1109년(예종 4년)부터 1133년(인종 11년)까지 24년간 실시되었으나 폐지되었고, 이성계가 정권을 잡은 후 재도입되지만 곧 고려가 망해버립니다.

이중 문과는 삼장제로 구성되었습니다. 1차 시험은 향시(계수관시)라 하며 개경이면 상공, 지방이면 향공, 외국인이 대상이면 빈공이라고 합니다. 향공의 숫자는 지방 수령들인 계수관이 제한했기 때문에 계수관시라고도 합니다. 여기서 합격하면 2차 시험인 국자감시(사마시)를 칠 수 있습니다.

향시 합격자 외에도 3년 동안 300일 이상 근무한 현직관리와 12공도생도 응시할 수 있습니다. 사마진사과로도 부르는데, 여기서 합격하면 진사라고 불렀습니다.

국자감시를 합격하면 3차 시험이자 마지막 시험인 예부시(동당시)를 볼 수 있습니다. 여기서 합격해야 관리가 됩니다. 총 3단계로 치게 됩니다.

초장에 경서를 시험을 봐서 통과하면 중장에 시와 부를 시험 보고, 중장을 통과해야 대책을 시험보는 종장을 시험칠 수 있습니다. 종장까지 합격하여야 예부시에 합격한 것이 됩니다. 합격자 수는 33명입니다. 이를 3장 연권법이라 합니다. 이렇게 예부시를 통과한 사람을 대상으로 국왕 앞에서 시험을 치르게 되는데 이를 복시라 합니다. 복시는 급제생들의 순위를 매기는 것이지 합격, 불합격을 나누는 것은 아닙니다. 또한 항상 있었던 것도 아닙니다.

고려에서 과거를 관장하는 최고 시험관은 지공거(知貢擧), 부시험관은 동지공거(同知貢擧)라고 하고 이들을 합쳐 좌주(座主)라고 했습니다. 좌주는 과거의 당락에 절대적인 힘을 발휘하였습니다. 과거에서 급제한 사람들은 문생(門生)이라 하는데 좌주와 문생은 부자(父子) 관계에 비유될 만큼 끈끈한 유대 관계를 맺습니다.

음서제는 성종 대에 삼한공신의 자손들을 후대하라는 최승로의 시무 28조의 건의를 시작으로, 당나라와 송나라의 음보제(蔭補制)를 들여온 것으로 5품 이상 관료의 아들, 손자, 외손자, 사위에게 관직을 주는 것입니다. 단 음서만으로는 고관대작이 되기 어려웠고, 다시 과거를 쳐서 등과하는 경우가 많았습니다. 더불어 과거제나 음서제로도 관직을 얻지 못하는 고관대작의 자식들은 대가제도를 통해 5품 이하의 관직을 얻을 수 있었습니다.

❖ 관촉사 석조미륵보살입상 ❖

광종은 논산에 관촉사를 창건하고 거대한 석조미륵보살입상을 조성합니다. 관촉사가 있는 곳의 옛 지명이 은진면이었기 때문에 은진미륵이라고도 불립니다. 970년(광종 21년)에 조성을 시작하여 1006년(목종 9년)에 완공합니다.

광종의 대대적인 숙청 작업이 968년(광종 19년)경에는 한계에 다다랐습니다. 그 때문에 광종은 자신이 아직도 호족을 압도할 힘이 있다는 것을 과시할 목적으로 우리나라에서 가장 큰 불상을 조성한 것입니다. (20세기에는 더 큰 불상도 만들어집니다.)

은진미륵은 통일신라시대의 불상과 달리 못생겼습니다. 은진미륵의 얼굴과 손은 매우 크고 이목구비도 무척 과장되어 있습니다. 부처님의 자비로움보다는 위엄과 권위를 나타내고 있습니다. 아마도 부처님에 빗대어 광종 자신의 위엄과 권위를 표현한 것이겠지요. 머리에 두 겹의 네모난 모자 형태인 이중방형(二重方形)의 보개(寶蓋)를 쓰고 있는데 이는 비나 눈으로부터 불상을 보호하기 위함입니다.

교종이 중심이었던 통일신라는 정교하고 이상적인 불상을 만들었지만, 겉모습보다 마음을 강조하는 선종이 중심인 고려에서는 정교한 형태의 불상을 선호하지 않았습니다. 하지만 필자는 오히려 은진미륵의 개성적인 모습 또한 상당히 마음에 듭니다.

고려시대에는 자연 암벽에 신체를 선으로 새기고 머리는 따로 올려놓는 형식의 불상이 많이 만들어졌습니다. 대표적인 불상으로는 안동 이천동 마애여래입상이 있습니다.

관촉사 석조미륵보살입상

안동 이천동 마애여래입상

고려 경종 즉위　965년

'경景', 布義行剛(포의행강), 의로움을 펴고 굳게 행동한 사람에게 주는 묘호입니다. 경종이 즉위할 때 사회 분위기는 아버지인 광종의 호족 숙청 작업으로 불안과 공포가 지배하는 사회였습니다. 그래서 경종은 호족과의 화합, 사회 분위기 안정을 우선 과제로 삼았습니다. 호족 출신의 왕선을 집정(재상)으로 채용하고, 백성 중 효자를 찾아 표창하므로 효도를 강조합니다.

하지만 975년 왕선이 건의한 복수법을 통과시키면서 또다시 피바람이 불게 됩니다. 복수법은 원한을 가진 상대에게 무제한의 복수를 허용한 법입니다. 이 때문에 사소한 일에도 상대를 살해하는 일이 흔히 일어나게 됩니다. 급기야 왕선이 태조 왕건의 아들이자 경종의 삼촌들인 천안부원군(효성태자)과 원녕태자를 살해하는 사건이 발생합니다. 경종은 왕선을 파직시켜 귀양보냈으며 복수법을 통해 살인을 저지른 자들을 모조리 처벌하고 복수법을 없애버립니다.

정치에 환멸을 느낀 것인지 말년에는 정사를 팽개치고 주색과 바둑에만 몰두하다가 병이 듭니다. 이미 살 가망성이 없다는 것을 느낀 경종은 981년 7월에 명망이 높던 사촌 동생 왕치를 후계자로 세우고 26세에 사망합니다.

⊹ 전시과 시행 976년 ⊹

고려의 기본적인 토지제도는 전시과입니다. 관리는 전시과(田柴科) 제도에 따라 수조권(농민에게 세금을 거둘 권리)이 있는 토지를 주었고, 거기에 더해 쌀, 베 등의 현물을 녹봉으로 주었습니다. 전(田)은 곡식을 거둘 수 있는 땅을 의미하고, 시(柴)는 땔나무를 얻을 수 있는 땅을 의미합니다. 세금은 십일조(什一租), 그러니까 생산량의 1/10만 걷었습니다. 전시과는 관리가 사망하면 반납해야 합니다.

940년(태조 23년) 왕건은 후삼국을 통일하고 고려를 세우는데 힘쓴 공신들에게 토지를 나눠줍니다. 공신의 역할(役割)에 따라 나누어(分) 준다고 해서 역분전(役分田)이라 합니다.

전시과 제도는 976년(경종 1년)에 시정전시과(始定田柴科)라는 이름으로 시작됩니다. 관직의 높낮이에 인품을 추가해 18등급으로 구분하여 토지를 지급합니다. 전, 현직이 모두 받았습니다.

998년(목종 1년)에는 인품을 제외하고 관직을 중심으로 18등급으로 구분하여 토지를 지급하는 개정전시과(改定田柴科)가 시행됩니다. 전, 현직이 모두 받았습니다.

1076년(문종 30년)에는 중앙직이 아닌 향직(鄕職) 들에 대해서도 전시를 지급하는 경정전시과(更定田柴科)가 시행됩니다. 현직만 받을 수 있도록 지급 대상이 줄었습니다. 지급 대상이 줄어드는 이유는 지급할 토지가 줄어들었기 때문입니다. 1024년(현종 15년)에는 양반과 군인의 유가족에게 세습이 가능한 구분전(口分田)을 지급합니다. 1049년(문종 3년)에는 5품 이상의 관리에게 세습이 가능한 공음전을 주었습니다.

전시과 제도는 무신정권과 몽골의 침입을 거치면서 권문세족들이 국가와 백성들의 토지를 빼앗아 대농장을 만들면서 유명무실해집니다. 몽골의 침략이 끝나고 개경으로 환도한 원종 대에는 경기도 지역을 대상으로 관리에게 녹봉은 지급하지 않고 토지에 대한 수조권만을 주는 녹과전을 실시합니다. 오랜 전란으로 창고가 텅 비어 녹봉을 줄 수 없었기 때문입니다. 이 제도는 공양왕 대에 경기도 지역을 대상으로 전, 현직 관리에게 토지에 대한 수조권만을 주는 과전법으로 연결됩니다.

과전법은 공양왕이 만든 것은 아니고 이성계 세력이었던 조준이 만든 것으로 권문세족의 경제적 기반을 무너뜨렸습니다. 신진사대부들은 권문세족의 대농장을 몰수하여 과전법을 시행했습니다. 물론 생산량의 절반을 떼어가던 세가 십일조로 돌아감으로써 백성들의 고통은 줄어듭니다.

고려 성종 즉위   981년

국가 체제와 문물, 제도를 완성完成시킨 왕에게 '성成'이라는 묘호를 줍니다. 성종은 광종에 의해 마련된 호족 세력의 약화와 왕권의 안정을 배경으로 중앙 집권 체제를 강화합니다.

982년 최승로는 시무 28조를 올려 유교에 입각한 정치를 제시합니다. 성종은 최승로를 기용해 989년 늙어 죽을 때까지 부려 먹고 당나라의 3성 6부제를 변형한 2성 6부제로 중앙 관제를 정비합니다.

왕의 생일을 축하하는 절일節日, 상제上帝와 5방제五方帝에게 제사를 올리는 '환구'와 제단인 '환구단', 태묘(종묘)와 사직이 성종 대에 처음으로 우리나라에 도입됩니다. 또한 개경에 국자감을 설치하였으며, 중요한 지방에는 향교를 설치합니다. 그리고 훈요십조에도 나오는 팔관회와 연등회를 낭비가 심하고 폐단이 많다 하여 즉위 직후 바로 폐지합니다.

995년(성종 14년)에는 지방제도를 개편하여 호족들이 다스리던 지역에 지방관을 파견합니다. 전국을 10도道로 나누고 10도 아래에 대도시를 선정해 12목牧을 두고 지방군을 지휘하는 절도사를 파견합니다.

성종은 정치 개혁뿐 아니라 경제 발전과 사회 안정을 위한 여러 가지 개혁을 합니다. 태조 왕건 대에 춘궁기에 농민에게 곡식을 빌려주고 추수 후에 이를 회수하는 흑창黑倉이라는 제도가 있었습니다. 성종은 986년에 흑창의 곡식을 1만 석 더 보충하여 이를 의창義倉이라 하고 여러 지방으로 확산 설치합니다.

993년에는 상평창常平倉을 설치합니다. 상평창은 풍년이 들면 국가에서 곡물을 사들여 곡물 가격을 올리고 흉년에는 곡물을 풀어 곡물 가격을 떨어뜨리는 방식으로 물가를 조절하던 기관입니다. 더불어 996년에는 우리나라 최초의 화폐이자 주화인 건원중보乾元重寶를 만들고, 이듬해 유통합니다.

하지만 성종의 개혁은 거란이 침입하면서 실패합니다. 거란의 침략으로 지방군이 무너지면서 성종은 지방세력에게 도움을 요청했고, 지방세력은 개혁을 포기하는 대가로 도움을 줍니다. 결국 팔관회와 연등회가 복구되고, 지방관이 다스리는 주현과 지방 세력이 다스리는 속현이라는 이중 체제가 고려가 망할 때까지 유지됩니다.

건원중보(乾元重寶)

✦ 고려의 행정 제도 ✦

3성 6부제(三省六部制)란 당나라의 중앙통치조직으로 중서성(기밀사항, 정책발의), 문하성(왕명출납, 정책심의, 행정승인), 상서성(정책·행정집행)의 3성(省)과 상서성 아래 이부(인사), 호부(재정), 예부(조공 및 교육), 병부(군사), 형부(형벌), 공부(토목)로 이루어진 체제입니다.

우리 역사에서는 발해가 이를 채용하여 독자적으로 변형해 사용했고, 고려는 2성 6부제로 변형해 사용합니다.

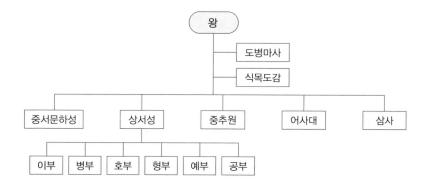

중서문하성은 국가의 정책을 논의하여 결정하였고, 장관인 문하시중이 국정을 총괄합니다. 중서문하성과 중추원의 고위 관료들은 도병마사에서 국방과 군사 문제를 논의하였고, 식목도감에서 제도와 시행 규칙을 제정했습니다.

고려의 지방 제도는 성종 대에 정비됩니다. 고려 초 아직 지방 제도가 정비되지 않았을 때는 군사적 요충지에 도호부를 설치했습니다. 성종 대에 안북 대도호부와 함께 안동·안서·안남·안북·안변의 5도호부 체제로 정비가 되고, 지방은 10도 12목으로 정비됩니다. 현종 대에는 5도 양계로 재편됩니다.

일반 행정 구역인 5도에는 안찰사를 파견하였고, 국경 지역인 양계에는 병마사를 파견했습니다. 5도와 양계의 아래에는 주·군·현을 두었습니다. 현은 지방관이 파견된 주현과 지방관이 파견되지 않은 속현으로 구분됩니다. 군주현의 지방관은 주변의 속현까지 관할하였고, 행정 실무

는 각 고을의 향리가 담당했습니다.

수도 개경과 주변 지역은 경기라 하였고, 개경, 서경, 동경(뒤에 남경)을 3경이라 합니다. 이 밖에 향·부곡·소라는 특수 행정 구역도 있었습니다, 후삼국 시대 왕건에게 저항한 호족 휘하의 주민들, 전쟁 포로, 범죄인, 노비, 천민 등 신분이 낮은 사람들이 모여 살던 촌락 집단입니다. 군, 현 지역의 주민에 비해 더 많은 세금을 부담했고 차별 대우를 받았습니다. 향·부곡의 주민은 주로 농업, 소의 주민은 주로 수공업에 종사하였습니다.

고려의 군사 제도

고려의 군사 제도는 중앙군과 지방군으로 구성됩니다.

정종 대에 광군을 편성하지만 광종 대에 흐지부지되었고 성종 대에 지방에 12주목 절도사 군단을 만들어 호족 사병들을 통솔합니다. 그 후 행정구역이 개편되면서 지방군은 5도의 군사 방어와 치안을 담당하는 주현군과 양계에 주둔하며 국경 경비를 담당한 주진군으로 이루어집니다.

성종은 6위 체제의 중앙군을 구상하는데 다음 왕인 목종 대에 6위 체제가 운용되고, 다음 왕인 현종 대에는 2군이 완성되어 2군 6위의 중앙군 체제가 완성됩니다. 2군은 궁궐과 왕실을 지키며, 6위는 개경과 국경 지방을 방어합니다.

고려의 학교

우리나라 최초의 공식적인 국립 고등 유학(儒學) 교육 기관은 고구려의 소수림왕이 372년(소수림왕 2년)에 세운 태학입니다. 남북조시대인 682년(신문왕 2년) 신라는 국학을 세웁니다. 같은 시기에 발해에는 주자감이 있었습니다. 그리고 고려시대에 국자감이 세워집니다. 국자감은 이름이 자주 바뀌었습니다.

992년 국자감(성종) → 1275년 국학(예종) → 1298년 성균감(충렬왕) →
1308년 성균관(충선왕) → 1356년 국자감(공민왕) → 1362년 성균관(공민왕)

조선의 성균관은 고려의 성균관을 계승했습니다. 순서대로 암기하시기 바랍니다.

고구려 - 태학, 신라 - 국학, 발해 - 주자감, 고려 - 국자감, 조선 - 성균관

한편 고려시대 국립 중등 유학 교육기관으로는 향교(鄕校)가 있습니다. 987년(성종 6년) 경학박사(經學博士)·의학박사(醫學博士)를 지방에 각 1명씩 보내어 교육을 담당하게 했고, 992년(성종 11년) 지방 주·군에 학교(州學)를 세웠습니다.

유교가 국시가 된 조선시대에는 향교가 더욱 확대되어 전국 각 고을에 하나씩 세워집니다.

고려의 문화

고려는 송과 교류하면서 송의 제도를 참고하여 제도를 정비하고, 사신, 학자 등을 보내 청자 제작이나 대장경 간행, 음악 등의 문물을 받아들였습니다. 한편, 송은 고려와의 관계를 통해 거란, 여진 등 주변 민족을 견제하려 합니다.

고려는 중국의 글씨를 수용하여 발전시켰습니다. 고려 초기에는 구양순체, 중기에는 왕희지체가 유행했습니다. 이규보는 《동국이상국집》에서 신라·고려 시대의 글씨가 뛰어난 네 사람을 선정해 신품사현이라고 불렀습니다. 신품사현은 신라의 김생, 고려의 유신·탄연·최우입니다. 후

기에는 송설체(조맹부체)가 유행하였습니다. 송설체는 조선시대까지 유행을 이어 나갑니다.

고려는 송으로부터 아악(雅樂)을 도입합니다. 아악이란 궁중에서 사용하는 음악입니다. 1116년(예종 11년)에 송나라의 휘종이 고려의 예종에게 대성아악(大晟雅樂)과 편종(編鐘)·편경(編磬)·축(祝)·어(敔) 같은 악기를 보내면서 우리 역사에서 아악이 시작됩니다.

아악은 신라시대 들어온 당악(당나라 음악), 우리 고유의 음악인 향악(속악)과 함께 고려 시대 음악의 주요 갈래가 됩니다.

한편 민간에서도 시가(詩歌)가 창작되어 불리었는데 이를 고려가요(高麗歌謠)라고 합니다. 3/3/2, 4/4/4, 3/3/4 등의 3음보 운율을 가지고 있으며 여러 절로 나누어진 분절체이며, 후렴구가 있는 것이 특징입니다. 내용은 남녀 간의 사랑, 이별, 자연에 대한 예찬 등입니다. 고려가요는 민간에서뿐 아니라 궁중에서도 연주되었고, 조선시대 성종~중종 대에도 연주되었다는 기록이 있습니다.

　　가시리
　　- 작자미상-
　　가시리 가시리잇고 나는
　　부리고 가시리잇고 나는
　　위 증즐가 大平盛代(대평성딕)

　　날러는 엇디 살라 ᄒ고
　　부리고 가시리잇고 나는
　　위 증즐가 大平盛代(대평성딕)

　　잡ᄉ와 두어리마ᄂᆞᆫ
　　선ᄒ면 아니 올셰라
　　위 증즐가 大平盛代(대평성딕)

　　셜온 님 보내ᄋᆞᆸ노니 나는
　　가시ᄂᆞᆫ 듯 도셔 오쇼셔 나는
　　위 증즐가 大平盛代(대평성딕)

✧ 고려의 문물 ✧

고려시대를 대표하는 문물로는 나전칠기, 은입사기법 청동기, 청자, 화문석 등이 있습니다.

나전칠기(螺鈿漆器)는 특정한 조개류의 껍질을 잘라 모양을 내어 붙이고 옻칠한 기물을 가리킵니다. 서양에는 나전칠기가 일본을 통해 알려졌기 때문에 영어로는 Japan이라고 합니다. (도자기는 중국을 통해 알려졌기 때문에 china라고 합니다.)

입사기법은 금속의 표면을 장식하는 기법을 말합니다. 삼국시대에는 금속 표면에 홈을 파고 선을 집어넣었지만 고려에서는 금속 표면을 긁어내고 은을 펴 넣는 은입사기법을 발전시킵니다.

나전칠기(螺鈿漆器)

청동 은입사 물가 풍경 무늬 정병

우리나라에서 청자는 통일신라 후기인 9세기에 처음 시작되었습니다. 장보고는 당나라와 교류하면서 당나라의 도자기를 수입하다가, 나중에는 전라남도 강진군, 전라북도 부안군 지역 등의 가마터에서 청자의 초기 형태인 해무리굽청자 등을 자체 제작하기 시작합니다. 10세기경에는 중국 오대 월주요 청자의 영향을 받아 본격적으로 청자가 만들어집니다. 12세기 무렵에는 독자적인 특징을 가진 청자로 발전하여 국제적으로 최고급품 취급을 받았습니다.

고려청자의 특징은 비색(翡色)과 상감(象嵌) 기법입니다. 비색은 유약층 안에 들어있는 수많은 기포가 유리질 속에서 빛이 산란되어 푸르게 보이는 것입니다. 상감기법은 도자기의 표면에

상감청자

음각으로 무늬를 새기고 다양한 색의 흙을 채워 무늬의 색이 달라지게 나타내는 기법입니다. 나전 기법과 은입사기법이 상감기법의 기원입니다.

하지만 고려말 왜구의 침략으로 해안가의 가마터들이 파괴되면서 청자는 급속히 쇠퇴합니다. 조선시대가 되면서 분청사기가 유행하였고 곧 백자가 주류가 됩니다. 조선 후기가 되면서 청자를 만드는 기술이 사라집니다. 그 때문에 최근까지도 청자의 비색을 재현하지 못했지만 계속되는 연구 끝에 드디어 재현해 낼 수 있게 되었습니다.

화문석(花紋席)은 왕골을 이용하여 꽃무늬(화문, 花紋) 등을 수놓은 돗자리(席)입니다. 그냥 꽃무늬 돗자리라고 하면 될 것을 왜 이렇게 어려운 말을 쓰는지 모르겠습니다.

화문석

읽을거리

벽란도(碧瀾渡)는 개경에서 가까운 예성강 하류에 있던 국제 무역항입니다. 벽란도를 통하여 송, 요, 금, 일본은 물론이고 멀리 베트남, 태국, 아라비아 상인과도 교류하였습니다. 아라비아 상인들은 '고려'를 '쿠리야(كوريا)'라고 발음했는데 이 이름이 서양에 전해져 '코리아'가 된 것 같습니다.

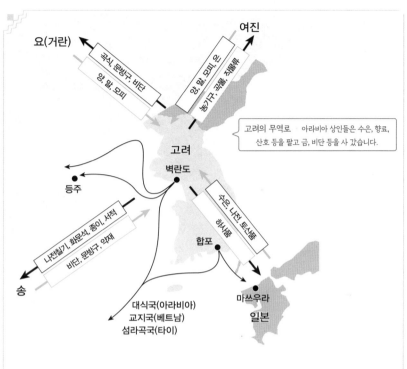

여진

요(거란)

곡식, 문방구, 비단

양, 말, 모피

농기구, 은

양, 말, 곡물, 직물류

고려의 무역로 아라비아 상인들은 수은, 향료,
산호 등을 팔고 금, 비단 등을 사 갔습니다.

고려
벽란도

등주

나전칠기, 화문석, 종이, 서적

비단, 문방구, 약재

송

수은, 나전, 도자기

화사품

합포

대식국(아라비아)
교지국(베트남)
섬라곡국(타이)

마쓰우라
일본

주요 무역국은 송입니다. 송으로부터 비단, 서적, 약재 등 수입했고, 나전칠기, 화
문석, 종이, 인삼 등을 수출하였습니다.

13장

거란의
침입이
시작되다

우리 역사		세계사
	993년	
거란 2차 침입	1010년	
거란 3차 침입	1018년	
	1040년	셀주크 제국 건설
문종 즉위	1046년	
	1077년	카노사의 굴욕
초조대장경 제작	1087년	
	1095년	십자군 전쟁

위에서부터 요, 서하, 송

907년 건국한 요나라는 발해를 무너트리며 세력을 급속히 확장하더니 송나라와 고려까지 공격합니다. 고려는 요나라의 침략을 막았지만, 송나라에는 굴복하고 맙니다. 송나라는 서하에게마저 패배하며 요와 서하에게 매년 공물을 바치게 됩니다.

돌궐족(튀르크족)은 중동 지방까지 진출하여 셀주크 제국을 건설합니다. 아나톨리아 반도(현재의 튀르키예 영토)는 이때부터 튀르크족의 거주지가 됩니다.

유럽에서는 교황 그레고리오 7세와 황제 하인리히 4세가 충돌하여 황제가 교황에게 파문을 취소해달라고 눈밭에서 맨발로 싹싹 비는 카노사의 굴욕과 교황이 황제에게 공격당해 산탄젤로성에 유폐되는 로마 함락 사건이 일어납니다.

그리고 1095년 십자군 전쟁이 시작됩니다.

요나라는 986년 정안국을 멸망시키고는 만주 전체를 장악합니다. 993년 10월 요나라의 소손녕은 80만 대군을 이끌고 고려를 침공합니다. (사실은 많아야 10만입니다.) 소손녕은 봉산(청천강 근처로 추정)에서 고려군을 무너뜨리고는 봉산을 점령합니다. 그리고 고려 조정에 빨리 항복하라고 윽박지릅니다.

사실 요나라는 본격적으로 침략한 것이 아닙니다. 당시 요나라는 송나라와 연운 16주를 사이에 두고 싸우고 있었는데, 혹시 고려가 뒤통수를 칠까 봐 고려를 떠보려는 수작이었습니다. 그 때문에 줄기차게 회담을 요구합니다. 이를 간파한 서희는 단신으로 요나라 진영에 가서 소손녕과 담판을 벌입니다.

서희의 담판은 외교의 정석이라 할 수 있습니다. 외교관이 되려는 분이라면 다음에 나올 세 가지 담판의 기술을 꼭 기억하시기를 바랍니다. 서희와 소손녕은 처음부터 기 싸움을 벌입니다. 소손녕이 서희에게 뜰에서 큰절하라고 하자, 서희는 네가 무슨 요나라 황제냐? 같은 신하끼리 맞절하는 것이 정상 아니냐며 따집니다. 소손녕이 계속 고집을 부리자 서희는 담판 안 한다며 숙소로 돌아가 버립니다. 결국 서로 맞절하고 마주 앉아 협상합니다.

첫째 기술, 담판의 초반에 기 싸움에서 승리해야 합니다.

소손녕은 요나라가 고려(고구려는 장수왕 대에 고려로 국호를 바꿉니다.)를 계승하였으니 고구려 땅은 자신들의 땅이고 고려가 이 땅을 빼앗았다고 주장합니다. 그러자 서희가 말합니다. "우리나라가 고려를 이었다. 그래서 국호도 고려라고 하고 고려의 수도 평양도 우리 땅에 있다. 오히려 너희들이 우리 땅에 허락도 없이 살고있는 것이다."

국가의 정통성을 따지는 논리적인 주장에 소손녕은 말을 잊지 못합니다.

둘째 기술, 담판할 때는 반드시 명분을 세워야 합니다.

서희는 계속해서 말합니다. "우리가 너희들이랑 친교를 맺으려고 해도 여진족들이 가로막아 못하는 것이다. 너희들이 여진을 쫓아내고 우리의 옛 땅을 되돌려주면 얼마든지 친교 할 것이다." 소손녕은 서희의 말에 고려가 요의 뒤통수를 치지는 않을 것으로 판단합니다. 소손녕은 서희와 간화를 하고 물러갔고 고려는 지금의 평안북도 서쪽 일대인 강동 6주(압록강 동쪽 여섯 주인 용주, 홍화진, 귀주, 철주, 통주, 곽주)를 얻게 됩니다.

셋째 기술, 실리로 설득하며 줄 것을 주고, 받을 것을 받아야 합니다.

서희가 담판으로 얻은 강동 6주는 매우 중요한 수확입니다. 사실 강동 6주는 발해가 멸망한 후 여진족이 살고 있는 땅이었습니다. 고려도 요도 지배를 하지 못하는 상태였습니다. 그 때문에 요는 고려가 강동 6주를 공격해 점령하더라도 이것을 인정하겠다는 의미로 강동 6주를 할양한다고 한 것입니다. 하지만 고려는 강동 6주를 평정하여 고려의 영토를 넓혔을 뿐 아니라, 이곳에 방어 시

설까지 갖추어 거란을 방어합니다. 거란군은 멸망 전까지 단 한 번도 이 강동 6주의 요새 지대를 함락시키지 못합니다.

서희는 담판 이후 강동 6주를 요새화하느라 너무 힘을 쓴 나머지 996년 (성종 15년)부터 자리에 눕게 되었고 998년 57세로 사망합니다.

거란의 2차 침입　1010년

고려의 5대 왕인 경종은 27살에 사망하고, 경종의 부인 중 한 명인 헌 애왕후는 과부가 됩니다. 헌애왕후는 자신의 거처인 천추전千秋殿에서 김치양이라는 남자와 불륜을 저지릅니다. 이 소문을 들은 고려의 6대 왕 이자 헌애왕후의 오빠였던 성종은 김치양에게 곤장을 친 후, 유배를 보 냅니다.

997년에 성종이 사망하고 헌애왕후의 아들이 고려의 7대 왕 목종으로 즉위합니다. 헌애왕후는 목종이 이미 18살이 되었음에도 천추전에 거처 하며 섭정을 합니다. 그래서 천추태후千秋太后라 불리게 됩니다. 천추태 후는 김치양을 불러 국정을 맡깁니다. 김치양은 국정을 전횡하고 천추태 후와 놀아나더니 그녀와의 사이에서 자식까지 낳게 됩니다. 김치양과 천 추태후는 자신들의 자식에게 왕의 자리를 잇게 하려고 왕위 계승권자 1 순위인 대량원군 왕순을 강제로 승려로 만들고는 여러 차례 죽이려고 시 도합니다.

이때까지도 잠잠히 있던 목종은 사태의 심각성을 느꼈는지 자신이 신뢰하던 서북면 도순검사 강조를 개경으로 불러들여 김치양을 제거하고, 대량원군을 확실히 자신의 후계자로 삼으려고 합니다. 그런데 강조는 김치양과 천추태후를 제거했을 뿐 아니라 목종도 국정문란의 책임이 있다며 폐위시킵니다. 그리고 대량원군을 불러와 즉위시키니 이가 현종입니다.

김치양은 처형당하고 목종은 천추태후와 함께 쫓겨납니다. 강조는 목종을 죽이라는 명령을 내렸고 목종은 살해당합니다. 한편 천추태후는 황주(현 황해북도 황주군)로 돌아가 21년간 살다가 66살로 사망합니다.

강조의 정변은 고려를 공격할 빌미를 찾던 요나라에는 절호의 기회였습니다. 1010년 요 성종은 40만 대군을 직접 이끌고 고려를 침략합니다. 실제로 군대를 지휘한 사람은 대송전쟁에서 혁혁한 전공을 세운 소배압입니다. 하지만 거란군은 요새화된 강동 6주를 뚫지 못해 고전을 면치 못합니다. 특히 흥화진은 서북면 도순검사 양규, 진사 정성 등이 이끄는 3000명의 방어군의 거센 저항으로 끝내 함락시키지 못합니다. 요 성종은 전술을 바꾸어 군을 절반으로 나누어 20만은 수비를 위해 남기고 나머지 20만을 이끌고 남진합니다.

강조는 직접 고려군을 이끌고 통주(현재 평안북도 동림군 고군영리)에서 거란군과 맞붙습니다. 초전에서 강조는 거란군을 격퇴합니다. 강조는 잔뜩 자만하여 알까기를 하며 놀다가 거란군의 기습을 당해 사망하고 고려군도 크게 패배합니다. 거란군은 별 저항 없이 서경으로 행군합니다. 이 소식을 들은 현종은 동북면 도순변사 탁사정과 함흥의 중랑장 지채문을 서경으로 급파합니다. 그리고 시간을 끌기 위해 항복 문서를 요 성종에게 전달합니다.

　한편 서경은 혼란의 도가니였습니다. 서경유수 원종석은 항복을 결심하고 요 성종에게 항복사절을 보냅니다. 지채문이 도착했을 때 이미 성문은 굳게 닫혀있었고, 항복 사절이 떠난 뒤였습니다. 지채문은 항복 사절을 추격해 죽이고 항복 문서는 불태워버립니다.

　요 성종은 현종의 항복 문서를 믿고 서경을 접수하기 위해 선발대를 먼저 보냅니다. 그런데 바로 전날 탁사정이 동북면군을 이끌고 서경에 도착해 먼저 와있던 지채문에게 그간의 사정을 듣습니다. 탁사정은 서경으로 들어가 원종석을 죽이고 요의 선발대를 급습해 궤멸시킵니다. 요 성종은 크게 분노하여 서경 총공격을 명령합니다.

　거란군이 총공격하자 탁사정은 대도수에게 동문으로 공격하도록 지시하고 자신은 서문으로 나갑니다. 그런데 탁사정은 서문을 나오자마자 남쪽으로 도망을 칩니다. 배신당한 대도수는 처절하게 싸웠지만 결국 패배하고 거란에 항복합니다.

그러나 성 안에 남아있던 중간급 간부 통군 녹사 조원과 애수진장 강민첨의 활약으로 서경은 끝내 함락되지 않았습니다. 초조해진 거란군은 왕을 잡고 전

거란

여진

흥화진

통주
용주
곽주

숙주
서경
황주
평주

고려

◎ 개경

양규의 격전지

거란의 2차 침입

현종, 나주로 피난

쟁을 끝내기 위해 서둘러 개경으로 남
하합니다.

강감찬은 결사 항전을 주장하며 현
종에게 남쪽으로 몽진蒙塵(먼지를 뒤
집어쓴다는 뜻으로 왕이 난리를 피하
여 안전한 곳으로 떠나는 것)을 주장
합니다. 그런데 피난 도중 지채문 등
신하들과 금군 50여 명을 제외하고는
전부 달아나 버립니다. 고려는 호족 세력이 강한 나라입니다. 그 때문에
지방으로 몽진길에 고려 현종은 조선 선조보다도 더 심한 굴욕을 당했습
니다. 심지어 호족의 사병들이 밤중에 왕을 공격하는 일까지 있었습니
다. 어떤 때는 임신한 왕비를 놔두고 혼자 도망친 적도 있습니다. 지채
문의 활약과 나중에 20여 명의 군사를 데리고 합류한 하공진이 아니었
으면 벌써 죽었을 것입니다.

거란군이 개경에 들어왔을 때 한숨을 쉬었을 것입니다. 왕이 달아나 버
렸으니 다시 추격해야합니다. 개경을 약탈하고 방화를 하며 분풀이를 한
후 다시 추격을 시작한 거란군이 양주(현 경기도 양주)에 이르렀을 때 하
공진이 거란군 진영에 나타납니다. 하공진은 국왕의 사절로 요성종을 만
나 '현종이 이미 멀리 달아나 잡을 수 없을 것'이라고 속입니다. (사실, 이
때 거란 선봉과 현종 일행의 거리는 불과 십수 리였습니다.)

너무나 적진 깊숙이 들어와 보급선이 끊어질 위험에 처한 요 성종은 고
려 왕의 친조(직접 황제를 알현함)를 조건으로 하공진을 인질로 잡아 퇴각
합니다. 그 사이 현종은 더 멀리 남쪽으로 도망칠 수 있었습니다.

한편, 현종이 도망치는 사이 양규는 흥화진에서 700명의 병력을 데리고 나와 통주에서 패잔병 1000명을 추가합니다. 1700명의 병력으로 거란군 6000명이 방어하던 곽주성을 공격하여 탈환하고 거란군의 보급로를 차단합니다. 양규는 여기서 그치지 않고 김숙흥과 함께 흥화진과 통주성을 바탕으로 거란의 후방을 거침없이 공략합니다. 수 만의 거란군을 사살하고 수만 명의 고려인 포로를 구출합니다. 양규와 김숙흥 부대는 마침 회군 중인 거란 성종의 주력 부대와 마주칩니다. 양규와 김숙흥 부대는 구출한 포로들이 도망칠 시간을 벌어주기 위해 용감히 싸우다가 전멸합니다. 거란군 또한 큰 손실을 보게 됩니다. 남은 거란군은 압록강을 건너다가 흥화진사 정성의 고려군이 후위를 급습하는 바람에 막대한 피해를 보게 됩니다.

거란군이 철수한 이후 고려에서는 사신을 파견하여 양국 간의 화평 유지에 노력합니다. 하지만 끝내 친조하지는 않았습니다. 요나라에는 말 그대로 상처뿐인 영광으로 끝난 전쟁입니다. 그 후 요나라에 볼모로 잡혀 간 하공진은 요성종에게 신임을 받지만 고려로 탈출하려다가 실패하여 붙잡히게 됩니다. 하공진의 능력을 아낀 요 성종은 국문鞠問하면서 자신의 신하가 될 것을 요청합니다. 하지만 하공진은 단호히 거절하였을 뿐만 아니라, 심한 말로 모욕합니다. 격분한 요 성종은 하공진을 살해한 뒤 간을 꺼내어 씹어먹었다고 합니다.

6월 6일은 현충일입니다. 6월 25일이 한국전쟁 개시일이기 때문에 현충일이 생겼다고 생각하시는 분들이 많이 있습니다. 물론 그것도 이유 중 하나이지만, 고려 때부터 24절기의 하나인 '망종'에 전사한 장병들에게 제사를 지냈던 전통을 고려한 것이기도 합니다. 실제로도 1014년(고려 현종 5년) 6월에 거란과의 전쟁에서 전사한 장병들의 유골을 집으로 보내 제사를 지내게 했다는 기록이 있습니다.

현종 이전의 왕들은 전쟁이 터지면 용감하게 최전선에 나가서 싸웠습니다. 삼국 시대 역사만 봐도 싸우다 죽은 왕이 수두룩합니다. 백제 개로왕을 예로 들겠습니다. 개로왕하면 바둑 두다 망한 왕 또는 남의 마누라(도미의 처)나 건드리는 폭군 정도로만 아실 것입니다. 하지만 개로왕은 장수왕의 공격으로 도성이 함락될 위기에 처하자, 당시의 태자 문주를 불러 다음과 같이 말합니다. "나는 당연히 나라를 위하여 죽어야 하지만 네가 여기에서 함께 죽는 것은 유익한 것이 없으니, 난리를 피하였다가 왕위를 잇도록 해라."

결국 문주는 구원병을 구하기 위해 도망쳤고, 개로왕은 죽습니다. 개로왕이 실정을 많이 했지만 적어도 백성을 버리고 도망치지는 않았습니다. 이것만으로도 왕의 자격이 있다고 필자는 생각합니다.

현종은 우리나라 역사상 아마 처음으로 몽진한 왕일 것입니다. 물론 전략상 후퇴입니다. 프랑스의 드골의 경우가 그렇습니다. 나치의 공세에 패배했지만, 망명정부를 이끌면서 기어이 프랑스를 탈환합니다. 그가 했던 말은 참 가슴을 찡하게 합니다.

La France a perdu une bataille, mais la France n'a pas perdu la guerre
(프랑스는 전투에서 졌습니다. 하지만 프랑스는 전쟁에서 지진 않았습니다.)

현종은 거란의 3차 침입에서 개경을 버리지 않고 끝까지 남아 지킵니다. 이로써 거란의 2차 침입 때 몽진은 전략적 후퇴였다는 것을 증명합니다. 그런데 그 이후로는 전략상의 후퇴가 아니라 그냥 도망치는 왕들이 나옵니다.

무신의 난 이후 몽고군이 침략하자 제일 먼저 보따리를 싸서 강화도로 도망갑니다. 이것들이 한 일이라고는 침략이 잠잠해지면 육지로 나와 세금 걷어간 것이 전부입니다. 공민왕도 홍건적의 침략에 도망가고 선조도 임진왜란 때 도망가며 인조도 병자호란 때 도망갑니다.

거란의 3차 침입 - 귀주대첩   1018년

강감찬은 983년(성종 2년) 문과에 장원으로 급제하며 36세의 나이로 벼슬살이를 시작합니다. 이후 별다른 기록이 없다가 거란의 2차 침략 때 항복을 반대하고, 홀로 몽진을 주장해 이를 관철하면서 다시 등장합니다. 이후 현종과 강감찬은 철저히 거란의 침략을 대비합니다.

요나라는 2차 침입 때 약속한 대로 송과의 관계를 끊고 요나라에 입조하라고 요구하지만 고려는 계속 무시합니다. 요나라는 고려와의 국경에서 국지전을 일으키며 고려의 신경을 긁지만 오히려 고려가 반격하여 격퇴하는 상황이 반복되면서, 요나라에 복속해 있던 여진족들이 고려에 빌붙기 위해 줄줄이 조공 사절을 보내는 상황에 이릅니다.

요 성종은 1018년 소배압을 총대장으로 삼아 10만의 대군을 이끌고 침략합니다. 그동안 만반의 준비가 된 고려도 강감찬을 상원수, 강민첨을 부원수로 삼아 군사 20만 8000명을 이끌고 영주로 나가 대기합니다.

강감찬은 적군이 2차 침입 때와 마찬가지로 고려군이 있는 성들을 전부 우회하여 개경을 향해 공격할 것으로 예측합니다. 그 때문에 개경에 가기 위해서는 반드시 지나쳐야 하

거란의 3차 침입

는 삼교천에 미리 군사를 매복시키고, 삼교천 상류는 쇠가죽으로 둑을 만들어 막아놓습니다. 강감찬의 예상대로 거란군 10만이 고려 방어군을 우회하여 삼교천을 도하하자 고려군은 둑을 터트립니다. 둑이 터지고 물살이 빨라지자 거란군은 당황하여 움직이지 못하게 되었고 이때 기병대 1만 2000명을 출격시켜 승리를 거둡니다.

여기서 주의할 점은 물속으로 수몰시켰다는 것이 아닙니다. 물살이 빨라져서 도강하던 부대가 멈추게 되고, 그 때문에 앞선 부대와 뒤따르던 부대가 분단이 되었고, 서로 협력할 수 없는 상태에서 기습하여 승리를 거두었다는 것입니다. 고려군의 수가 거란군보다 2배나 많았기에 가능한 작전이었습니다.

거란군은 흥화진에서 상당한 타격을 입었지만 소배압은 남은 군사를 이끌고 개경을 향해 진군합니다. 그러나 고려군의 총사령관 강감찬의 별동대에 계속 공격당해 피해를 봅니다. 자주에 있는 내구산에서는 부원수 강민첨의 부대에 거란군 한 부대가 격파당했고, 다시 평양 근처 마탄진에서 시랑 조원에게 또 한 부대가 격파당합니다. 기록에 따르면 마탄진 전투에서 거란군 1만여 명을 죽이거나 사로잡았다고 했으니, 내구산과 마탄진에서 각각 1만 정도 그리고 그 이전 흥화진과 별동대의 공격까지 합치면 상당한 손실을 보게 됩니다.

그럼에도 수도만 함락시키면 승리할 수 있다는 생각에 개경까지 밀고 내려옵니다. 하지만 현종은 결사 항전을 선택하고 개경 주위를 깨끗이 비우고 개경 방어전을 준비합니다. 게다가 현종은 거란의 2차 침입 때 개경이 함락되었던 경험을 바탕으로 철통같은 방어선을 구축합니다.

도저히 개경으로 들어갈 수 없었던 소배압은 거짓으로 철수하는 척하며 척후병 300명을 몰래 들여보내어 성문을 열어보려고 하지만 이마저도 미리 정보를 입수한 고려군에 의해 개경 근처 금교역에서 100여 명의 고려 기병에 의해 척후병들이 몰살당하면서 실패합니다. 결국 소배압은 요나라로 귀환을 명령합니다.

하지만 강감찬 장군은 거란군을 고이 보내줄 생각이 없었습니다. 귀환할 때 반드시 거치게 되는 귀주에서 미리 기다리고 있다가 거란군이 보이자 20만 고려군으로 겹겹이 둘러쌉니다. 일종의 학익진입니다. 그런데 학익진은 상대보다 병력 수가 압도적으로 많을 때 가능한 것이지 두세 배 정도의 병력 차이로는 구사하기가 쉽지 않습니다. 소배압도 그런 사정을 잘 알고 있기에 고려군의 가장 약한 부분을 뚫고 퇴로를 열려고 합니다.

그때 김종현의 1만 병력이 거란군 뒤를 급습합니다. 길을 잃고 헤매다가 전투의 함성을 듣고는 달려온 것입니다. 게다가 거란군에서 고려군 쪽으로 불던 바람이 고려군에서 거란군 쪽으로 방향을 바꾸더니 거센 폭풍으로 변해버립니다. 동시에 소나기까지 쏟아지기 시작합니다. 결국 전의를 상실한 거란군은 강감찬 장군의 포위망 안에서 무자비하게 학살당하고 맙니다. 결국 몇천 명만 간신히 살아남아서 도망치게 됩니다. (귀주대첩은 한국사 3대 대첩 중 하나입니다.) 소배압은 참패 소식을 들은 거란 성종에 의해 얼굴 가죽이 벗겨질 뻔했습니다. 실제로는 왕실 친인척이라 파직만 당합니다.

강감찬 장군은 영파역까지 직접 나온 현종에게 환영을 받습니다. 현종이 얼마나 감격했던지 강감찬의 손을 잡고 금으로 만든 8가지 꽃을 강감찬의 머리에 직접 꽂아 주고는 검교태위문하시랑동내사문하평장사천수현개국남檢校太尉門下侍郎同內史門下平章事天水縣開國男이라는 벼슬과 식읍 3백호

를 봉하고 추충협모안국공신推忠
協謀安國功臣의 호를 내립니다. 귀
주대첩은 우리 겨레 역사에서 외
적의 침입을 막아낸 가장 모범적
인 사례입니다.

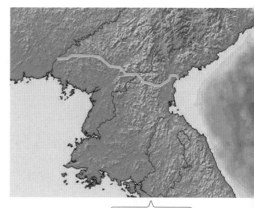

천리장성 (초록색)

요 성종은 곧바로 고려에 대한
재침공을 준비합니다. 계속되는
전쟁에 지친 고려는 요나라에 화
친하자는 글을 보냈고, 다시 싸울 힘이 없던 성종은 화친을 받아들입니다.

이후 고려는 개경 주위에 외성을 쌓고 덕종 대인 1033년 국경 지역에
천리장성을 구축합니다. 이 전쟁 이후 고려는 120여 년간 평화의 시대를
누립니다.

읽을거리

현종은 고려 역사상 다섯 손가락 안에 드는 명군입니다. 사생아 출신으로 고아였
으며 암살 위협까지 받을 정도로 불행한 어린 시절을 보냈습니다. 하지만 천추태후
를 용서할 정도로 너그러운 마음씨를 지녔으며, 못 먹는 백성과 억울한 누명을 쓴
백성을 직접 조사하여 먹여주고 누명을 풀어줄 정도로 자애로웠으며, 안으로는 고
려 지방 제도의 완성하고 밖으로는 거란의 침공을 막아내었습니다.

'현'(顯)은 '업적이 나라 안, 밖으로 널리 알려졌다'입니다. 묘호에 걸맞은 임금
입니다.

　문文이라는 시호는 천하를 경륜經緯天地하여 다스린 왕에게 내려집니다. 대체로 명군들이 이 시호를 받습니다. 현종이 거란을 격퇴하고 제도를 정비하였으며, 아들인 덕종과 정종이 잘 물려받아 태평성대를 이루었고, 동생인 문종 대에 고려는 최전성기를 맞이합니다.

　대다수의 여진 부족을 복속시켜 그곳에 고려의 행정구역인 11개의 주州 등을 설치하여 고려의 지배 영역을 최대로 확장합니다. 또한 안으로는 여진, 탐라, 일본계 호족들을 복속시키고 밖으로는 북송, 요나라, 일본과 원만한 관계를 이루어 외침이 없었습니다. 우리 역사에서 문종보다 더 국제적으로 위상이 높았던 왕은 장수왕밖에 없습니다. 이 당시 고려는 해동천하海東天下로 불렸고 고려의 왕은 해동천자海東天子로 불렸습니다.

　안정된 국방과 정치는 곧 문화적으로 큰 발전을 이루게 됩니다. 문종의 4남인 대각국사 의천은 북송에 밀항 유학 뒤 천태종을 도입해 고려 불교를 더 높은 단계로 발전시켰고, 해동공자 최충은 유학을 흥성하게 합니다.

✦ 최충의 문헌공도 ✦

문헌공도(文憲公徒)는 최충이 세운 고려 최초의 사학입니다. 9곳에 학당을 세워 구재학당(九齋學堂)이라고도 합니다. 당시 국자감이 쇠퇴하는 모습을 보이자 직접 돈을 들여 창설했습니다.

최충은 당대 최고의 관리이자 학자였습니다. 관리로서는 현재의 총리에 해당하는 문하시중을 역임하였고, 학자로서 지공거를 여러 번 역임했습니다. 그 때문에 최충이 문헌공도를 열자 과거에 합격하고 싶은 학생들이 구름처럼 몰려들었고 과거 합격률은 국자감을 월등히 앞질러버립니다. 그러자 문헌공도를 따라 너도나도 학당을 열기 시작했고 사학 12도(私學十二徒), 다른 말로는 십이공도(十二公徒)가 완성됩니다.

사학 12도는 과거의 합격률을 높이기 위해 현재의 입시 학원처럼 혹독하게 공부를 시켰습니다. 게다가 정배걸이 세운 홍문공도는 다른 사람에게 공도를 팔아먹다가 감옥살이하기도 합니다. 그리고 과거에 합격한 사람이 지공거가 되면 당연히 자신의 출신 공도 학생들을 합격시켜 문생으로 만들려고 합니다. 이들은 문벌 귀족이 되어 고려의 정치를 좌지우지합니다. 게다가 사학의 과거 합격률이 압도적으로 높아지다 보니 공교육 무용론이 일어나고 아예 국자감을 폐지하자는 이야기까지 나옵니다.

사학의 흥성은 문벌 귀족을 양성하고 결과적으로 왕권의 약화를 가져옵니다. 그 때문에 숙종같이 왕권 강화에 힘쓴 왕들은 국학을 적극 밀어줍니다. 공민왕 시기 이색은 국학의 생도에게만 과거 응시 기회를 줘야 한다고 주장합니다. 고려말 성리학이 들어오면서 새로운 나라를 건설하려던 신진사대부들에 의해 1392년(공양왕 2년) 사학은 전면 폐지됩니다.

대각국사 의천

고려에는 국사(國師)와 왕사(王師)라는 제도가 있었습니다.

국사란 신라·고려 시대에 있었던 승려의 최고 법계입니다. 조선 초기까지 계속되었습니다.

왕사란 임금의 스승 되는 승려를 말합니다. 고려 태조가 처음으로 채택하였으며 이 역시 조선 초기까지 계속되었습니다. 국사가 왕사보다 더 높습니다. 왕사가 열반하면 대부분 국사의 시호를 추징하였습니다. 대각국사(大覺國師) 의천은 고려 제11대 문종의 4남으로 제12대 순종, 제13대 선종, 제15대 숙종의 동생입니다.

당시 고려의 불교는 지방 중심의 선종과 중앙의 교종으로 나뉘어져 있었습니다. 교종은 다시 왕실의 후원을 받은 화엄종과 귀족 중심의 법상종으로 나뉘어져 있었습니다.

의천은 11살 때 출가하여 13살에 교종의 최고 지위인 승통이 되고 개성 흥왕사에서 교종 교단통합운동을 벌입니다. 이후 송나라에 가서 불교를 배우고자 했으나 왕자가 위험한 바닷길을 갈 수 없다는 이유로 꿈을 이루지 못하다가 결국 송의 상선에 밀항하여 송나라로 건너갑니다.

송에서 돌아온 의천은 천태종을 도입하고 국청사를 세우면서 선종까지 통합하려 합니다. 하지만 사실은 선종을 교종으로 바꾸려는 시도였습니다. 의천은 자신이 만든 교장에 선종 계열 경전은 넣지도 않았고 요나라에서 선종의 경전을 불태웠다는 소식을 듣고 기뻐할 정도로 선종을 매우 싫어했습니다. 그 때문에 실상은 선종 승려들이 천태종으로 대거 옮겨갑니다. 결국 의천 사후 천태종이 분열하면서 고려 불교는 다시 교종과 선종으로 양립하게 됩니다.

해동통보

한편, 의천은 우리나라 화폐의 역사에도 큰 영향을 줍니다. 송나라 유학 후 자신의 형인 숙종에게 '화폐론'이라는 글을 지어 올리며 화폐의 유용함을 주장합니다. 숙종은 주전도감을 설립해 해동통보, 삼한통보, 삼한중보와 같은 동전, 병 모양인 활구라는 은화 등을 만들게 합니다.

숙종이 화폐 유통에 적극적이었던 이유는 물건을 화폐처

럼 사용하던 문벌 귀족 세력의 경제 기반을 약화하고, 돈을 유통해 국가 재정을 늘리려고 했기 때문입니다.

화폐에 새겨진 해동(海東), 동국(東國)은 우리나라를 말하고, 은병의 모양은 고려의 국토를 본뜬 것입니다.

✦ 원주 법천사지 지광국사탑 ✦

화장한 승려의 사리를 넣어 만든 탑을 승탑이라 합니다. 승탑은 신라, 고려에서는 팔각형, 조선에서는 종 모양으로 주로 만들었습니다.

고려시대 승탑으로 유명한 것은 높이가 6.1미터나 되는 지광국사(智光國師) 해린(解麟)의 승탑입니다. 지광국사는 고려 문종 대에 국사(國師)를 지냈던 사람입니다. 이 승탑은 참으로 다사다난한 일들을 겪습니다. 원래 위치는 강원도 원주시 부론면 법천사지였는데, 1911년에 어떤 일본인에 의해 일본 오사카까지 반출되었다가 조선 총독이던 데라우치 마사타케에 의해 1915년 다시 환수돼 경복궁에 놓입니다. 그러다가 6·25 전쟁 때 폭격을 받아서 1만 2000조각으로 나눠집니다. 전쟁이 끝난 후 이승만 대통령의 지시로 대충 시멘트를 발라 복원합니다. 2016년 해체하여 보존 처리를 합니다. 그 과정에서 사라진 줄 알았던 탑의 사자상이 국립중앙박물관에 보관되어 있다는 것이 밝혀지기도 했습니다.

한편, 원주시에서는 탑의 환수를 꾸준히 주장했고 2023년 8월 보존 처리된 승탑의 부재들이 법천사지 유적전시관으로 옮겨집니다.

원주 법천사지 지광국사탑

초조대장경 1087년 제작

불교 국가였던 고려는 부처의 힘을 빌려 거란의 침입을 막아내고자 대장경을 간행합니다. 고려 현종 2년에 제작을 시작하여 76년 후인 1087년(선종 4년)에 최초의 대장경을 완성합니다. 이를 초조대장경(初雕大藏經)이라 합니다. 초조대장경은 송나라의 관판대장경(官版大藏經: 971~983)에 이어 세계에서 두 번째로 간행한 한역(漢譯) 대장경입니다. 경판은 흥왕사 대장전에 보관되었다가 팔공산 부인사로 옮겨졌으나 1232년(고종 19년) 몽골의 침입으로 소실되었습니다. 하지만 다행히도 초조대장경판으로 찍은 판본이 국내에 300여 권, 일본에 2000여 권이 남아 있습니다.

대각국사 의천은 송나라에 다녀오면서 경전 주석서인 교장(敎藏)을 수집합니다. 여기에 요나라·일본의 교장을 합쳐 4700여 권이 되는데, 1073년(문종 27년)부터 1090년(선종 7년)까지 수집한 교장의 총목록을 작성하여 신편제종교장총록(新編諸宗敎藏總錄)이라 하고, 이 목록에 따라 목판을 만들었고 1096년(숙종 1년)에 완성됩니다. 후에 송에서 유실된 경전을 찾기 위해 고려에 사신을 파견하기도 했습니다. 교장은 대구 부인사에 두었는데 1235년(고종 22년) 몽골의 침입으로 황룡사 구층 목탑과 함께 소실되었습니다. 현재 일부 인쇄본이 우리나라와 일본에 남아있습니다.

읽을거리

대장경은 고려뿐 아니라 다른 나라에서도 간행했습니다. 송과 거란, 일본은 물론이고 티베트, 캄보디아의 크메르 제국, 미얀마의 꼰바웅 왕조 등 불교 국가에서는 외침이 있을 때 불교 사원을 증축하거나 대장경을 제작했습니다.

간행 목적은 고려와 마찬가지로 부처님의 힘을 빌려 나라의 번영과 안정을 추구하는 것입니다. 송나라의 관판대장경은 고려 초조대장경에 영향을 주었고, 거란의 대장경은 의천의 교장에 영향을 줍니다.

필자는 참으로 궁금합니다. 고려와 요나라가 싸울 때 부처님은 누구 편이었을까요? 아마 부처님은 공명정대한 분이라 누구 편도 들지 않았을 것입니다.

14장

여진정벌과
무신정변

우리 역사		세계사
윤관 여진 정벌	1107년	
	1115년	금나라 건설
	1125년	요나라 멸망
이자겸의 난	1126년	
	1127년	남송 시작
묘청의 난	1135년	
무신정변	1170년	
	1192년	일본 가마쿠라 막부 탄생
최씨정권	1197년	
	1194년	셀주크 제국 멸망

1115년 여진족은 금나라를 건설합니다. 1125년에는 요나라를 무너트립니다. 거란족들은 서쪽으로 도망쳐 서요西遼를 건국합니다. 서요는 1141년에 셀주크 제국과의 전투에서 승리하고 호라즘 왕조를 정복하는 한편 금나라를 정벌하여 요나라를 복국시키려 하지만 뜻을 이루지 못합니다.

금나라는 1127년에는 송나라의 수도 변경(현재 카이펑)을 함락하고, 송의 황제였던 휘종과 흠종을 포함한 황족들이 몽땅 금나라로 잡아갑니다. 남은 황족이 남쪽으로 도망가 송의 명맥을 이어가는데 이 나라를 남송이라고 하고 이전의 나라는 북송이라 하여 구별합니다.

금나라 위에 살던 부족들은 아직 통일되지 못한 채 흩어져 있었습니다.

동남아의 크메르 제국에서는 1113년에 수리야바르만 2세가 즉위합니다. 크메르 제국은 눈부시게 발전하였고 앙코르와트를 건설합니다.

중동에서는 셀주크 제국이 서요에게 패배한 후 쇠퇴하였고 1194년 멸망합니다. 셀주크 제국이 있던 자리는 호라즘 왕조가 차지합니다.

유럽에서는 2차 십자군 원정을 떠났고 리처드와 살라딘이 중동에서 피터지게 전투를 벌입니다. 그 후 살라딘은 이집트에 아이유브왕조를 건설합니다.

고려에서는 무신들이 정권을 잡았고, 일본에서도 무신들이 정권을 잡습니다. 1192년 미나모토노 요리토모가 정이대장군(쇼군)에 오르고 일본 최초의 막부(쇼군의 정권)인 가마쿠라 막부를 엽니다.

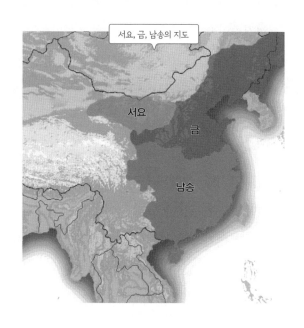

서요, 금, 남송의 지도

여진 정벌　1107년

삼국시대 말갈족이 고려 때 여진족이 되었다고 합니다만 실상은 좀 더 복잡합니다. 말갈은 사실 고구려의 변방에 살던 백성입니다. 그 때문에 고구려인과 구별할 수 없습니다. 굳이 말하자면 도시인과 촌사람 정도의 차이밖에 나지 않습니다. 그런데 고구려가 망하면서 말갈은 만주 곳곳으로 퍼지게 되고 만주와 한반도 북부에 사는 사람들은 통틀어 말갈이라고 부릅니다. 흑수黑水(현재 아무르강)에 살던 부족은 고구려와 연관이 없는 종족이지만 흑수부말갈이라고 불립니다. 발해가 멸망하면서 말갈족은 고려에 흡수됩니다. 남은 무리가 흑수부말갈을 중심으로 뭉치게 되는데 이들을 여진족이라 부릅니다. 여진족은 유목민족이 아닙니다. 목축, 수렵, 농업, 어업, 해적 등 그냥 닥치는 대로 하고 살았습니다.

11세기 여요전쟁으로 요나라의 힘이 약해지자 요나라의 지배를 받던 여진족들이 활개를 칩니다. 1018년에는 여진족들이 우산국(현재 울릉도)을 공격합니다. 우산국 백성들은 견디지 못하고 1022년 고려로 귀부합니다. 이후 20세기 초 대한제국이 울도군을 설치하고 주민을 보낼 때까지 울릉도는 무인도가 됩니다.

고려는 여진 부족 추장에게 관직을 주고 회유하였습니다. 그러나 12세기에 여진이 부족 중 하나인 완옌부를 중심으로 통합하면서 점차 세력을 키워 나갑니다. 1104년(숙종 9년) 1월에 부족 간의 다툼에서 패배한 동여진 사람 1753명이 고려로 귀부합니다. 그들은 완옌부가 고려를 침공할 거라는 소식을 알립니다. 고려는 군사를 동원하여 여진을 선제공격하지만 오히려 여진 기병에게 패배합니다.

윤관은 여진을 정벌하기 위해 국민의 직위에 상관없이 능력 있는 사람을 뽑아 부대를 만들자고 건의하고 이것이 받아들여져 따로別 군대武班를 편성하니 별무반別武班입니다. 별무반은 고려 정규군과는 별개의 임시 전투부대로 병사의 수는 17만 명입니다. 기병부대인 신기군神騎軍, 보병부대인 신보군神步軍, 승병僧兵 부대인 항마군降魔軍으로 구성됩니다.

1107년(예종 2년) 고려는 윤관을 원수, 오원총을 부원수로 삼아 여진을 정벌합니다. 별무반은 천리장성 이북지역에 자리 잡고 있던 여진족을 축출하고 그 자리에 동북 9성을 쌓습니다. 그러나 여진의 세력이 매우 커지며 동북 9성을 돌려달라고 위협하자 결국 동북 9성을 포기합니다.

이후 여진은 세력을 키워 1115년 금나라를 세우고 고려에 형제 관계를 제의합니다. 1125년에는 금이 요나라를 멸망시키고 고려에 사대를 요구합니다. 당시 집권하고 있던 이자겸 등은 금의 사대 요구를 받아들입니다.

이자겸의 난   1126년

고려 최고의 문벌이며 외척이자 권신은 이자겸입니다. 문벌이란 여러 세대에 걸쳐 고위 관리를 배출한 가문이고 외척이란 왕실과 혼인한 가문입니다. 권신은 왕보다도 더 큰 권세를 누린 신하를 말합니다. 문벌, 외척, 권신은 따로 떨어져 있는 것이 아니라 세트로 묶여있습니다.

이자연은 현종 대에 과거에서 장원 급제를 하며 관직 생활을 시작합니다. 문종 대에는 자신의 세 딸을 왕에게 시집보내고 6남인 이호는 음서로 젊은 나이에 관직에 나갑니다. 이호의 딸은 순종의 후궁인 장경궁주입니다. 이호의 조카 셋은 선종과 혼인했습니다. 이런 대대에 걸친 문벌과 외척 때문에 이호의 아들인 이자겸은 아주 쉽게 관직에 오릅니다.

그러나 장경궁주가 간통 혐의로 폐출당하면서 이자겸은 관직에서 쫓겨납니다. 게다가 선종의 왕비이자 이자겸의 사촌인 원신궁주의 오빠 이자의가 이자겸의 조카 한산후 왕윤을 왕으로 만들려고 하다가 경쟁자인 계림공 왕희(나중에 숙종)에게 살해당하는 바람에 이자겸은 큰 위기에 처합니다.

하지만 숙종의 아들 예종이 이자겸의 먼 친척과 이자겸의 딸을 왕후로 삼으면서 이자겸은 기사회생합니다. 게다가 자신의 딸인 자정문경왕태후가 왕태자를 낳고 그가 인종이 됩니다. 이자겸은 인종에게 자신의 딸(인종의 이모)을 인종과 혼인시키면서 왕보다도 더 큰 권세를 가진 권신이 됩니다. 여기에 이자겸은 6남 이지원을 한민족 최강의 무사인 척준경의 딸과 혼인시키면서 군부까지 장악하며 무소불위의 권력을 행사합니다.

매관매직과 수뢰로 재산을 부정 축재하고, 자신의 아들들에게 높은 벼슬을 주고, 스스로는 조선국공이 되어 지위가 태자와 동급이 됩니다.

이에 위협을 느낀 인종이 측근 세력과 함께 이자겸을 제거하려고 선공합니다. 하지만 오히려 척준경에게 반격당해 패배합니다. 척준경은 만월대滿月臺(고려의 궁궐을 부르는 명칭)와 궁궐의 문을 불태우고 도망치는 인종을 잡으러 갑니다. 인종은 살기 위해서 이자겸에게 왕위를 선위하겠다는 문서까지 보냅니다. 이자겸도 차마 자신이 왕이 되겠다는 생각은 못했고 인종은 간신히 목숨을 부지합니다. 하지만 인종의 측근들은 왕에게 바람을 불어넣은 죄로 유배를 갑니다.

인종은 이자겸을 잡기 위해서는 척준경을 먼저 포섭해야 한다고 생각합니다. 그래서 이자겸과 척준경의 사이를 이간질하는 공작을 합니다. 공작이 성공하여 척준경은 왕에게 충성을 바치겠다고 맹세합니다.

1126년(인종 4년) 5월 20일 이자겸은 사병들을 이끌고 궁궐로 침입합니다. 인종이 척준경에게 구원을 요청했고 척준경이 궁궐로 달려옵니다. 척준경을 본 이자겸은 패배를 직감하고 소복(죽을 때 입는 흰옷)을 입고 나타나 항복합니다. 결국 이자겸은 모든 것을 잃고 유배를 떠납니다.

✦ 척준경 ✦

'누가 누가 강하냐'하는 것은 재미는 있지만, 참 쓰잘머리 없는 짓입니다. 각각의 환경과 상황이 다르니 비교하는 것 자체가 무리입니다. 그럼에도 이것만큼 재미있는 논쟁도 없습니다. 제대로만 흘러가면 아주 방대한 지식을 끌어낼 수 있는 토론이기도 합니다.

그렇다면 한민족 최강의 인간은 누구 일까요? 조건은 냉병기(칼이나 창 등)를 가진 상태에서 1:1로 싸우면 누가 이기느냐입니다. 그런데 사실 이 논쟁은 어느 정도 역사를 공부하신 분이라면 대체로 '척준경'을 꼽습니다. 지금부터 《고려사》에 실려있는 척준경의 실제 활약상을 보겠습니다. 최초의 기록입니다.

1104년 2월, 여진족이 정주성을 침공했을 때, 패배의 위기에 몰린 총사령관 임간에게 부탁해 무기와 말을 얻은 다음 적진으로 돌진해 적장 한 명의 목을 베고 아군 포로 두 명을 되찾았다. 척준경이 퇴각하는데 적 1백기가 추격해 오자 또다시 '대상', '인점'과 함께 적장 두 명을 사살했다. 이에 적군이 주춤거리며 물러나자 무사히 성으로 퇴각했다.

별것 아니네요. 이제 별것 나옵니다.

윤관이 이끄는 별무반이 진격하자 함흥 인근의 성에서 여진족이 농성에 들어간다. 척준경은 칼과 방패를 들고 홀로 성벽 위로 올라가 추장 서너 명을 죽이고 성문을 열었다. 이틈을 타 윤관의 부대가 결사적으로 싸워 적을 모조리 섬멸하였다.

윤관과 8000명의 부대가 여진 대부대의 기습을 받고 전멸의 위기에 처한다. 척준경이 결사대 10명을 이끌고 윤관을 구출하기 위해 떠난다. 그리고 여진병사 10여 명을 해치우며 무사히 윤관을 구출한다. 이때 윤관은 눈물을 흘리면서 "나는 앞으로 너를 자식처럼 생각할 테니 너 역시 나를 아버지처럼 보라!"라고 한다.

윤관은 패잔병을 수습해 영주성으로 물러났는데 며칠 후 여진 장군 알새가 군사 2만을 끌고 영주성을 공격해 왔다. 모두가 농성하자고 하는데 척준경은 이를 반대하고 결사대를 이끌고 성을 나서 여진군을 몰아내고 19개의 수급을 취했다.

끝으로 1126년 5월, 이자겸이 인종을 시해하려 수백 명의 사병을 동원하여 궁궐을 공격하기 시작했다. 그리고 자객 다섯 명을 어전으로 미리 보냈다. 인종은 죽음을 맞이하려는 순간, 어전문이 통째로 박살 나며 척준경이 들어온다. "폐하! 신 척준경이 왔사옵니다!" 척준경은 즉시 인종을 등 뒤로 숨기고 자객들에게 달려들어 먼저 두 명을 베어 넘기고, 나머지 세 명 모두 죽이고 인종을 구하였다.

고려는 거란족과 몽고족 등에게 침략을 많이 당한 나라입니다. 당대의 역사를 살펴보자면 거란족의 요나라가 강성하였다가, 여진족의 금나라에 멸망하고, 금나라는 몽고족에게 멸망합니다. 그리고 넘치는 힘을 주체 못 해서 주변국인 송나라와 고려를 공격하지요. 그런데 여진족의 금나라만 빠졌네요.

왜일까요? 금나라의 국력이 약해서가 아닙니다. 척준경이 무서워서이지요. 척준경이 한세대만 늦게 태어났다면, 몽고족이 고려에서 패배하는 일이 벌어질 수도 있었겠네요.

척준경은 '간신'에 들어갑니다. 그는 무력은 막강하지만, 정치적 식견이 없는 사람입니다. 윤관의 부하로 있을 때는 고려최고의 충신이었지만, 나중에 이자겸의 부하가 되면서 '간신'이 되어버립니다. 물론 나중에는 이자겸과 손을 잡은 것을 후회하고 결별합니다. 그리고 이자겸의 난을 진압하고 그 공으로 고려 최고의 권력자가 되기도 합니다. 그러나 이자겸과 손을 잡았다는 사실이 너무나 부끄러웠는지 최고의 권력 자리에 있을 때 탄핵에 순순히 응하고 귀양 가서 죽게 됩니다. 참 안타까운 마지막이로군요.

고려에 척준경이 있다면 금나라에는 사묘아리가 있습니다. 고려의 여진 정벌을 막아내고, 요나라를 무너트리고 남송까지 공격한 여진족 최강의 무사입니다. 윤관이 17만의 대군과 함께 여진족을 공격하자 목리문전(木里門甸)에서 고려군에 난입하여 장수를 죽이고 고려군을 패퇴시켰으며, 거란이 수만의 병력으로 홀사리를 공격하자 단 100여 기의 기병만으로 물리쳤으며, 송나라군 1만이 한밤중에 급습하는 것을 격퇴했습니다.

금나라에 사묘아리가 있다면 송나라에는 한세충이 있습니다. 송나라가 요나라와 금나라에 패배하는 동안 혼자서 요나라와 금나라 군을 짓밟았던 장군입니다. 거란의 완안종필이 10만의 대군으로 송나라를 공격하자 8000명의 군사로 반격 승리합니다. 《송사》〈열전〉은 1권에 보통 6~8명의 인물을 수록하는데, 한세충의 경우 공적이 너무 많아 혼자서 1권입니다.

셋 다 동시에 만나지는 못했겠지만, 척준경과 사묘아리, 사묘아리와 한세충은 만났을 수도 있습니다. 하지만 역사에는 기록이 없습니다. 아마 만났지만 싸우다가는 서로가 죽을 수 있다는 것을 직감하고 피하지 않았을까요?

묘청의 난 1135년

인종은 왕권을 회복하기 위해 윤언이, 정지상, 묘청 등을 등용합니다. 당시는 여진족의 금나라가 거란족의 요나라를 멸망시키고 송나라까지 강남으로 쫓아버렸습니다. 더구나 금과의 화친을 주장하는 이자겸도 몰락하고, 여진족이 무서워하던 척준경도 없으므로 여진족은 언제라도 쳐들어올 수 있는 상황이었습니다.

묘청은 고려의 전통적인 정책인 북진을 추진하여 금나라에 맞서야 한다고 주장합니다. 송나라가 강남으로 쫓겨갔으니 더 이상 송나라의 연호를 사용할 필요가 없으며, 고려는 황제를 칭하고 연호를 사용해야 한다고 주장합니다. 또한 풍수지리설을 근거로 개경의 지력이 쇠하였으니 서경으로 수도를 옮기자고 주장합니다.

인종이 묘청의 말에 관심을 보이자 묘청은 조작질합니다. 대동강에 기름을 넣은 떡을 집어넣어 떡에서 새어 나온 기름이 물에 떠 햇살을 받고 반짝이게 합니다. 묘청은 인종에게 "대동강에 잠든 용이 침을 토해 강물이 반짝이는 것"이라고 거짓말을 합니다. 1129년에는 서경에 대화궁大華宮이 완공됩니다. 묘청은 먼 산에 등불을 매달아 놓고는 남극성이 떴으니 상서로운 징조라고 이야기합니다.

하지만 이런 조작질이 들통나고, 게다가 인종이 행차할 때마다 천재지변이 일어납니다. 김부식 등 서경 천도를 극렬히 반대하자 결국 인종은 서경 천도를 포기합니다. 사실 서경 천도는 고려의 자주성 회복과 관계가 없습니다. 윤언이, 정지상, 묘청 등이 정권을 잡기 위해 자신들의 본거지인 서경으로 옮기려고 한 것뿐입니다. 하지만 서경 천도가 무산되자 1135년 묘청은 나라 이름을 대위국大爲國으로 하고 연호를 천개天開로 정하여 반란을 일으킵니다.

묘청을 예의 주시하고 있던 김부식은 바로 진압군을 편성하여 서경으로 달려가고 묘청은 본격적인 전투가 벌어지기도 전인 불과 17일 만에 부하인 조광에게 살해당합니다. 조광은 묘청의 목을 개경으로 보내고 김부식에게는 항복하겠다는 글을 보냅니다. 그러나 김부식은 역적의 항복 따위는 받아주지 않겠다며 거부해 버립니다.

조광은 분노하여 김부식 측이 보낸 사신들을 죽여버리고 서경성의 성문을 닫고 결사 항전에 들어갑니다. 김부식은 서경을 포위하고 반란군이 말라죽기를 기다립니다. 2년이 지나고 서경은 군량 부족과 탈주자들로 인한 인원 부족에 시달립니다. 김부식은 성벽을 넘기 위해 2만이 넘는 인력을 동원해 토산을 쌓기 시작합니다. 조광은 성 안에 이중성벽을 쌓으며 저항합니다.

윤관의 넷째 아들인 윤언이가 조광이 성벽을 쌓느라 주의가 집중된 사이 기습을 하면 반란군을 물리칠 수 있을 거라고 얘기합니다. 김부식은 사이가 나쁜 윤언이의 말을 일부러 무시했지만 윤언이가 거듭 요청하자 마침내 허락합니다.

윤언이는 성을 급습하여 반란군에게 큰 피해를 주고 퇴각합니다. 더 이상 버틸 수 없었던 반란군 수뇌부는 대부분 자살해 버리고, 다음날 남은 무리가 항복하면서 묘청의 난은 끝이 납니다.

김부식과 정지상

김부식은 개경파 문벌귀족이며 묘청의 난을 진압한 이후 당대 최고의 권신이 됩니다. 그의 가문은 명문가가 아니었는데 김부식 대에 5형제 모두 과거에 급제하면서 명문가가 됩니다. 5형제가 앞에서 끌어주고 뒤에서 밀며 권력을 키워 마침내 이자겸 다음가는 권세를 누리게 됩니다. 김부식의 형 김부일이 인종과 척준경을 연결해 주었고, 그 때문에 이자겸이 몰락하고 척준경이 제거된 이후 최고의 문벌귀족 가문이 됩니다.

정지상은 서경 출신의 천재 시인으로 고려와 조선에 온 중국 사신들이 다른 시문은 무시하지만 정지상이 쓴 시만은 적어서 가져갔다는 일화가 있습니다. 그래서 사신 접대할 때는 머무는 곳에 정지상의 시로 장식했습니다.

김부식은 척준경을 탄핵해 유배 보낸 정지상과 경쟁 관계가 됩니다. 김부식이 개경파의 대표가 되고 정지상이 서경파의 대표가 되면서 둘의 관계는 더욱 험악해집니다. 묘청의 난이 일어났을 때 김부식은 먼저 개경에 있던 정지상부터 잡아 죽였습니다. 정지상이 개경에 있었다는 것은 정지상이 묘청의 난과 관련이 없다는 소리입니다. 김부식이 역적 혐의를 씌워서 제거한 것입니다. 이규보가 쓴 《백운소설》에는 죽은 정지상이 귀신이 되어 살아있는 김부식을 괴롭히는 얘기가 나옵니다.

김부식은 살아서 온갖 권력을 누린 사람이지만 아들 때문에 죽은 후 부관참시(무덤을 파헤치고 시체를 토막 내는 것)를 당합니다. 반면에 정지상에 대한 기록은 많이 남아있지 않습니다. 김부식이 기록을 아예 말살한 것 같습니다.

《삼국사기》

김부식은 이 책의 고대사 부분을 쓸 때 많이 참고한 《삼국사기》의 편찬 책임자이기도 합니다. 《삼국사기》는 고려 인종의 명에 의하여 국가적 지원 하에 1145년 만들어진 책으로 내용 전체가 한국사에서 현대까지 전하는 가장 오래된 역사책입니다.

하지만 '삼국'사기다 보니 고구려, 백제, 신라 외의 우리 민족의 나라에 대한 설명이 매우 부실합니다. 그리고 '삼국사기'라서 그런지 후삼국 시대의 역사까지 기록되어 있습니다.

김부식은 신라 계승주의를 주도한 동경파의 대표이며 이자겸이 금나라에 사대했을 때 찬동했던 인물입니다. 그리고 고구려 계승 의식을 가진 서경파는 김부식에 의해 진압되었습니다. 그러다 보니 《삼국사기》는 고구려를 계승한 고려의 기록임에도 불구하고 오히려 신라를 중심으로 역사를 서술합니다. 게다가 고구려 후기 기록의 경우에는 고구려 국내 기록은 부실한 데 비해 중국으로의 조공 기록은 지나치게 상세해 사대주의라는 비판을 받고 있습니다.

하지만 반론도 만만치 않습니다. 필자가 김부식을 좋아하지는 않지만 최대한 객관적으로 반론해 보겠습니다. 통일 시점까지를 따지면, 고구려가 10권, 신라가 7권으로 고구려에 관한 서술이 더 많습니다. 5세기 초까지 기록은 고구려본기가 신라본기보다 2배 이상 많습니다. 후기로 가면서 기록이 적어지는 이유는 김부식이 구할 수 있는 사서가 부족했기 때문입니다. 신라가 적국인 백제, 고구려의 역사책을 보존해 줄 이유가 없습니다. 그 때문에 중국 사서를 뒤져가며 고구려와 백제의 기록을 보충한 것입니다.

그리고 백제, 고구려를 신라보다 아래에 두지도 않았습니다. 중국의 사서에서 제후국의 역사는 세가(世家), 황제의 역사는 본기(本紀)라고 하는데, 고구려, 신라, 백제 모두 본기로 기록했습니다.

어찌 되었든 한국사 연구에 있어 가장 중요한 역사책이라는 것은 틀림없습니다.

고려시대 문신과 무신의 지위는 심하게 차이가 났습니다. 고려시대 과거는 유교 경전 외에 군사 전법에 대해서도 시험을 쳤습니다. 그 때문에 문신들이라도 군사에 대한 소양을 가진 사람이 많았습니다. 반면에 무신들은 척준경처럼 개인적인 무력이 뛰어난 무사였습니다. 그 때문에 무신의 최고위인 상장군에까지 올라간 무신도 한자로 자기 이름을 못 쓸 정도였습니다.

고려시대 장군들인 서희, 강감찬, 윤관은 무신이 아니라 문신입니다. 전쟁이 발발하면 문신 정2품의 평장사를 상원수로 임명하여 총사령관을 맡겼고, 상장군은 부원수에 임명되어 상원수의 지휘를 받게 됩니다.

인종 대에 문신과 무신의 차별을 여실히 보여주는 사건이 일어납니다.

김부식의 아들인 김돈중은 오만방자했다고 전해집니다. 어느 해 섣달 그믐 궁중에서 문무관이 모여 행사를 하는데 20대의 젊은 문관인 김돈중이 40대의 고급 무관인 정중부의 수염을 일부러 촛불로 태워버립니다. 정중부는 싹수없는 김돈중을 두들겨 패고 욕을 했는데, 김부식이 자기 자식을 때린 정중부를 벌주어야 한다고 인종에게 주장합니다. 인종은 김부식의 위세에 눌려 정중부를 벌하겠다고 하고는 은밀하게 도망치게 합니다. 이 사건으로 정중부는 김부식과 김돈중에게 깊은 앙심을 품게 됩니다.

이러한 차별은 인종에 이어 즉위한 의종 대에 정점을 찍습니다.

의종은 무관에게 힘을 주어 문벌을 견제하여 왕권을 강화하려 하였으나 너무나도 강력해진 문벌을 꺾지 못합니다. 결국 정치에 뜻을 잃고 일부 문신들과 함께 여기저기 놀러 다니며 잔치를 벌이는 상황이 되어버립니다. 왕이 행차하면 호위군인 금군이 지키기 위해 따라갑니다. 왕과 문신들이 잔치를 벌이며 먹고 마시는 동안 무신들은 배를 곯으며 지켜보아야 합니다.

게다가 문신들의 무신에 대한 멸시는 이미 선을 넘어섭니다. 1170년 8월 의종이 개인 휴양지인 보현원에 왔다가 개경 흥왕사에 머무릅니다. 그날 왕은 갑자기 오병수박희 대회를 엽니다. 오병수박희五兵手搏戲란 오병五兵은 다섯 병장기를 다룰 수 있는 사람, 즉 병사를 말하고, 수박手搏은 권법을 말합니다. 즉 병사들의 권법 시합입니다. 여기서 이기는 사람은 상도 받고 진급도 할 수 있습니다. 오병수박희 자체는 무관들의 사기를 진작시키기 위한 행사입니다. 의종은 무관들의 불만이 쌓였다는 것을 눈치채고 오병수박희를 연 것입니다.

하지만 61세의 무관 최고령 원로 종3품 이소응 대장군이 경기에 참여했다가 지쳐서 포기합니다. 그때 갑자기 신참 문신인 한뢰가 튀어나와 이소응의 따귀를 때립니다. 이소응이 쓰러지자 의종과 문신들이 박장대소를 합니다. 현대로 치면 대통령이 참관하는 부대 체육대회에서 20대 후반 정도 되는 5급 공무원이 환갑이 넘은 육군 총사령관(1급 공무원)을 폭행하였고, 대통령과 관료들이 비웃은 셈입니다. 이를 본 정중부는 분노하여 한뢰를 꾸짖습니다. 하지만 의종은 오히려 한뢰를 두둔하며 그냥 넘어가자고 합니다. 그날 무신들은 난을 일으킵니다.

이고와 이의방이 왕의 명령이라 속이고는 순검군의 병사들을 일제히

소집합니다. 의종과 문신들이 보현원 안으로 들어가자 이고, 이의방이 이끄는 순검군들이 난입합니다. 의종을 호위하는 병사들도 정중부 휘하의 군사들이라 바로 순검군에 합세합니다. 한뢰는 살기 위해 의종의 어상 밑에 숨어버립니다. 무신들이 나오라고 하자 한뢰는 의종의 옷자락을 붙들고 늘어집니다. 무신들은 한뢰를 강제로 떼어내고 의종 앞에서 죽여버립니다. 무신들은 문신들을 찾아다니면서 닥치는 대로 죽입니다.

그런데 정중부의 원수인 김돈중이 그 와중에 사라졌습니다. 만약 김돈중이 개경으로 가서 관군을 편성해서 반란군을 공격한다면 소수의 근위대 인원에 불과한 정변 주도 세력은 이길 수 없습니다. 이의방은 급히 김돈중의 집으로 사람을 보냅니다. 하지만 멍청한 김돈중은 감악산으로 도망쳤습니다. 무신들은 개성으로 돌아와 궁궐 내의 문신들을 모조리 죽여버리고, 문신들의 집까지 파괴해 버립니다. 김돈중은 현상금을 노린 하인의 밀고로 정중부에게 잡히고 죽도록 맞은 후 칼에 맞아 죽습니다. 1151년에 죽은 김부식은 부관참시당합니다. 그리고 의종을 폐위시키고 동생을 명종으로 세웁니다. 명종은 허수아비였고 국정은 이제 정중부, 이의방, 이고를 중심으로 무신의 손에 장악됩니다.

1171년 이고는 자신이 이의방 때문에 푸대접받는다고 생각하고 그를 죽이려 했지만 사전에 발각되어 오히려 이의방의 철퇴에 맞아 죽습니다. 1173년 김보당과 살아남은 일부 문신들은 의종 복위를 내세우고 난을 일으키는데 이의방은 군을 동원하여 진압합니다. 그러고는 이의민을 경주로 보냈고 힘이 셌던 그는 의종의 등뼈를 부러트려 죽입니다. 이의방은 태자비를 쫓아내고 자신의 딸을 태자와 강제 결혼시키는 등 권력을 지키기 위해 온갖 짓을 벌입니다. 정중부는 안하무인이 된 이의방을 죽여버리릴 결심을 합니다.

1174년 서경유수 조위총은 무신정권에 대항하여 서경에서 반란을 일으킵니다. 정부는 토벌대를 보내지만 패배하고, 조위총의 반란군은 개경까지 쳐들어옵니다. 이의방이 이를 진압하기 위해 나섰지만 오히려 패배하고 복귀하던 중 정중부의 아들 정균이 보낸 승려 종참 등에 의해 암살당합니다.

정중부가 정권을 잡은 후 서경을 다시 공격합니다. 조위총은 금나라로 사신을 보내 북쪽 고려 영토의 일부를 양도할 테니 원병을 달라고 요청합니다. 하지만 금나라는 응하지 않았고 1176년 6월 윤인첨과 두경승이 서경을 함락시키며 난이 진압됩니다. 이후 정중부와 아들 정균이 오만방자한 생활을 하며 전횡을 부리자 1179년에 경대승이 정변을 일으켜 정중부와 정균 등을 몽땅 죽이고 권력을 잡습니다.

경대승은 무력도 대단했지만 매우 정정당당하고 공명정대한 인물이었습니다. 정권을 잡자 이의민을 선왕을 시해한 자라고 쏘아붙입니다. 겁을 먹은 이의민은 고향인 경주로 도망쳐 숨어버립니다. 경대승은 정권을 장악하는 동안 문신을 많이 기용해 무신들과 균형을 맞추고 백성들로부터도 큰 인심을 얻었습니다. 경대승이 오래 살았더라면 고려의 역사가 바뀌었을 텐데 집권 4년 차인 1183년, 30세의 나이에 병들어 사망합니다.

경대승이 죽자 지방에 숨어있던 이의민이 개경으로 돌아옵니다. 그는 두경승, 조원정과 함께 무신 정권을 이끕니다. 아주 탐욕스러웠던 조원정은 권력을 잡게 되자 평소 하던 대로 세금을 횡령하려고 합니다. 이 사실을 두경승에게 들켜 탄핵당하고 쫓겨나자 앙심을 품고 난을 일으켰다가 처형당합니다.

두경승은 무력이 높은 사람이었습니다. 이의민이 두경승을 위협하기 위해 주먹으로 기둥을 치자 서까래가 흔들렸다고 합니다. 이를 본 두경승이 벽을 내려치니 아예 구멍이 뚫렸고 이의민이 입을 다물었다는 일화가 있습니다. 두경승은 인덕도 갖춘 사람이었습니다. 두경승의 벼슬이 자신보다 높다며 이의민이 욕설을 퍼붓자 비웃으며 상대하지 않았다는 기록이 있습니다. 하지만 두경승은 스스로를 고려 왕의 신하라고 생각했기 때문에 권력을 잡는 것에 연연하지 않았습니다.

천민 출신으로 무신 정권의 집권자가 된 이의민은 아예 왕이 되려고 합니다. 이를 위해 십팔자위왕十八子爲王이라는 헛소문을 퍼트리고, 집에다 사당을 차려놓고, 경주 지방의 나무신인 두두리에게 밤낮으로 왕이 되기를 빕니다. (十+八+子=이李입니다. '이李씨가 왕이 된다爲王'는 것이 십팔자위왕입니다.) 하지만 정중부가 그랬던 것처럼 자식 때문에 전 집안이 몰살당합니다.

그의 아들 이지순, 이지영, 이지광은 개망나니였습니다. 한번은 이지영이 최충수의 비둘기를 강탈합니다. (아마 아주 비싼 애완 비둘기였을 것입니다.) 최충수는 이지영의 집에 가서 비둘기를 돌려달라고 했는데 오히려 이지영에게 결박당하는 수모를 겪습니다.

이것이 발단이 되어 최충수와 그의 형 최충헌은 이의민 일가를 처단하기로 결심합니다. 1196년 4월 최충헌과 최충수는 미타산의 별장에 있던 이의민을 급습합니다. 이지순과 이지광은 도망치지만 결국 붙잡혀 죽습니다. 이지영은 죽기 전에 신나게 놀아야겠다 생각하고는 해주로 달아나 잔치를 벌이며 즐기다가 추격해 온 군대에 의해 사망합니다. 이후 이의민 일가 3대가 모두 몰살당합니다.

무신 중 얼마 되지 않는 인격자였던 두경승도 1197년 9월 최충헌에 의해 유배당하고 11월 유배지에서 세상을 떠납니다.

읽을거리

고려시대 2군 6위의 상장군, 대장군으로 구성된 회의 기관을 중방(重房)이라 하였는데 도성과 관련된 수비 등에 대해 회의하는 기관입니다. 하지만 무신정권 초기 중방은 2성 6부와 도병마사를 제치고 최고기구가 됩니다. 경대승은 '도방(都房)'이라는 사병 집단을 만들어 자신의 호위를 맡겼는데 도방은 최고기구의 역할도 겸하게 됩니다. 경대승 사후 도방은 없어지고 다시 중방이 최고기구가 됩니다.

최씨정권 성립 1197년

정권을 장악한 최충헌은 자신에게 방해가 되는 정적들을 모조리 숙청하고 1196년 5월에 아우인 최충수와 함께 명종에게 봉사 10조라는 개혁안을 건의합니다.

1197년 9월 최충헌은 군사를 일으켜 대궐을 점령합니다. 그리고 명종이 봉사 10조를 제대로 이행하지 않는다는 이유를 들어 폐위합니다. 명종

폐위에 반대할 만한 사람인 두경승에게 국정을 논의하자고 불러내어 붙잡은 후 자연도로 귀양보냅니다. 더 이상 최충헌에게 대항할 사람이 없어지자 신종을 옹립합니다.

신종은 최충헌을 벽상삼한삼중대광개부의동삼사수태사문하시랑동중서문하평장사상장군상주국병부어사대판사태자태사壁上三韓三重大匡開府儀同三司守太師門下侍郎同中書門下平章事上將軍上柱國兵部御史臺判事太子太師에 책봉합니다. (참고로 우리 역사상 가장 긴 작위입니다.)

최충헌은 중방을 폐지하고 교정도감을 설치하여 국가의 중요한 정책을 결정하고 집행합니다. 그리고 도방을 재건하여 호위를 강화합니다.

그의 아들 최우는 자신의 집에 정방을 설치하여 인사 행정을 담당하게 하였고, 서방을 설치하여 문신들을 등용하고 정책을 자문합니다. 대표적인 문신으로 이규보가 있습니다. 그리고 최우는 친위대인 야별초를 조직하여 최씨정권을 지킵니다. (친위대는 군주의 개인적인 군대를 말하고, 별초別抄는 따로 선정해 뽑은 병사들로 이루어진 부대를 말합니다.)

야별초는 몽골과의 전쟁 때 정규군 조직으로 확대 재편되어 좌별초, 우별초로 나눴고, 여기에 몽골의 포로로 잡혔다가 탈출하거나 송환된 사람들을 모은 신의군을 합쳐 삼별초가 됩니다.

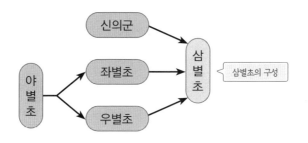

농민과 천민의 봉기

무신 정권이 성립한 신분 질서가 크게 흔들립니다. 당장에 이의민은 천민 출신입니다. 그 때문에 백성들은 신분 상승에 대한 기대를 하게 됩니다. 또한 무신 정권 시대 집권자와 무신 출신 지방관들은 백성의 토지를 강제로 빼앗고 세금을 과도하게 거두어 백성을 괴롭힙니다. 이 두 가지가 원인이 되어 전국 각지에서 농민과 천민이 봉기하였습니다.

공주 부근의 명학소('향·부곡·소'중에서 소)에서는 망이·망소이 형제가 난을 일으킵니다. 이들은 1176년 정월, 공주를 공격해 함락시킵니다. 정부에서는 진압군을 보내지만 오히려 패배합니다. 정부는 6월에 명학소를 충순현(忠順縣)으로 격상시키고 지방관을 파견해 민심을 달랩니다. 하지만 난을 일으키면 오히려 원하는 것을 얻을 수 있다는 것을 학습한 망이와 망소이는 12월 다시 난을 일으킵니다. 정부에서는 다시 토벌군을 파견했고, 망이와 망소이는 열흘도 못 되어 항복합니다. 정부는 국고의 곡식을 내려주고 고향으로 돌려보냅니다. 난을 일으켜도 곧 풀려난다는 것을 안 망이와 망소이는 다음 해 다시 난을 일으켜 한때 충청도 일대를 장악했습니다. 하지만 이번에는 정부도 강경하게 대처해 결국 토벌당하고 충순현은 삭제당했으며 망이와 망소이는 체포당합니다.

경상도의 운문에서 김사미가, 초전에서는 효심이 난을 일으킵니다. 이들은 곧 신라 부활이라는 공통된 목표로 연대하여 움직였고 반란의 규모는 경상도 전역에 이를 정도로 커집니다. 신라를 부활시켜 자신이 왕이 되려던 이의민이 내통을 하고 있었기 때문에 쉽게 진압되지도 않았습니다. 이의민의 장남 이지순은 토벌대로 경주에 파견됩니다. 그런데 이지순이 반군과 내통하는 바람에 관군은 여러 번 싸움에서 패배합니다. 나중에 이 사실이 발각나지만 토벌군 총사령관인 전존걸은 이지순의 아버지가 무서워 처벌할지 말지를 고민하다가 자살합니다. 정부에서 새로 총사령관을 임명한 후에야 간신히 반란이 진압됩니다.

전주에서는 관청 소속의 공노비들이 봉기하였고, 개경에서는 사노비였던 만적 등이 신분 해방을 목적으로 봉기를 계획하였으나, 사전에 발각되어 실패하기도 했습니다. 최충헌의 노비로 추측되는 만적은 사노비와 관노비들을 모은 후 다음과 같은 계획을 발표합니다. 날짜를 정해

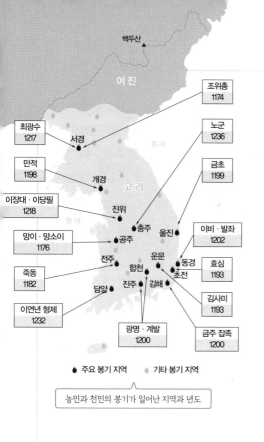

백두산

여진

조위총
1174

최광수
1217

서경

동해

노군
1236

만적
1198

개경

금초
1199

이장대·이당필
1218

고려

진위

망이·망소이
1176

충주

울진

공주

이비·발좌
1202

죽동
1182

전주
합천
담양
진주

운문
동경

효심
1193

김해

조전

김사미
1193

이연년 형제
1232

광명·계발
1200

금주 잡족
1200

🔴 주요 봉기 지역　　⚫ 기타 봉기 지역

농민과 천민의 봉기가 일어난 지역과 년도

흥국사에 모인 후, 관노비들은 조정의 청사 내에서 권신들을 죽이고 사노비들은 개경 성내에서 최충헌을 비롯해 자기 상전을 죽여 노비 문서를 불태운 뒤 집권하자는 것이었습니다. 하지만 정작 거사 당일 흥국사에는 몇백 명의 노비들밖에 오지 않았습니다. 만적은 날짜를 다시 정하고 보제사에 모이기로 약속합니다. 그런데 순정이라는 노비가 이 사실을 자기 주인인 한충유에게 고자질합니다. 한충유가 최충헌에게 알렸고, 최충헌은 만적을 비롯한 노비 100여 명을 붙잡아 모두 산 채로 강에 던져 죽여버립니다. 이로써 한충유는 승진하고 순정은 은 80냥을 받고 양인으로 면천되었습니다.

✦ 보조국사 지눌 ✦

지눌은 1165년(의종 19년)에 8살의 나이로 출가했습니다. 1182년(명종 12년)에 승과에 급제하였으니 불교 교리에도 무척이나 밝은 사람입니다. 하지만 출세를 포기하고 선종의 수행을 통해 깨달음을 얻습니다.

1188년(명종 18년), 공산(현재 대구 팔공산)의 거조사에 머물면서 세속화되어 가던 불교를 혁신하기 위해 권수정혜결사문(勸修定慧結社文)을 발표하고 정혜결사를 조직합니다. 1200년 (신종 3년), 송광산 길상사로 옮겨 불교의 교리 공부와 참선을 함께 해야 한다는 정혜쌍수를 주장합니다. 이는 선종과 교종을 하나로 합치려는 시도입니다.

희종은 즉위하자마자 송광산을 조계산, 길상사를 수선사(현재 송광사)라 고치고 제방을 친히

써줄 정도로 지눌을 후원합니다.

지눌은 의천과 완전히 반대의 행보를 보입니다. 의천은 교종을 먼저 통합하고 선종을 합치려고 했지만, 지눌은 종래의 9산 선문을 조계종에 통합하고 선종인 조계종을 중심으로 교종을 하나로 합치려고 합니다. 의천은 결국 실패했지만 지눌은 성공합니다. 이때부터 우리나라 불교의 특징은 통합불교가 됩니다. 현재 우리나라 불교에서 가장 큰 종파가 조계종이라는 것을 생각하면 지눌이 현대의 불교에 미친 영향은 막대합니다.

그러나 불교는 그 이후 다시 타락하였고 원 간섭기에는 권문세족과 연결되어 막대한 토지를 소유하고, 고리대를 통해 재산을 축적하는 등 여러 폐단을 드러내다가 조선이 들어서자 백성들의 정신적인 구심점의 역할을 상실합니다.

읽을거리

지눌은 깨닫고 나서 계속 수행해야 한다는 돈오점수(頓悟漸修)를 주장하는데 태양과 눈으로 비유해 태양이 뜨면 눈이 녹지만 다 녹을 때까지는 시간이 필요합니다. 그 때문에 태양과 같은 깨달음을 얻었더라도 계속해서 수행해야 한다는 입장입니다.

그런데 현대 불교의 가장 유명한 고승인 성철 스님은 지눌의 주장을 아주 혹독하게 비판합니다. 예를 들자면 캄캄한 방에 한 번 불이 켜지면 그동안의 어둠이 단숨에 사라지는 것이지 점차 사라지는 것이 아니라는 주장입니다. 누구 말이 맞는지는 잘 모르겠습니다.

✦ 봉정사 극락전 ✦

현재 우리나라에 남아있는 가장 오래된 목조건물은 봉정사의 극락전입니다. 대략 1200년 초에 지어진 것으로 추측됩니다. 극락전이 고려시대 건물이고 봉정사는 신라시대 지어진 사찰입니다. 앞면 3칸·옆면 4칸 크기이고 지붕은 맞배지붕, 기둥은 배흘림 형태이며, 주심포 양식입니다.

봉정사 극락전

불단과 닷집

배흘림기둥은 기둥의 중심부가 상·하부에 비해 더 굵어 중심부에서 위, 아래로 갈수록 점점 굵기가 가늘어지는 형태의 기둥입니다. 사람의 눈은 반듯한 기둥의 중심부가 홀쭉해 보인다고 착각합니다. 이 착각을 바로잡는 것이 배흘림기둥입니다. 서양에서는 엔타시스(entasis)라고 합니다. 파르테논 신전의 기둥도 엔타시스입니다.

건물 안쪽 가운데에는 불상을 모셔놓고 그 위로 화려한 닷집을 만들었습니다. 또한 불상을 모신 불단의 옆면에는 덩굴무늬를 새겨 놓았습니다. (불자들은 부처님 주위를 오른쪽으로 세 바퀴 돈 후 절을 합니다. 불상도 마찬가지로 경배합니다.

처마 밑 공포가 기둥뿐 아니라 기둥과 기둥 사이에도 있는 것은 다포 양식입니다.

그 때문에 가운데에 놓입니다.)

비슷한 시기에 만들어진 부석사 무량수전도 주심포와 배흘림기둥을 가지고 있습니다. 다만 지붕은 팔작지붕입니다. 한편 부석사에는 고려시대 유일의 소조(塑造, 흙으로 빚은)불상이 있습니다. 고려시대 불상이지만 신라시대의 불상 양식을 계승해 무척이나 정교합니다.

부석사 무량수전 부석사

소조불상

읽을거리

아미타불을 수명이 무한하다고 해서 무량수불(無量壽佛)이라고 합니다. 아미타불은 극락(極樂)을 만들고, 자신의 이름만 염불하여도 극락에 갈 수 있도록 하였습니다. 그래서 원효 대사가 '나무아미타불'을 외우라고 한 것입니다. '미타전=무량수전=극락전'입니다.

15장

✦

몽골의
계속된
침략

우리 역사		세계사
	1206년	칭기즈 칸 몽골 초원 통일
몽골 1차 침략	1231년	
	1234년	금나라 멸망
여몽전쟁 종결	1259년	
삼별초의 난	1270년	
	1274년	원나라 1차 일본 원정
	1279년	남송 멸망
	1281년	원나라 2차 일본 원정

　금나라 북쪽 초원 지역에는 나이만, 타타르, 케레이트, 메르키트, 카마그 몽골 등의 부족이 살았습니다. 1206년 카마그 몽골의 보르지긴 테무진은 초원의 부족들을 통일하고 칭기즈 칸이라는 칭호를 얻습니다.

　칭기즈 칸은 1207년 서하 원정을 시작으로 금나라, 서요, 호라즘을 공격하고 러시아와 유럽까지 정벌하고 몽골 제국을 세웁니다. 제2대 오고타이 칸은 1234년 금나라를 완전히 멸망시킵니다. 제4대 몽케 칸은 중동의 아바스 왕조를 멸망시켰고, 몽케 사후 뒤를 이은 쿠빌라이 칸은 1279년 중국 남송을 멸망시킵니다.

　몽골제국은 몽골족 관습에 따라 칭기즈 칸의 자손들에게 나누어집니다. 몽골 초원과 금나라가 있던 지역은 황제의 직할령이 되었고(원나라),

러시아 남부에는 장남 주치의 아들 바투가 세운 킵차크 칸 국, 서아시아
에는 막내 툴루이의 아들 훌라구의 일 칸 국, 서西투르키스탄에는 차남
차가타이의 차가타이 칸 국, 동東투르키스탄에는 오고타이 칸 국이 들어
섭니다.

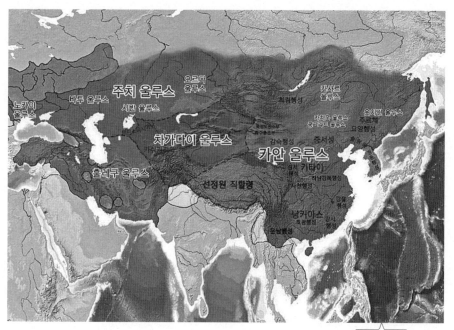

몽골 제국

몽골의 제1차 침략   1231년

몽골이 금나라를 공격하자 거란족 출신 금나라 장수였던 '야율유가'가 거란인들을 모아 1213년 만주에 동요를 세웁니다. 하지만 몽골이 공격하자 바로 항복하고 몽골의 속국이 됩니다.

이에 반대했던 야율유가의 동생 야율시불은 야율유가를 축출하고 1216년 새롭게 요나라를 건국합니다. 이를 후요라고 합니다. 하지만 몽골군의 공격에 3년 만에 멸망하고 야율유가는 동요를 되찾습니다. 이 과정에서 1216년(고종 3년)부터 1219년(고종 6년)까지 많은 거란인이 고려를 침범합니다. 1218년 거란인 8만 명이 강동성(현재 평양 동쪽)을 침범합니다. 몽골은 이들을 추격하여 인주에 이르렀는데 이때 우리나라 역사상 가장 악질적인 민족 반역자 가문의 시조가 되는 홍대순이 투항합니다. 강동성의 거란족은 다음 해 김취려가 이끄는 고려와 카치운이 이끄는 몽골 연합군에 의해 패배합니다.

그런데 이후 몽골과 고려의 갈등이 시작됩니다. 몽골은 이 사건을 빌미로 고려에 해마다 과중한 공물을 요구합니다. 1225년(고종 12년) 음력 1월, 몽골 제국 사신 저구유가 귀국하던 도중 국경에서 자객에게 피살당하는 사건이 발생합니다. 몽골 제국에서는 고려의 소행이라 주장했고, 고려에서는 금나라의 소행이라 주장합니다. 양국의 관계는 점점 험악해지더니 마침내 국교가 단절됩니다.

몽골의 제2대 지배자인 오고타이 칸은 금나라를 치기 전에 등 뒤의 위협을 없애기 위해 살리타이에게 군사 3만 명을 주어 고려를 침략합니다. 귀주성 전투에서의 박서, 김경손 등의 맹활약으로 1만 명의 몽골군을 귀주에 묶어두며 승리를 거두었지만, 인주를 지키던 민족 반역자 홍대순의 아들인 홍복원이 항복하고 길앞잡이가 되어 몽골군을 개경까지 안내합니다. 고종은 회안군 왕정을 적진에 보내어 강화를 맺으면서 제1차 침략은 끝납니다.

한편 충주성에서는 고을 수령과 군 지휘부들은 다 도망을 가고 노비와 백성들이 끝까지 지켜냅니다. 그런데 몽골군이 물러가자 돌아온 충주군 지휘관들이 몽골군이 약탈해 간 고을의 기물과 물자를 노비들이 훔쳐 갔다고 뒤집어씌웁니다. 분노한 노비들이 반란을 일으켰다가 진압되고, 조정에서는 몽골군 격퇴의 공이 있다 하여 용서합니다. 하지만 이미 고려의 민심은 무신정권을 떠나버립니다.

■ 읽을거리

1219년 강동성에서 포로로 잡힌 8만 명의 거란 유민들은 어찌 되었을까요?

고려는 칭기즈칸처럼 멸살하지 않았습니다. 그렇다고 고려와 여러 차례 싸웠던 적국의 유민에게 좋은 대접을 해주지도 않았습니다. 그러다 보니 자기들끼리 모여서 마을을 만들어 살거나 유랑하게 되고 고려인들이 꺼려 하는 일을 하며 먹고살게 됩니다. 그러한 일들이 도살업, 갖바치, 버들고리 만들기, 광대 등의 일입니다. 사냥과 축산, 도축, 갖바치는 유목민 출신이기에 농경민들보다 당연히 잘할 수 있고, 버들고리 또한 항상 이동해야 하는 유목민의 특성상 만드는 기술을 가지게 된 것입니다. 이 사람들은 양수척(나중에는 화척, 재인)이라고 불리며 사회의 가장 낮은 계급을 형성합니다.

몽골의 제2차 침략　　1232년

제1차 침략이 끝나자 무신정권의 집권자인 최우는 살리타이가 고려 점령지를 다스리기 위해 파견한 다루가치들을 모두 학살하고 1232년(고종 19년) 음력 6월에 강화도로 천도합니다. 이 소식을 들은 몽골은 살리타이를 앞세우고 2차 침략을 합니다. 몽골은 홍복원의 길 안내로 서경, 개경, 남경을 차례로 함락시킵니다. 해전에 약한 몽골은 강화도에 사신을 보내어 항복을 요구했으나 고려는 거절합니다. 화가 난 살리타이는 아예 고려를 초토화할 결심을 합니다. 충청도와 대구를 지나 부인사를 불태워 버렸고 그때 초조대장경도 불타서 사라집니다.

그해 11월 살리타이는 경기도 광주에 도착하여 광주성을 공격했지만, 목사 이세화가 지키던 광주성은 끝내 함락되지 않습니다. 살리타이는 광주성을 포기하고 대신 분풀이로 처인성(현재 용인)을 공격합니다. 처인성은 작은 토성이었고 여기에는 천민들의 거주지인 부곡이 있었습니다. 성 안에는 부곡의 천민들과 피난민들 그리고 김윤후를 비롯한 승려 100여 명과 소수의 병사가 전부였습니다. 처인성의 사람들은 김윤후를 대장으로 추대합니다. 김윤후는 전투 중 활로 고려침공군의 총사령관 살리타이를 사살합니다. 총사령관이 죽자 몽골군은 서둘러 고려와 강화를 체결하고 철수합니다.

이후 처인부곡은 처인성 전투의 공을 인정받아 처인현으로 승격됩니다. 또한 조정에서는 김윤후에게 상장군(고려 장수 중 최고지위)의 직위를 내렸으나 김윤후는 거절합니다. 그러자 섭랑장攝郎將에 임명합니다. 이 때부터 그는 환속하고 무신이 됩니다.

✦ 이규보 ✦

이규보는 고려 중기의 문관으로 시와 문장에 뛰어나 역사에 남을 명문을 써 내렸으며, 또한 글 짓는 재주를 이용해 몽골과의 외교에도 큰 역할을 하였습니다.

이규보는 4수 끝에 과거에 합격했지만 하급 관리와 임시직을 전전하며 청춘을 다 보냅니다. 이유는 상관의 비리를 간언하다가 높으신 분들의 눈 밖에 났기 때문입니다. 그의 성격을 잘 보여주는 일화가 있습니다.

중국 위진남북조시대에 노장사상에 심취하여 술 마시고 시를 지으며 유유자적 살던 죽림칠현 (竹林七賢)이라 불리는 사람들이 있었습니다. 무신정권 시절 무신의 횡포를 피하여 죽림칠현 처럼 세상을 피하여 술 마시고 시를 지으며 살던 사람들이 고려에도 있었는데 이들을 죽림고회 (竹林高會)라고 합니다. 일곱 명으로 되어 있던 모임에서 한 명이 빠지자, 이규보는 죽림고회에 들어오라는 제안을 받습니다. 하지만 이규보는 이 모임을 비웃으며 가짜 죽림칠현에는 끼고 싶지 않다고 말합니다. (이 이야기는 이규보가 칠현설이라는 글로 남깁니다.)

그러던 어느 날 최충헌이 이규보에게 문장을 적게 했는데 이 문장을 본 최충헌이 그의 문장력에 감탄하고 맙니다. 이규보는 당장에 정규직이 되었고 최충헌의 비호 아래 승승장구하여 마침내 재상의 직위에까지 오릅니다. 그런데 최씨 정권의 호의가 정말 고마웠는지 이후로 최씨 정권에 대한 아부가 극치에 다다릅니다. 이규보가 지은《동국이상국집(東國李相國集)》을 보면 정말 닭살이 돋을 정도로 최씨정권을 찬양하고 있습니다. 그리고 최우의 글씨를 칭찬하며 '신품사현(神品四賢)'으로 추켜세우기까지 합니다. (여기에서 신품사현은 신라와 고려의 대표적인 서

예가 네 명으로 김생, 탄연, 최우, 유신을 가리킵니다.)

이런 행보 때문에 이규보는 관료로써는 높은 평가를 받지 못합니다. 그럼에도 문장력은 좋아 그의 작품은 높은 평가를 받았고 현재까지도 전해져 옵니다.

대표작으로는《동국이상국집》이 있습니다. 고려(東國)의 이(李)규보 재상(相國)의 글을 모은 (集) 책입니다. 이 책에 동명성왕 신화를 읊은 서사시가 실려있는데, 현재까지 확인되는 한국에서 가장 오래된 서사시입니다. 동명왕 편은 구삼국사(舊三國史)에서 소재를 취하여 우리 민족적 우월성과 고려의 고구려 계승의지를 담고 있습니다. 또 죽은 정지상이 귀신이 되어 살아있는 김부식을 괴롭히는 얘기인《백운소설》도 이규보의 작품입니다.

✦ 경기체가 ✦

경기체가(景幾體歌)는 고려 고종 때 발생하여 조선 선조 때까지 약 350년간 이어진 시가입니다. 끝에 '景幾 엇더흐니잇고'란 후렴구가 붙는다고 해서 경기체가라고 불립니다.

고종 대 <한림별곡(翰林別曲)>, 안축의 <관동별곡(關東別曲)>, <죽계별곡(竹溪別曲)>, 조선시대 권근의 <상대별곡(霜臺別曲)>, 변계량의 <화산별곡(華山別曲)> 등의 작품이 있습니다. 제목에 '별곡'이라는 말이 붙어 있어 별곡체라고도 합니다. 기본 형식은 고려가요와 같은 3음보 분절체이며, 기본율은 3·3·4조입니다.

상류층들이 자신의 지식이나 재산, 지위 같은 것을 과시하는 내용인 데다가 한문으로 적혀있다 보니 문학적인 가치를 높게 인정받지는 못합니다.

지금으로 따지자면 딱 잘난체하는 사람들의 작품 같습니다. 예를 들면 자기 집에 고성능 컴퓨터도 있고, 고급 냉장고도 있고, 초대형 TV도 있고 등 마구 나열하다가 마지막에 '景幾 엇더흐니잇고(이 모습이 어때?)'로 끝이 납니다.

관동별곡

-안축-

제 1장

海千重 山萬疊 關東別境

해천중 산만루 관동별경

바다는 천겹, 산은 만첩, 관동별경

碧油幢 紅蓮幕 兵馬營主

벽유당 홍연막 병마영주/

푸른 군막, 붉은 연꽃무늬 막, 병마영주(군사령관)

玉帶傾盖 黑槊紅旗 鳴沙路 爲巡察 景幾何如

옥대경개 흑삭홍기 명사로 위순찰 경기하여

옥띠 매고 일산 쓰고, 검은 창과 붉은 깃발 펄럭이며, 명사길로 순찰하는 이 모습이 어때?

朔方民物 慕義趨風

삭방민물 모의추풍

삭방 지방 백성과 재물을 지키려고, 정의를 좇아 바람처럼 달린다.

고려에 가장 큰 피해를 준 것은 3차 침략입니다. 1235년부터 1239년까지 고려를 샅샅이 훑으며 막대한 피해를 줍니다. 이때 황룡사가 전소되고 황룡사 대종 등 문화재들이 약탈당합니다.

고려 조정이 한 일이라고는 부처의 힘을 빌려 몽골을 물리치겠다며 1236년 팔만대장경의 제조를 시작한 것뿐입니다. 그러나 부처님의 힘이 효과가 없었는지 몽골군의 만행은 더욱 극심해졌고 결국 1238년 겨울 몽골에 강화를 제의합니다. 몽골은 고종의 입조와 강화도에서 나올 것을 조건으로 1239년 4월에 철수합니다.

읽을거리

1237년 정월, 전라도 담양 일대에서 이연년 형제가 백제 부흥을 내걸고 난을 일으킵니다. 반란군은 승승장구하여 귀주성전투의 영웅 김경손이 있는 나주성을 포위할 정도에 이릅니다. 그런데 이연년은 김경손을 생포해 자신의 장수로 삼으려고 부하에게 활을 쏘지 말고 단병으로만 싸우라 명령합니다. 결국 성 밖을 나온 김경손과 별초들에 이연년은 죽고 반란은 진압됩니다.

팔만대장경 제작 1236년~1251년

부처님의 힘으로 거란을 물리치기 위해 만든 초조대장경은 1232년(고종 19년) 몽골군의 침략으로 소실되고 고려 정부에서는 다시 대장경을 제작합니다.

최우는 강화도에 대장도감이라는 임시기구를 설치하여 1236년부터 1251년까지 16년에 걸쳐 간행합니다. 경판의 숫자는 8만 1352판입니다. 그래서 팔만대장경(八萬大藏經)이라고 부릅니다. 또는 다시 만들었다고 해서 재조대장경(再雕大藏經)이라고도 부릅니다. 강화성 서문 밖 대장경판당에 보관했다가 이후 선원사로 옮기고 1398년(태조 7년) 5월 합천 해인사로 옮겼습니다.

팔만대장경은 몇 차례 사라질 뻔합니다.

첫 번째는 태종 대에 벌어집니다. 일본의 다이묘(지방 영주)인 오우치 요시히로는 조선 초기에 상당히 많은 교류를 하며 조선에 팔만대장경판을 달라고 요구합니다. 조선은 숭유억불의 정책을 국가 시책으로 정했기 때문에 쉽게 얻을 수 있다고 생각한 것입니다. 하지만 조선 조정에서는 대장경은 국보라 줄 수 없다고 합니다. 그럼에도 끊임없이 달라고 하며 세종대왕 대에는 사신이 단식투쟁까지 합니다. 불교에 관심이 없던 세종대왕은 대장경판을 넘겨주려고 합니다. 하지만 신하들이 요구한다고 줬다가는 나중에 더 큰 것을 요구할 것이라며 반대하자 팔만대장경 인경본을 주는 것으로 무마합니다. 나중에 불교를 좋아하게 되는 세종으로서도 참으로 다행인 결정이고 우리나라로서도 정말 다행인 결정입니다.

해인사는 총 일곱 번이나 불이 납니다. 그때마다 다행히도 대장경은 멀쩡했습니다. 대장경판을 보관하는 합천 해인사 장경판전이 화재를 방지하는 과학적 설계와 배치를 하였기 때문이기도 하지만 정말로 부처

해인사 장경판전

님의 가피를 받았는지도 모르겠습니다.

6·25전쟁 중 인천 상륙작전 이후 대대적인 반격 작전이 시작되며 북한군 빨치산들은 산속에 숨어 유격전을 벌입니다. 국군은 이들을 소탕하기 위해 빨치산의 은거지로 사용될 수 있는 사찰들을 파괴합니다. 해인사도 파괴될 뻔했습니다. 하지만 김영환 장군(당시 대령)은 해인사를 폭격하는 대신 주변 상공을 선회하며 해인사 주변에 화력 시범을 보이고 위협을 느낀 빨치산들은 해인사에서 철수합니다. 덕분에 팔만대장경이 무사히 보존될 수 있었습니다.

덧붙이자면 해인사는 통일신라시대에 지어진 사찰이고, 팔만대장경은 고려시대에 간행되었고, 장경판전은 조선시대 건물입니다. 시기가 달라 헷갈릴 수 있기에 기억해 두면 좋습니다.

✦ 금속활자 ✦

활자는 인쇄하기 위하여 만든 글자 틀입니다. 흙으로 만들면 흙활자, 나무로 만들면 목활자입니다. 목판의 경우 한 판에 책 한 장을 전부 새겨야 하지만, 활자는 여러 개를 모아서 한 판을 만듭니다. 그리고 한 번 사용한 활자는 재사용할 수 있으므로 시간과 힘을 절약할 수 있습니다. 하지만 흙활자는 쉽게 부서지고, 목활자는 갈라지는 단점이 있어 널리 보급되지는 않았습니다. 그러나 납이나 구리 같은 금속으로 활자를 만들면서 이러한 단점들이 사라지게 됩니다.

고려는 세계 최초로 금속 활자를 발명합니다. 그동안 축적된 목판 인쇄 기술, 신라 시대 이래로 발전해 온 청동 주조 기술, 그리고 금속 활자 인쇄에 적합한 먹과 종이를 생산할 능력이 있었기 때문에 가능했습니다.

《동국이상국집》에는 1234년에 《상정고금예문》을 금속 활자로 인쇄하였다고 기록했습니다. 그러나 이 책은 오늘날 전해지지 않습니다. 현재 남아있는 가장 오래된 금속 활자 인쇄본은 1377년에 청주 흥덕사에서 간행한 《백운화상초록불조직지심체요절(白雲和尙抄錄佛祖直指心體要節)》입니다. 대부분 끝부분인 《직지심체요절》로 불리거나 표기됩니다. 그런데 《남명천화상송증도가(南明泉和尙頌證道歌)》가 이 직지보다 138년 앞서 만들어진 금속활자본이라는 유력한 증거가 있습니다. 만약 이것이 사실로 확인되면 '현존하는 세계 최초의 금속활자본'이 바뀌게 됩니다.

《직지심체요절》은 참으로 사연이 많은 책입니다. 구한말 주한프랑스공사이자 고서적 수집광이었던 빅토르 콜랭 드 플랑시의 수집 목록에 우연히 직지가 포함됩니다. 이후 직지는 책 주인이 여러 번 바뀌다가 프랑스 국립도서관이 소장하게 됩니다.

1995년 김영삼 대통령은 프랑수아 미테랑 프랑스 대통령과의 회담에서 프랑스 고속철도인 테제베(TGV)를 구매하는 조건으로 병인양요 당시 약탈한 외규장각 서적과 직지 반환을 약속받았습니다. 그런데 외규장각의 고서적들을 반환받았지만 직지는 프랑스 국립도서관 사서들이 주도한 직지 반환 반대 시위 등으로 인해 돌려받지 못했습니다. 사실 직지는 프랑스가 뺏거나 훔친 것이 아니라 정당하게 거래를 한 것이기 때문에 억지로 돌려달라고 할 수도 없습니다. 직지는 약탈문화재가 아니기에 꼭 기억하시기를 바랍니다.

여몽전쟁의 끝 1259년

몽골은 고려기 약속한 입조와 강화도에서의 출륙을 지키지 않자 1247년 아무칸에게 군사를 주어 고려를 다시 침략합니다. 제4차 침략 때 김방경이 위도 전투(청천강 하구에 있는 섬)에서 승리합니다. 방파제를 만들어 땅을 확보한 후 농사를 짓고, 저수지를 만들어 빗물을 받아 식수로 사용하며 위도에서 굳건히 버텼다고 합니다. 김방경은 1263년에는 진도에 침입한 왜구를 물리쳤으며 후에 삼별초의 난을 진압하는 데 참여하여 공을 세웁니다.

몽골에서 제3대 칸인 구유크 칸이 죽고 후계자 자리를 두고 분쟁이 일어나자 고려의 '선철군 후입조'의 약속을 다시 받고 철군합니다. 1249년 최우가 사망하고, 뒤를 이어 최항이 집권자가 됩니다. 후계 분쟁이 끝나고 제4대 몽케 칸이 즉위하자, 그는 고려가 약속을 지키지 않았다는 것을 이유로 1253년 예케에게 군사를 주어 고려를 다시 침략합니다.

제5차 침략에서 처인성의 영웅 김윤후가 충주성 전투에서 승리합니다. 몽골군은 김윤후가 방호별감으로 버티고 있던 충주성을 무려 70일간이나 공격합니다. 결국 충주성은 군량이 떨어지고 사기도 저하됩니다. 그러자 김윤후는 관청에 보관된 노비 문서를 불사르고 몽골군에게서 빼앗은 소와 말 등을 사람들에게 나눠주며, "사력을 다해 싸운다면 훗날 귀천을 가리지 않고 모두에게 벼슬을 내릴 것이다!"라고 격려하며 사기를 끌어 올립니다. 결국 몽골군은 퇴각하였고 충주성 사람들은 관노나 백정부터 일반 백성까지 모두 벼슬을 받았으며 김윤후도 감문위 상장군監門衛 上將軍으로 임명됩니다. 그리고 충주성은 국원경으로 승격됩니다. 처인성 전투도 그렇고 충주성 전투도 그렇고 김윤후는 장군이 아니라 노예 해방 운동가이자 도시 승격 전문가인 것 같습니다.

제5차 침략은 고려 왕자 안경공 창을 몽골에 보내 항복 의사를 전달하면서 끝납니다. 몽골이 침략하는 이유는 고려가 입조하겠다, 강화도를 나오겠다는 말로 강화를 하고 몽골군이 물러가면 약속을 깨기를 반복했기 때문입니다. 사실 왕은 오랜 전쟁에 지쳐 몽골에 항복하려고 했지만 자신들의 권력이 무너지는 것이 두려웠던 무신 정권이 강화도에 숨어서 나오지 않았던 것입니다. 몽골과의 전투에서 거둔 승리도 무신 정권의 부대가 아니라 지방의 백성들이 힘써 싸운 결과입니다. 그 후로도 몽골은 자랄타이를 앞세워 4번이나 더 침략합니다. 하지만 원종이 태자 시절인 1259년 몽골에 입조하여 쿠빌라이를 만나고 협상하면서 여몽전쟁은 끝이 납니다.

삼별초의 난 1270년

1260년 원종이 고려 국왕으로 즉위합니다. 원종은 1268년 임연과 힘을 합쳐 김준을 죽입니다. 그러나 1년 후인 1269년에는 새로운 무신 집권자가 된 임연에 의해 폐위당합니다.

당시 태자인 왕심은 몽골에서 귀국하는 길에 이 소식을 듣고 다시 몽골로 돌아가 쿠빌라이 칸에게 전했고, 결국 쿠빌라이 칸의 압박으로 원종이 다시 복위합니다. 원종은 이후 몽골로 가서 몽골과 고려의 혼인동맹을 추진합니다. 그사이 임연이 죽고 1270년 아들 임유무가 무신정권의 집권자가 되지만 3개월 만에 원종의 명령을 받은 홍문계, 송송례 등에 의해 붙잡혀 죽으면서 100년간의 무신정권이 무너집니다. 이후 고려는 개경으로 환도합니다.

1270년 원종은 무신정권을 끝장내기 위해 삼별초 해산령을 내립니다. 그러자 당시 지도자였던 배중손을 중심으로 삼별초의 난을 일으켜 승화

후 왕온을 고려의 새 왕으로 추대합니다. 이것은 구국의 결단 같은 것과는 한참 거리가 먼 행동입니다. 어떻게든 자신들의 권력을 유지하기 위한 최후의 발악일 뿐입니다. 일단 강화도에서 벗어나 진도로 이동하여 성을 짓고 저항합니다. 고려 조정에서는 삼별초의 난을 진압하기 위해 원나라에 원병을 요청합니다.

1271년 원나라와 고려 연합군이 진도를 공격합니다. 민족반역자 홍복원의 아들 홍다구가 지휘관이 되고 김방경, 훈둔 등이 함께 진도를 기습하여 삼별초의 수장이었던 배중손을 전사시킵니다. 김방경은 원종의 명을 받고 승화후 왕온을 구출하려 했지만 홍다구가 직접 죽입니다. 세력이 약화된 삼별초는 김통정 등이 잔여 세력을 모아 탐라로 가서 재기를 노렸으나 1273년 홍다구의 연합군에 의해 섬멸당합니다.

당대의 백성들은 삼별초를 어떻게 생각했을까요?

삼별초는 전혀 환영받지 못했고 오히려 증오의 대상이었습니다. 그럴수밖에 없었던 건 삼별초는 고려의 정규군이지만 실상은 최씨정권의 친위대나 다름없었습니다. 그 때문에 몽골의 침략 중 한 일이라고는 몽골군이 강화도로 들어오지 못하도록 막은 것뿐입니다.

제주도에서 삼별초는 환해장성 축조에 백성을 강제로 동원하였으며, 세금 징수를 명목으로 민가를 약탈합니다. 그 때문에 나중에는 백성들이 연합군에게 적극적

삼별초의 항쟁

- - - → 삼별초의 이동 방향
───→ 삼별초의 항쟁

⊙ 개경
● 강화
● 처인성
고려
전주
나주
장흥
용장성(진도)
대구
● 동경
김해
합천
동래

배중손
(1270~71)

김통정
(1271~73)

항파두리

동해
황해

으로 협조하여 삼별초의 섬멸에 도움을 줍니다.

원나라의 일본원정   1274년, 1281년

몽골의 침략을 끝까지 버틴 나라들이 있습니다. 일본, 베트남, 인도네시아의 자바, 이집트, 헝가리, 폴란드 등은 끝까지 싸워 몽골군을 물리치고 독립을 지킵니다.

물론 위에서 말한 나라들이 변두리 지역이라 주력군을 보내지 않았다든지, 기후나 지리적 이점 때문에 물러갔다고 깎아내리기도 합니다. 하지만 기후나 지리적 이점이 있더라도 인간의 노력 없이는 나라를 지키는 것이 불가능합니다. 일본의 경우 폭풍 2방에 몽골이 물러났다는 얘기를 많이 합니다. 일본도 이 폭풍을 신이 내린 바람, 즉 가미카제神風라고 부르지요. 더구나 섬이라는 지리적인 장점이 해전에 약한 몽골에 불리하게 작용하기도 했습니다.

하지만 몽골군이 세계를 제패할 수 있었던 이유는 자신을 물리친 상대방의 장점을 모조리 흡수했기 때문입니다. 일본 원정 때도 마찬가지입니다. 일본 원정에 동원된 사람들은 몽골군뿐 아니라 해전에 익숙한 남송과 고려인들도 포함됩니다. 1270년에 쿠빌라이는 고려에 둔전경략사를 설치하고 일본 침공을 준비합니다. 1271년 쿠빌라이는 일본에 무조건 항복하라고 최후통첩을 보내지만 가마쿠라 막부의 호조 도키무네는 오히려 결사 항전의 태세를 다집니다.

1272년 삼별초가 토벌되면서 일본 원정의 걸림돌이 사라지자, 쿠빌라이는 일본 원정을 결의합니다. 그리고 고려에 선박의 건조와 군대의 편성을 명령합니다. 대역적 홍복원의 아들 홍다구의 악랄한 독촉으로 불과 4개월 만에 전함 900척이 완성되었고, 1274년 음력 10월 3일 몽골인 훈둔, 홍다구, 남송인 유복형, 고려인 김방경을 사령관으로 하고, 몽골군이 2만 5000명, 고려군 1만 4700명(전투병 8000명, 배를 다룰 기술자 6700명)으로 이루어진 여몽연합군이 합포를 출발합니다.

여몽연합군의 공격에 쓰시마 섬은 하루 만에 전멸하고 이키섬 또한 같은 운명이 됩니다. 음력 10월 17일 연합군은 규슈에 있는 다카시마에 상륙, 연합군의 선진적인 전법과 몽골군의 신무기인 철포鐵砲는 일본군을 박살 내버립니다. 음력 10월 19일 여몽연합군의 일부 병력이 하카타만 서부 해안에 상륙해 교두보를 확보한 후, 10월 20일 모모치바라, 이키노하마, 하코자키 해안 등 3개 방면에서 대규모 상륙 작전을 합니다. 하카타에서는 총사령관의 동생 쇼니 가케스케가 1만 7000명의 군사를 이끌고 대항하지만, 김방경이 지휘하는 고려군의 압도적인 위력에 해안 방위선이 전부 붕괴합니다.

하지만 일본군도 일방적으로 당한 것은 아닙니다. 쇼니 가케스케는 몽골군 좌우군부원수 유복형에게 화살을 명중시키기도 할 정도로 치열한 격전을 벌이다가 저녁에는 다자이후의 서쪽 관문 미즈 성水成으로 후퇴합니다. 이러한 일본군의 치열한 방어에 연합군은 공격을 멈추고 함대로 돌아가서 재정비합니다.

그런데 음력 10월 20일과 21일 사이 새벽, 하카타만에 대폭풍이 몰아치며 900척의 전함 중 몽골 군함 200척이 침몰합니다. (홍다구가 미워서 배를 대충 만들었기 때문에 배가 쉽게 침몰했다는 설도 있습니다.) 결국 전투를 재개하지 못하고 철수하게 되면서 1차 침공은 실패로 끝납니다.

1차 원정은 폭풍이 가장 큰 역할은 한 것이 사실입니다. 하지만 일본군이 결사적으로 항전하지 않았다면, 그래서 하카타만이 함락되었다면 연합군이 승리하였을 것입니다. 1차 원정 이후 쿠빌라이는 일본에 본때를 보여주었다고 생각하고 1275년, 예부시랑 두세충과 병부시랑 하문저 등 원나라 사신단 30여 명을 보내 다시 항복하라고 통첩을 보냅니다. 하지만 호조 도키무네는 고려인 수행원 네 명을 제외하고 모조리 참수하면서 결사 항전을 다짐합니다. (고려인을 왜 살려줬는지는 불명입니다.) 심지어는 연합군의 원정에 대한 응징으로 고려를 공격할 계획까지 세웁니다.

쿠빌라이는 1276년 남송의 수도 임안(항저우)을 공격해 점령하고 여력이 생기자, 쿠빌라이는 1280년 8월 '정일본행성(정동행성)'을 고려에 설치하고 다시 일본 정벌을 명령합니다. (이때 충렬왕이 적극적으로 돕습니다. 이유는 홍다구의 갑질을 미리 막기 위해서입니다.)

그리하여 1280년 2차 원정군으로 지휘관 훈둔과 홍다구 그리고 1만 병력의 몽골군과 지휘관 김방경 그리고 고려군 전투병 2만 명, 배를 다룰 기술자 1만 7000명, 함선 900척, 군량 12만 3000석의 고려군으로 구성된 동로군과 지휘관 범문호와 옛 남송군 10만으로 구성된 강남군으로 나누어 편성합니다. 그리고 1281년 음력 5월 3일 여몽연합군은 합포를 출발합니다.

하지만 이번에는 철저히 대비한 일본이 만만치 않게 반격합니다. 1281년 음력 5월 21일 동로군이 쓰시마 섬을 공략하지만, 점령도 못하고 물러납니다. 1281년 음력 5월 26일 동로군은 이키섬에서 일본군을 전멸시킵니다. 지휘관인 쇼니 쓰케도키는 끝까지 싸우다 전사합니다. 그 후 동로군은 음력 6월 6일 하카타만으로 진격합니다.

그런데 1276년에 막부의 지시로 하카타만 연안에 축조된 높이 2미터의 방루에 막혀 상륙하지 못합니다. 결국 근처의 시카노섬에 상륙하는데 오토모 요리야쓰가 이끄는 일본군에게 먼저 공격받고는 결국 이키섬으로 후퇴합니다. 그러나 쇼니 가케스케의 지휘하에 오토모 가문, 시마즈 가문, 마츠우라 가문, 류조지 가문, 다카시 가문에 속한 1만의 일본군 병력에 의해 이키섬도 빼앗깁니다. 음력 7월 27일 동로군은 히라도에서 강남군과 합류하여 다시 하카타만 공략을 시도합니다. 이때 연합군의 배는 4000여 척입니다.

그러나 음력 7월 30일, 다카시마 근해에 다시 신풍神風이 불었고, 함대 규모의 절반이 넘는 2000여 척의 함선들이 침몰하거나 표류해버립니다. 결국 훈둔, 범문호 등 지휘관들은 병사들을 남겨두고는 퇴각해 버립니다. 이때 남송군 10만이 수장됩니다. 지휘관 외에 일반 병사는 세 명만 살아남았다고 합니다. 몽골군의 경우, 지휘관 외에 일반 병사는 단 한 명도 살지 못했습니다. (그런데 고려군은 2만 6989명 중 7500여 명이 죽고 1만 9397명이 배를 타고 탈출하는 데 성공했습니다.) 이렇게 2차 침공도 실패하고 쿠빌라이는 일본 침공을 포기합니다.

2차 침공도 신풍덕에 일본이 구원받았다고 할 수 있습니다. 하지만 일본은 2차 침공 당시 전 일본에서 동원할 수 있는 모든 부대를 동원해 결사

항쟁을 각오하고 있었습니다. 심지어는 연합군의 배에 수영으로 침투한 사무라이까지 있었다고 합니다. 만약 신풍이 불지 않았더라도 일본 막부는 최후의 1인까지 항복하지 않았을 것이고, 결국 쿠빌라이는 막대한 희생에 진저리가 나서 포기했을지도 모르겠습니다.

한편 일본 원정이 실패로 끝난 뒤 원나라는 고려의 수군을 해체해 버립니다. 이 때문에 훗날 왜구의 침공 때 고려는 제대로 방어하지 못합니다.

읽을거리

고려의 무신 정권은 1170년부터 1270년까지 100년간 고려를 지배하다 끝이 납니다. 하지만 일본의 무신정권인 막부는 1185년 가마쿠라 막부를 시작으로 1336년 무로마치 막부를 거쳐 1603년 에도 막부까지 이어집니다. 막부 정권은 1868년 천황에게 정권을 돌려주는 대정봉헌을 끝으로 사라집니다. 거의 700년을 이어진 것입니다.

두 정권의 차이는 애국심인 것 같습니다. 고려 무신정권은 몽고의 공격에 자신들이 살기 위해 백성을 내팽개쳤지만, 일본의 막부는 국가를 살리기 위해 자신들의 목숨을 버렸습니다. 그 때문에 일본 백성들은 막부를 지지해 준 것입니다.

홍다구

　1218년(고종 5년) 강동성 전투 당시 홍대순이 몽골에 투항하면서 우리민족 최대의 반역자이자 매국노 집안이 탄생합니다.

　홍대순의 아들 홍복원은 몽골 침략 시 앞잡이를 했을 뿐 아니라 전쟁과 전쟁 사이에는 온갖 거짓말로 고려를 험담하고 이간질을 해 몽골과의 관계를 험악하게 만들어 다시 침략하도록 부추깁니다. 나중에는 고려 왕족으로 몽골에 와 있던 영녕공 왕준까지 무시하며, 자기의 말을 들어주지 않자 "집에서 기르던 개새끼가 주인을 무는구나!"라며 폭언을 합니다. 그런데 이 말을 왕준의 처가 통역을 통해 들었습니다. 왕준의 처는 몽골의 4대 칸 몽케 칸의 딸이었습니다. 그녀는 몹시 화를 내며 "우리 서방님이 개새끼면 나는 개새끼란 결혼한 것이고 우리 아버지는 개새끼의 장인이냐"며 홍복원을 매섭고 혹독하게 꾸짖었습니다.

　왕준이 몽골 공주와 결혼했다는 것을 몰랐을 턱이 없는 홍복원이 이런 짓을 한 것을 보면 권력에 취해 정신이 나갔던 것 같습니다. 하지만 공주의 말에 정신이 돌아온 홍복원은 전 재산을 다 바칠 테니 목숨만은 살려달라고 눈물을 흘리며 애걸복걸합니다. 그러나 왕준의 처는 그 즉시 입궐하여 몽케 칸에게 일러바쳤고, 크게 분노한 몽케 칸은 장사 수십 명을 보내 홍복원을 박살(撲殺, 몽둥이로 곤죽이 되도록 쳐서 죽임)냅니다.

　홍복원의 아들 홍다구는 할아버지, 아버지를 뛰어넘는 희대의 악질이었습니다. 자신에게 방해되면 동맹군인 고려군까지도 죽여버리는 잔인무도한 놈이었습니다. 오죽하면 김방경이 홍다구를 보고 훈둔보다 더 나쁜 놈이라고 할 정도였습니다.

　삼별초의 난을 진압할 때 왕준의 형인 승화후 왕온을 직접 잡아 죽였으며, 1차 일본 정벌 이후 1278년 정동원수의 자격으로 고려에 머무를 때 자신이 싫어하는 김방경이 원나라에 반역한다고 참소하고 고문합니다. 김방경은 끝까지 결백을 주장하였고 원나라에서도 증거가 없으니 풀어주라고 하기에 결국 풀어주고 원나라로 돌아갑니다. 이후 2차 일본 원정 때 다시 고려로 왔다가 원정에 실패하고 원나라로 돌아가서 다시는 고려로 오지 않았습니다.

　덧붙이자면 수박은 홍다구가 처음으로 가져왔습니다. 그래서 역사를 아는 뼈대있는 양반 가문에서는 수박을 먹지 않았다고 합니다.

✤ 원의 간섭 ✤

1259년 고려의 태자(뒷날 원종) 일행은 강화를 맺기 위해 몽골로 갑니다. 그러나 태자 일행이 가는 도중 몽케 칸이 사망하고, 후계자 다툼이 벌어집니다. 태자는 유력한 후계자였던 쿠빌라이를 찾아갑니다. 쿠빌라이는 "고려는 만 리나 떨어져 있고, 당 태종도 굴복시키지 못한 나라인데 지금 그 나라의 세자가 스스로 나에게 왔으니 이것은 하늘의 뜻이다"라며 기뻐합니다. 태자는 쿠빌라이로부터 "고려 고유의 전통과 체제를 바꾸지 않는다"라는 약속을 받아냅니다.

쿠빌라이는 후계자 다툼에서 승리하고 1271년에 국호를 원(元)으로 바꿉니다. 그 때문에 이전의 약속대로 고구려는 독립성을 보장받습니다. 하지만 원나라는 일본 원정이 끝난 뒤에도 정동행성을 폐지하지 않고 그대로 두어 내정을 간섭합니다.

또한 고려의 매국노들은 고려의 땅을 원나라에 갖다 바치는 짓을 벌입니다. 1233년에 홍복원이 귀주를 비롯한 서경 도호 40여 성을 몽골에 바치고 1258년에 조휘와 탁청 등이 화주 일대를 몽골에 갖다 바쳤으며 이 땅에 쌍성총관부가 설치됩니다. 1270년에는 최탄과 이연령 등이 서경에서 반란을 일으킨 후 서경의 60성을 몽골에다 갖다 바쳤고 몽골은 이 지역에 동녕부를 설치합니다. 마지막으로 삼별초의 난이 평정된 후 1273년에 몽골은 탐라에 탐라총관부를 설치하여 목마장을 경영합니다.

동녕부는 1290년에 반환되었고, 탐라총관부는 1301년에 반환되었으며, 쌍성총관부는 공민왕 대인 1356년에 무력으로 되찾아왔습니다.

전쟁이 끝난 후 원종은 쿠빌라이 칸에게 결혼 동맹을 제안했고 원나라에서 받아들여 세자 왕

원

동녕부
(1269년~1290)

쌍성총관부
(1258~1356년)

고려

쌍성총관부, 동녕부, 탐라총관부

탐라총관부
(1273~1356년)

심이 쿠빌라이 칸의 막내딸인 보르지긴 쿠툴룩켈미시(제국대장공주)와 결혼하면서 고려는 몽골의 부마국(사위의 나라)이 됩니다. 왕자들은 원에서 성장하며 교육을 받게 됩니다.

고려가 24대 원종까지는 고려 황제로서 종묘에 모셨습니다. 때문에 '원종'과 같은 묘호가 있습니다. 하지만 원종의 세자 왕심은 원나라의 제후국이기 때문에 묘호를 받지 못하고 원나라에 충성하라는 의미로 충렬왕이라는 시호를 받습니다. 그 후 고려 국왕은 충○왕이라는 시호를 사용합니다. 고려의 왕실 호칭도 제후국 수준으로 떨어집니다. '폐하'는 '전하'로, '태자'는 '세자'로 고쳐야 했습니다.

관제도 격하되어 1275년(충렬왕 1년) 중서문하성과 상서성이 합쳐져 첨의부(僉議府)가 되고 추밀원이 밀직사(密直司)로 바뀌자 1279년(충렬왕 5년) 도병마사는 도평의사사라는 이름으로 바뀌 불리게 됩니다. 또한 원에서 고려의 국왕을 마음대로 임명하고 퇴위시키기까지 합니다. 부자 사이인 충렬왕과 충선왕, 충숙왕과 충혜왕은 두 번씩 왕이 됩니다.

1274년	충렬왕	1313년	충숙왕
1298년	충선왕	1330년	충혜왕
1299년	충렬왕 2차	1332년	충숙왕 2차
1308년	충선왕 2차	1339년	충혜왕 2차

그리고 원은 고려에 각종 공물을 요구합니다. 고려는 금, 인삼, 사냥용 매 등 특산물을 바쳐야 했습니다. 원에 바칠 매를 잡고 기르기 위해 응방을 설치하였는데 응방의 관리는 권세를 누리기도 했습니다. 그리고 환관과 공녀 등 많은 사람을 끌고 갑니다. 왕족도 공녀를 피해 가지 못했습니다. 수령 옹주는 딸을 공녀로 보내고 그 슬픔에 병이 나서 사망합니다. 이렇기에 민간에서는 공녀로 뽑히기 전에 빨리 시집을 보내는 풍습이 생깁니다.

어쨌든 원과의 문화 교류가 이루어지면서 고려에서는 몽골식 복장과 음식, 용어 등이 유행합니다. 원에는 고려의 복식과 음식 등 고려의 풍습(고려양)이 전해집니다. 또한 원나라의 세력을 등에 업은 권문세족이 출현합니다. 예전부터 세력을 유지한 가문도 있었지만, 통역에 종사하거나 원에서 국왕이나 왕자를 수행하여 권문세족이 된 사람들도 있었습니다.

권문세족은 높은 관직을 독점하고, 음서를 이용하여 권력을 세습하였습니다. 또한 백성들의 토지를 빼앗아 농장을 만드는데 그 크기가 한 주(州)보다 크며 산천으로 경계를 삼았다고 합니다. 게다가 한 토지의 주인이 대여섯 명이 되는 경우도 있어 농민들은 생산량의 8~9할을 세금으로 뜯기었다고 합니다. 그러면서도 국가에 세금을 내지 않았습니다. 가난한 백성들은 굶어 죽지 않기 위해 어쩔 수 없이 권문세족의 노비가 되기도 합니다. 그 결과 국가는 세금을 걷지 못해 재정이 궁핍해집니다.

충선왕은 사림원(詞林院)을 설치하여 측근 세력을 키우고, 권문세족의 토지를 몰수하여 백성들에게 나누어 주는 등 개혁을 시도합니다. 하지만 권문세족의 반발로 오히려 원나라에 의해 왕위에서 쫓겨납니다. 후에 다시 복위하지만 이미 개혁의 의지는 꺾여버립니다. 충목왕은 정치도감이 설치하여 개혁을 시도하였으나 원나라를 등에 업은 권문세족 기철에 의해 유명무실해집니다.

✢ 《삼국유사》 ✢

일연은 고려의 승려로 1227년(22세) 승과 시험에 급제해서 대구광역시 달성군 현풍면에 있는 비슬산 대견사에서 주지를 지냈고, 1261년(56세)에는 원종의 명을 받아 강화군 선원사의 주지로 지냈으며, 1277년(72세) 운문사 주지가 되었으며 충렬왕의 부름을 받아 충렬왕을 1년 가까이 모시면서 충렬왕에게 법을 강론했습니다. 이 인연으로 1283년(78세) 충렬왕을 따라 개성으로 돌아가 국존으로 추대되고 1289년 군위군 인각사에서 세수 84세로 열반에 들자 나라에서 보각국존(普覺國尊)이라는 시호를 내렸습니다.

일연의 생애에 대해서는 몰라도 되지만 일연이 지은 《삼국유사》에 관해서는 꼭 알아두어야 합니다. 《삼국사기》와 비교하면서 알아보겠습니다.

	삼국사기	삼국유사
저자	김부식	일연
시기	인종(1145)	충렬왕(1281)
형식	기전체	기사본말체
성격	유교적	불교적
계승	신라	고조선
내용	국가가 만든 역사책	개인이 만든 역사책

'유사'는 '전해져 내려오는 역사'라는 뜻입니다. 그 때문에 정사 뿐 아니라 야사도 포함되어 있습니다. 형식은 《삼국사기》는 본기(本紀, 제왕의 역사), 세가(世家, 제후국의 역사), 표(表, 연표), 지(志, 문화, 사상, 경제, 지리 등 다양한 주제에 관한 이야기), 열전(列傳, 인물의 전기나 이민족의 역사)으로 구성된 기전체(紀傳體) 역사서이지만, 《삼국유사》는 사건의 명칭을 제목으로 사용하고 그에 관련된 기사를 모두 모아 사건의 처음부터 끝까지 기술하는 방식인 기사본말체(紀事本末體) 역사서입니다.

성격은 김부식은 유학자라 유교적이며, 일연은 승려라 불교적입니다. 단군왕검의 할아버지인 환인을 불교의 제석천(인드라)과 같은 사람으로 설정했습니다.

《삼국사기》는 고려가 신라를 계승했다는 인식을 두고 쓴 책이라면, 《삼국유사》는 고려가 고조선을 계승했다는 인식을 두고 쓴 책입니다. 원 간섭기에 외세의 침탈에 시달리다 보니 민족의식을 고취하려고 민족의 시작을 고조선까지 올렸다고 이해하면 되겠습니다. 그리고 개인이 지은 《삼국유사》보다 국가의 명령으로 여러 명의 학자가 지은 《삼국사기》가 훨씬 정확합니다.

읽을거리

고려가 어느 나라를 계승하였는지에 대한 인식은 시대마다 다릅니다. 고려가 건국될 때는 고려라는 국호에서도 알 수 있듯이 고구려를 계승한 나라라는 인식을 하고 있었습니다. 문벌 귀족이 득세하던 시기 편찬된 《삼국사기》에는 신라 계승의식이 드러나고 무신정권 때 작품인 이규보의 동명왕 편에서는 다시 고구려 계승의지가 드러납니다.

원간섭기에 쓰인 《삼국유사》에는 고조선 이야기를 실어 고조선 계승의지를 보여줍니다. 《삼국유사》와 비슷한 시기인 1287년 출간된 이승휴의 《제왕운기》에도 고조선의 단군이 삼한과 삼국의 시조라고 주장합니다. 또한 발해를 고구려의 계승국으로 서술하고 있습니다.

조금 자세히 살펴보면 《제왕운기(帝王韻紀)》는 상·하 두 권으로 되어있는데, 상권은 중국사이고 하권은 한국사입니다. 그리고 단군신화도 《삼국유사》와 달리 '환웅이 자기 손녀에게 약을 먹여서 사람으로 만들고 단수신(檀樹神)에게 시집보내 단군을 낳았다'라고 기록되어 있습니다.

16장

고려,
끝을
맞이하다

세계사 이야기

우리 역사		세계사
	1336년	일본 무로마치막부 수립
	1337년	영국 프랑스 100년 전쟁 시작
공민왕 즉위	1351년	
공민왕 홍건적을 피해 몽진	1361년	
	1368년	명나라 건국
	1370년	티무르 제국 건국
공민왕 사망	1374년	
진포대첩, 황산대첩	1380년	
위화도 회군	1388년	
고려 멸망	1392년	

14세기 초 몽골은 전 세계에 여전히 맹위를 떨칩니다. 하지만 14세기 말 홍건적의 반란으로 원나라는 북쪽으로 밀려납니다. 원나라는 땅 크기가 줄고 수도만 옮겼을 뿐 황제도 그대로이고 나라도 그대로입니다만, 북쪽으로 밀려난 이후의 원나라는 북원이라고 구별합니다.

일본에서는 가마쿠라 막부가 멸망하고 무로마치 막부가 세워집니다. 그런데 그동안 막부에 눌려살던 고다이고 덴노가 남조를 세워 막부의 북조에 대항하며 남북조시대가 60년이나 계속됩니다. 남조의 정규군들은 식량과 군수 물자 등을 조달하기 위해 중국과 우리나라를 공격하는데 이들을 '왜구'라 합니다. 이름은 왜구(왜나라 도적)이지만 실제로는 남조의 정규군입니다.

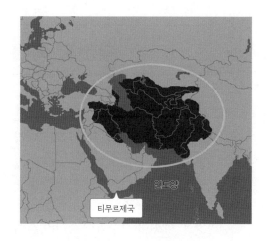

티무르제국

중앙아시아에서는 몽골이 물러난 자리에 티무르 제국이 번영하였고, 오스만제국과 맘루크 왕조가 근근이 막아내고 있었습니다.

서양에서는 흑사병(페스트)의 창궐로 혼란에 빠진 가운데 잉글랜드와 프랑스는 백년전쟁을 시작했고, 교황은 프랑스 왕과 대립하다 아비뇽에 유폐되는 일이 벌어집니다.

충선왕 즉위   1298년

충선왕은 제25대 충렬왕과 제국대장공주의 장남으로 원나라 세조 쿠빌라이 칸의 외손자입니다. 제26대 충선왕부터 제33대 창왕까지 고려 국왕들은 고려인과 몽골인의 혼혈입니다. 고려 왕조의 마지막 왕인 제34대 공양왕은 제20대 신종의 후손이라 혼혈이 아닙니다.

충선왕은 고려왕이 되면서 의욕적으로 개혁을 시도합니다. 하지만 권문세족의 모략과 원나라에 있던 왕유소 일당의 모략으로 즉위 8개월 만에 원나라에 의해 폐위당하고 원나라에 소환됩니다.

1307년, 원 성종 테무르 칸이 후계자를 남기지 않고 죽자 황위 쟁탈전이 시작됩니다. 충선왕은 여기에 끼어들어 카이산을 지지하고 원나라의 중신들을 설득해 황제위에 오르도록 큰 도움을 줍니다. 카이산은 즉위해 원 무종 쿨루크 칸이 됩니다.

원 무종의 신임을 얻은 충선왕은 자신을 모략한 왕유소 일당을 제거합니다. 1308년에는 심양왕瀋陽王에 봉해지고 같은 해 아버지 충렬왕이 사망하자 다시 한번 고려의 국왕이 됩니다. 1310년 심양왕은 심왕瀋王으로 격상됩니다. (고려 국왕은 서열 39위, 심왕은 서열 37위)

하지만 충선왕은 정치에 관심을 잃어버렸고, 고려를 떠나 원나라에 있으면서 신하들에게 명령을 내려 국정을 처리하는 전지정치傳旨政治를 합니다. 그래도 각염법을 시행해서 권문세가와 사원의 소금 전매 독점을 금지하여 고려 정부의 재정을 늘린 것은 잘한 일입니다.

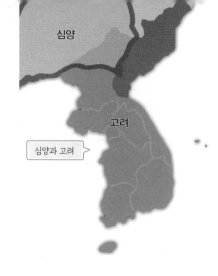

심양

고려

심양과 고려

고려에서 신하들이 귀국할 것을 요
구하자 1313년 왕위를 차남 강릉대군
왕도에게 넘겨주고는 심양왕의 지위만
가집니다. 1320년 환관 임백안의 참소
로 티베트까지 유배를 갔다가 이제현의
간절한 상소 덕분에 3년 후에 돌아오기
도 합니다. 그런데 충선왕의 지위가 상
당히 높다 보니 유배가 아니라 거의 유람 수준이었다고 합니다.

왕도는 즉위하여 충숙왕이 됩니다. 충숙왕의 어머니는 몽골인이니 충
숙왕 몸에 흐르는 고려인의 피는 25퍼센트밖에 되지 않습니다. 하지만 아
들인 충혜왕이 자신을 보고 몽골식 복장을 하고 몽골식 예법인 호례를 올
리자 크게 호통을 쳤다고 합니다. 아버지나 아들보다도 훨씬 고려인이었
던 셈입니다. 충선왕의 또 다른 아들인 공민왕은 이런 아버지의 기질을
물려받았습니다.

읽을거리

한 사람이 두 나라의 왕을 겸하는 것을 동군연합(同君聯合, Personal Union)이
라고 합니다.

서양에서는 비교적 흔하고, 동양에서도 당나라+돌궐, 청나라+몽골 등 종종 있었
습니다만 우리나라 역사에서는 충선왕이 유일한 것 같습니다.

충선왕이 실세일 적에 심왕의 영토와 고려의 영토를 합쳐 고려심왕국을 만들었
으면 어땠을까 하는 것입니다. 그랬다면 저절로 요동을 우리 영토로 만들 수도 있
었을 텐데요. 하지만 충선왕은 스스로를 고려 출신의 몽골인이라고 여겼기 때문에
아쉽게도 기회를 놓쳤습니다.

1대 심왕 사후 심왕은 실권이 없는 명예직이 되었고, 심왕은 고려 왕족들이 계승
하다가 3대 70년 만에 사라집니다.

우리 역사상 최고의 임금은 당연히 세종대왕입니다. 그러면 최악의 임금은 누구일까요? 여러 명 거론되겠지만 필자가 꼽는 최악의 임금은 고려 충혜왕입니다. 그의 행적을 한번 알아보겠습니다.

충혜왕은 이미 어렸을 때부터 싹수가 노랗습니다. 절 지붕 위의 새를 잡겠다고 불을 질렀다가 사찰을 태워 버리기도 하고, 불량배들과 어울려 술 먹고 여자 겁탈하기가 다반사였습니다. 이윽고 왕이 되자마자 정사에는 관심 없고 내시들과 씨름하거나 100명이 넘는 후궁과 놀면서 나날을 보냅니다. 특히 여자에 대해서는 만족을 못 했는지 겁탈하기로 나날을 보냅니다. 여자 겁탈은 아버지인 충숙왕이나 조선의 연산군도 했던 만행이지만 충혜왕의 경우는 차원을 달리합니다. 겁탈의 대상은 처녀, 유부녀, 귀족 천민을 가리지 않습니다. 심지어 겁탈의 희생자 중에는 장모와 새어머니(충숙왕의 후비)도 있습니다.

더하여 살인까지 합니다. '원'이라는 사람이 어느 집에 예쁜 처녀가 있다는 소리를 하자 그리로 찾아갔는데 주인 노파가 자기 집에는 여자가 없다고 하자 속았다고 생각하고는 노파와 원을 모두 죽여버립니다. 한 번은 뽑혀온 두 여자가 눈물을 흘리자 왕이 화를 내며 철퇴로 때려죽였다는 기록도 있습니다. 그중의 압권은 다음 기록입니다.

예천군 권한공의 둘째 아내 강씨가 예쁘다는 말을 듣고, 호군 박이라적을 시켜 데리고 오게 했는데 이라적이 먼저 간음하자, 왕이 노하여 그들을 모두 때려죽였다.

충혜왕이 겁탈한 새어머니는 수비 권씨와 경화공주 두 명 입니다. 특히나 경화공주의 경우는 막장 중 막장입니다. 《고려사절요》에 따르면 공주가 연회를 베풀었는데, 연회가 끝나자 충혜왕은 경화공주의 침실에 들어가 저항하는 경화공주를 송명리 등의 아랫사람들을 시켜 사지를 묶고 범했다고 합니다. 그런데 이 경화공주는 원나라 사람입니다. 그래서 경화공주가 원나라에 이 사실을 알리려 하자 아예 경화공주를 만호 임숙의 집에 감금하기까지 합니다. 결국 어찌어찌 원나라에까지 알려져서 폐위당하고 원나라로 끌려갔지만 후에 복권되어 다시 왕이 됩니다. 평소에 뇌물을 많이 썼다고 합니다.

하지만 환관 고용보와 기황후의 오빠인 기철이 원나라에 다시 청을 넣어 원나라가 충혜왕을 호출합니다. 고용보와 기철은 우리 역사에서 손꼽히는 간신입니다. 이런 간신들보다도 더 막장이었다는 얘기입니다.

그러나 무능하지만 눈치는 빨랐던 충혜왕이 계속 이 핑계 저 핑계를 대며 출두를 거부하자 속임수로 그를 정동행성 내로 유인하여 체포합니다. 그리고는 원나라에 의해 게양현으로 귀양을 가게 됩니다. 하지만 귀양 가는 도중 악양현에서 급사합니다. 일설에는 원나라에 의해 독살당했다는 설도 있습니다.

여기서 재미있는 것은 고려 백성들의 반응입니다. 자기 나라 왕이 다른 나라에서 독살당한 상황인데 충혜왕이 죽었다는 소식을 듣자 모든 백성이 기뻐하였다고 합니다.

☆ 고려 말기의 탑 ☆

　월정사 팔각구층석탑은 고구려와 송나라의 탑 양식에 영향을 받았습니다. 고구려 탑의 특징이 팔각형이고 화려한 형태는 송나라 탑의 영향입니다.

　원나라 간섭기가 되면 원나라의 영향을 받은 탑이 만들어집니다. 1348년(충목왕 4년) 개성 교외 지역에 있는 경천사에 십층석탑이 만들어집니다. 이 탑은 한국에서는 보기 드문 대리석으로 만든 불탑입니다. 1907년 일본 궁내대신 다나카 미츠아키가 해체해서 일본으로 가져갔다가 우리나라로부터 욕을 바가지로 먹습니다. 그러고도 돌려주지 않다가 1918년 조선 총독 데라우치 마사다케의 요구로 반환됩니다. 딱히 데라우치가 우리나라를 사랑해서가 아닙니다. 이미 조선은 일본 땅이 되었으니 제자리에 갖다 놓은 것뿐입니다. 1960년에 경복궁 뜰에 전시했다가, 산성비로 인한 대리석 훼손을 우려해 현재는 국립중앙박물관 로비로 옮겼습니다.

　원나라의 영향을 받은 또 다른 탑으로는 탑골공원에 있는 원각사지 십층석탑이 있습니다.

월정사 팔각구층석탑

경천사지 십층석탑

원각사지 십층석탑

✦ 고려불화 ✦

불화는 불교와 관련된 그림입니다. 절에 가면 전각 바깥벽에 단청을 볼 수 있는데, 이 단청도 불화입니다. 전각 안으로 들어가면 벽에 불화가 그려져 있거나 걸려 있습니다. 불화는 사용하는 용도에 따라 3가지로 나눌 수 있습니다.

첫째, 절을 꾸미기 위해 그린 장엄용 불화와 둘째, 불교 교리를 쉽게 설명하기 위한 교화용 불화, 셋째, 예배를 드리기 위한 의식용 불화입니다. 마치 서양 성당의 스테인드글라스와 같은 역할입니다. 고려 불화는 동양의 여러 불화 중에서도 특히 섬세하고 화려하기로 유명합니다. 불화는 적색, 녹색, 청색만 사용하며 색을 섞어서 사용하지도 않습니다. 그런데 고려 불화는 3가지 색 이외에 아교에 금가루를 섞어 만든 금니를 사용합니다. 그리고 비단에 불화를 그렸기 때문에 예술적 가치가 매우 높습니다.

　권문세족으로 특히 유명했던 가문은 기철의 가문입니다. 기철의 여동생은 공녀로 뽑혀 원나라로 갑니다. 그녀는 고려 출신 환관 고용보의 주선으로 궁녀가 되었다가 원 혜종의 총애를 얻어 귀비로 책봉되고, 훗날 혜종의 뒤를 이어 황제로 등극하는 아들 아유르시리다르를 낳습니다. 1365년에는 원나라의 황후가 되니 기황후라 불립니다. 원 황실과 혼인 관계를 맺은 기철의 가문은 국왕을 압도하는 권력을 누립니다. 기철은 정동행성의 일을 맡아보며 고려의 국정을 간섭합니다.

　1356년 3월, 공민왕은 기철이 쌍성총관부에서 반란을 일으키려고 한다는 첩보를 듣습니다. 원의 간섭에서 벗어나 자주성을 회복하려던 공민왕은 이를 기철 제거의 기회로 삼습니다. 쌍성총관부의 다루가치 이자춘에게 쌍성총관부를 잘 지켜달라고 부탁하고는 4월, 기철을 궁궐에 초대합니다. 기철은 궁궐에서 열린 연회 도중 공민왕의 사주를 받은 병사들의 습격으로 철퇴에 맞아 죽습니다. 공민왕은 기철의 시체를 길바닥에 그대로 방치하였는데, 그의 악명이 얼마나 높았는지 흥분한 백성들이 달려들어 칼로 난도질해 시신을 알아볼 수 없을 지경이 되었다고 합니다. 공민왕은 기철의 형제, 아내, 자식, 사위들까지 한꺼번에 죽여 가문을 없애버리고, 기철의 측근들까지 모조리 쓸어버립니다. 그리고 전민변정도감을 설치해 기철 일당이 빼앗아 간 토지와 사람을 되돌립니다.

　1368년 명나라 태조 주원장이 원나라의 수도 대도(현재 베이징)를 점령합니다. 원나라 제11대 황제 혜종은 북쪽으로 도주합니다. 이 나라를 북원이라 합니다.

공민왕은 정동행성 이문소(일종의 지방법원)를 폐지하고, 원과의 국교를 단절합니다. 원의 연호와 관제 사용도 폐지했으며 원의 풍속인 변발과 호복 사용을 전면 금지합니다. 그리고 고려 왕실의 호칭과 관제를 복구합니다. 이어서 이자춘의 도움을 받아 쌍성총관부를 공격하여 동북쪽의 영토를 되찾습니다. 이자춘은 아들 이성계와 함께 고려에 귀순합니다. 공민왕은 막 건국한 명나라에 사신을 보내 우호 관계를 다지면서도 명나라가 요동에 신경을 쓰지 못하는 사이 요동 정벌을 명령하고 이성계의 활약으로 요동을 점령하는 데 성공합니다. 하지만 명의 반발로 결국 철수하고 맙니다. 그 이후 우리나라의 요동을 차지하는 경우는 없었습니다.

고려의 관학인 성균관을 부활시켜 유학 교육을 강화하였으며, 남송의 성리학을 공부한 신진사대부들을 육성하고 등용합니다. 이때 등용된 사람들이 이색, 이숭인, 정몽주, 정도전 등입니다.

하지만 공민왕의 영원한 사랑인 노국대장공주가 사망하면서 공민왕은 정치를 포기하게 되고 승려 편조에게 국정을 맡깁니다. 편조는 환속하여 신돈으로 개명합니다. 신돈은 공민왕이 설치한 전민변정도감을 활용하여 권문세족이 빼앗은 토지와 노비를 원래 주인에게 돌려주고 강제로 노비가 된 사람들을 해방시킵니다. 또한 유교 우대 정책을 펼쳐 신진사대부의 세력 강화에 큰 도움을 줍니다.

하지만 절대 권력은 절대 부패하는 법입니다. 권력에 빠진 신돈은 점점 정치를 전횡하였고 사람들의 신망을 잃게 됩니다. 신돈의 행동에 불만을 가지는 사람이 늘어나자 신돈은 본보기를 보이기 위해 신진사대부들의 주축이며 정도전의 스승인 유숙에게 반역죄를 뒤집어씌워 죽입니다. 이는 신진사대부들뿐 아니라 많은 백성에게도 큰 반발을 불러옵니다. 게다가 무관측의 핵심 인사인 최영에게도 배척당합니다. 마침내 공민왕까지도 신돈을 꺼리게 됩니다. 공민왕은 자신에게 방해가 되는 사람은 인정사정없이 제거하는 사람이고 이를 잘 알고 있던 신돈은 먼저 선수를 치려고 합니다. 하지만 이인의 고발로 반역 계획이 드러나 유배를 당하고 1371년 결국 처형당합니다.

공민왕은 나이가 젊고 용모가 아름다운 남자들을 뽑아 자신을 호위하는 자제위子弟衛를 만들었습니다. 그런데 자제위 중 한 명인 홍륜이 공민왕의 3비인 한씨와 부정을 저질러 임신을 시킵니다. 내시 최만생이 이를 공민왕에게 고하자 공민왕은 최만생에게 "홍륜을 죽이고 비밀을 아는 너도 죽이겠다"라고 얘기합니다. 최만생은 홍륜 등과 모의하여 술에 취해 자고 있던 공민왕의 처소로 난입해서 수백 번의 칼질로 형체를 알아볼 수 없을 정도로 난도질해 살해합니다. 이때가 1374년이고 공민왕은 향년 45세였습니다.

노국대장공주

노국대장공주는 공민왕의 왕비입니다. 원나라 출신의 마지막 왕후이자 우리 역사에서 최후의 이민족 출신 왕후입니다. 하지만 고려를 사랑했으며 남편의 개혁을 끝까지 지지했던 사람입니다. 그래서 후대까지도 우리나라 사람들의 존경을 받고 있습니다.

1364년 노국대장공주는 임신했지만 다음해 난산 탓에 사망합니다. 노국대장공주를 깊이 사랑하고 신뢰하던 공민왕은 크게 상심하여 정치에 뜻을 잃었고 이후 정치를 신돈에게 맡깁니다. 공민왕은 공주 사후에도 그녀의 초상화를 걸어 놓고 식사를 하며 초상화와 대화를 나누었다고 합니다.

공민왕은 말년에 노국대장공주를 위한 영전 건설에만 집중합니다. 막대한 비용과 인력이 동원되었고, 이 때문에 국가 재정이 악화하고 건설 인부들이 여러 명 사망합니다. 신하들이 건설을 말리는 간언을 하면 파면이나 심지어 처형까지 시킵니다. 공민왕은 죽어서 노국대장공주와 나란히 묻힙니다. 노국대장공주의 무덤인 정릉과 공민왕의 무덤인 현릉은 '영혼의 통로'라고 불리는 조그만 통로로 연결되어 있습니다.

조선 태조 이성계는 종묘 내부에 공민왕 신당을 세울 것을 명령합니다. 자신이 모셨던 왕이기도 하고, 고려 왕조는 공민왕까지만 인정한다는 의미이기도 합니다. 조선이 건국되고 왕씨는 몰살당합니다. 세종은 고려 왕들의 어진을 불태웁니다. 하지만 공민왕의 어진만은 불태우지 않았습니다. 공민왕 신당은 지금도 현존합니다. 덕분에 우리는 공민왕과 노국대장공주의 영정은 물론 공민왕이 그렸다고 전해지는 준마도도 감상할 수 있습니다.

종묘 내 고려 공민왕 내외 영정

이제현

원간섭기에 고려왕들에게 가장 충성한 사람은 아마도 이제현일 것입니다. 1314년 당시 상왕이었던 충선왕의 부름을 받아 원나라 수도 연경에 있는 만권당(萬卷堂)에 머무르면서 유학 생활을 합니다. 이때부터 충선왕을 그림자처럼 수행하였습니다. 충선왕이 티베트로 유배되자 사면을 청해 감숙성으로 유배지를 옮기게 하였고 1323년 충선왕을 만나기 위해 감숙성까지 다녀옵니다.

1339년에는 충혜왕 복위에 큰 공을 세우고 1351년 원나라에서 귀국하던 공민왕은 이제현에게 왕권을 대리하도록 합니다. 홍건적의 침입에 공민왕이 안동으로 피난 갈 때도 70이 넘은 이제현은 공민왕을 찾아뵙고 호종하였습니다.

이제현은 정치적으로는 신진사대부의 수장이었고, 문학에서는 《역옹패설》이라는 비평서를 쓰기도 했으며, 백문보, 이충달과 함께 성리학적 사관에 입각한 《사략(史略)》을 짓기도 했습니다. 아쉽게도 《사략》은 현재 전해지지 않습니다.

읽을거리

이제현은 1342년(충혜왕 3년)에 《역옹패설(櫟翁稗說)》이라는 문학비평서를 저술합니다. 역옹은 이제현 자신을 즐거운(櫟) 늙은이(翁)로 비유한 것이고, 패설은 잡초(稗)처럼 쓸데없는 이야기(說)라는 의미입니다. 사실 이제현은 이 책 서문에서 櫟은 '락'으로, 稗는 '비'로 읽어달라고 했으니 '낙옹비설'이 정확한 제목입니다.

주로 1300년대 당시 고려에서 돌아다니던 소문 등을 수록하였습니다. 수록된 작품들의 주요 특징은 무신정권과 삼별초 전횡 및 폐단 폭로, 반몽골 및 반사대주의입니다. 이인로의 《파한집(破閑集)》, 최자의 《보한집(補閑集)》과 함께 고려시대 3대 문학비평서 중 하나로 꼽힙니다. 그리고 위의 책과 이규보의 《백운소설》 등을 패관문학이라고 합니다.

❖ 태고 보우 ❖

고려말 원나라 라마 불교의 영향으로 고려 고유의 불교는 쇠퇴합니다.

공민왕은 고려의 자주성을 되찾기 위해 고려 불교를 회복할 뜻을 가지고 보우스님을 부릅니다. 보우는 당나라 백장 스님이 집대성한 스님들의 생활 규칙인 백장청규(百丈淸規)로써 기강을 바로잡고, 선종의 일파인 임제종을 중심으로 구산을 통합해야 한다고 아룁니다. 그리고 개경은 왕기가 다했으니 한양으로 도읍을 옮기자고 주장합니다. 공민왕은 보우의 의견을 수용해 광명사(廣明寺)에 원융부(圓融府)를 두고 9산 통합에 착수하였고 한양에 궁절을 짓습니다. 하지만 신하들의 반대에 부딪혀 실패합니다.

하지만 결국 보우스님의 주장은 조선이 들어서면서 모두 현실화됩니다. 한국불교 태고종은 보우 스님을 종조(宗祖)로 삼았고 태고 스님은 돈오돈수를 주장하였는데, 이 때문에 조계종 종정이던 성철스님은 조계종의 종조는 지눌이 아니라 보우라고 주장합니다.

❖ 신진사대부 ❖

사대부란 士(배운 사람)와 大夫(벼슬아치)의 합성어로써, 학문적 교양과 정치적 실무 능력을 갖춘 관료를 말합니다. 사대부들이 갖춘 학문적 교양이란 성리학입니다. 공민왕은 권문세족을 숙청하면서 그들의 자리를 메꾸기 위해 사대부들을 키웠고, 신돈은 이들을 대거 등용합니다. 이들을 '새롭게 등장한 사대부'라는 뜻에서 '신진사대부(新進士大夫)'라 합니다.

신진사대부들은 어느 날 갑자기 나타난 세력들이 아닙니다. 성리학을 원에서 들여온 이들은 권문세족입니다. 학문적 교양과 정치적 실무 능력이라면 문벌 귀족들도 가지고 있었습니다. 차라리 권문세족과 문벌귀족들이 사상적 근본을 성리학이라는 학문으로 바꾸었다고 하는 것이 타당할 것 같습니다.

유학의 변천						
선진유학 →	훈고학 →	성리학 →	양명학 →	고증학 →	공양학 →	현대 신유학
춘추전국	한~당	송	명	청	청 후기	

　중국 한나라 때부터 당나라가 멸망할 때까지 유학(儒學)은 훈고학(訓詁學)입니다. 중국 진나라 때 분서갱유로 흩어지고 소실된 유교 경전을 다시 모으고 복원, 정리하여 유학이 가진 원래 의미를 되살리고자 하는 학문입니다.

　하지만 수백 년이 흐르면서 학문의 체계가 형식화되고 획일화되면서 더 이상 발전이 없게 됩니다. 게다가 죽음 이후의 세계관이 확고한 불교가 들어오면서 유학의 사상적 지위가 위태로워집니다. 위기를 느낀 유학자들은 불교의 우주관과 내세관을 적극적으로 받아들여 학문인 유학(儒學)에서 종교인 유교(儒敎)로 변화합니다.

　송나라 때 주돈이 · 장재 · 소옹 · 정호 · 정이 등이 구체화하였고 나중에 주희가 집대성하여 완성시킵니다. 이를 인간의 본성(本性)과 우주의 원리(原理)를 탐구하는 학문이라 하여 성리학(性理學)이라는 이름을 붙였습니다. 또는 주자(주희)가 집대성하였다하여 주자학(朱子學)이라고도 합니다.

　우리나라에는 안향에 의해 처음으로 들여왔고, 성리학을 사상적 근간으로 삼은 신진사대부들이 등장합니다. 조선을 건국하고는 불교를 몰아내고 성리학을 통치 이념으로 삼게 됩니다. 하지만 성리학은 지나치게 우주론에 집착하면서 일상 생활에 도움이 안되는 비실용적 학문으로 전락합니다. 그리고 예(禮)의 표현이 너무 과도하다 보니 허례허식(虛禮虛飾)이 문제가 됩니다. 병자호란 때 포로로 끌려간 가족을 구하는데, 성리학적 사상에 따라 살아있는 아들 대신 죽은 어머니의 신위(神位)를 먼저 구하는 일까지 일어납니다.

　더구나 우리나라는 성리학을 너무 늦게 수입했습니다. 고려 사회가 이미 망해버린 당나라의 영향을 받아 귀족 사회가 된 것처럼, 성리학도 이미 망해버린 송나라에서 수입한 것입니다. 오죽하면 임진왜란 때 명나라 장수들이 성리학 포기하고 새로운 유학인 양명학(陽明學)을 하라고 권했을 정도입니다.

　하지만 사상이란 중심에서 벗어날수록 옛 모습을 더욱더 고수하려는 성향이 있습니다. 결국 조선은 성리학의 폐단을 끝까지 버리지 못하고 성리학과 함께 멸망합니다.

홍건적과 왜구의 침략

최영은 정몽주와 더불어 고려 최후의 충신입니다. 신진사대부 중 정몽주가 있다면 신흥 무관으로는 최영이 있다고 할 수 있습니다.

1354년(공민왕 3년) 원나라는 한족 장사성의 반란군을 진압하기 위해 고려에 원군을 요청합니다. 고려군은 원나라 최후의 방어선인 회안성 수비를 맡게 됩니다. 장사성은 군선 8000척을 동원해 약 30만 명의 대군으로 2만 고려군이 지키는 회안성을 공격합니다. 이권, 최원 등 원수 여섯 명과 7000명의 병력이 전사했으나 최영은 끝까지 성을 방어하고 나중에는 성문을 열고 적을 추격 섬멸시킵니다. 최영은 이 전투에서 원나라가 멸망 직전이라는 것을 간파하고 돌아와 공민왕에게 원나라의 실상을 알려줍니다. 공민왕은 비로소 반원 자주 정책을 시행합니다.

원나라 말인 1351년 백련교도였던 유복통은 원나라에 대해 반란을 일으킵니다. 이들은 머리에 빨간 두건을 둘렀기 때문에 홍건적이라 합니다. 한때는 중국 전체를 장악할 정도로 세력을 떨쳤고, 1357년에는 원나라의 여름 수도인 상도를 함락시키고 황궁을 불태우며 원나라를 멸망시킬 뻔합니다. 그러나 이후 내분이 일어났고 원나라군의 반격을 받자 요동으로 물러섰다가 압록강을 건너 1359년 12월 고려를 쳐들어 옵니다. 하지만 4만여 명의 병력으로 침공했다가 70여 일 만에 400명만 남아 압록강을 건너 패주합니다.

1361년 20만 대군의 홍건적이 다시 고려를 침공합니다. 개경까지 함락되어 공민왕이 노국대장공주와 함께 상주 행궁을 거쳐서 안동까지 몽진을 갑니다. 공민왕은 이때 노국대장공주로부터 승마를 배워 말을 타고 도망칩니다. 안동에 도착하여 노국대장공주가 시내를 건너려고 하자 부녀자들이 모두 나와서 사람 다리를 놓아 건너게 하였다고 합니다. 이것이 안동에서 전해오는 놀이인 놋다리 밟기의 유래입니다.

고려군은 다시 전열을 정비하고 반격에 나섭니다. 최영과 이성계를 비롯한 정세운, 안우, 김득배, 이방실 등이 20만 병력을 긁어모아 홍건적을 공격, 3개월 만에 개경을 탈환합니다. 개경 수복 과정에서 10만 명의 홍건적을 죽였고, 나머지 10만 명은 압록강을 넘어 도망칩니다. 홍건적을 격퇴하는 과정에서 최영과 이성계를 비롯한 신흥 무인세력이 정치적으로 성장합니다.

최영은 북쪽으로는 홍건적의 침략을 물리치고 남쪽으로는 왜구의 침략을 격퇴합니다. 1363년(공민왕 12년)에 김용이 반란을 일으켜 개경 홍왕사에 머무르던 공민왕을 죽이려고 할 때는 최영이 군대를 끌고 홍왕사 경내로 들어가 반란군을 토벌합니다. 1365년 신돈의 모함으로 좌천당하고 이성계가 그의 빈자리를 채울 때까지 최영 때문에 고려는 멸망하지 않고 버틸 수 있었습니다. 최영은 고려를 지키는 수호신이었습니다.

이성계의 조상은 이의방의 동생인 이린입니다. 이의방이 십팔자위왕 十八子爲王이라는 소문을 믿고 왕이 되려고 노력했다는 것을 생각하면 동생에 의해서 꿈을 이룬 셈입니다. 공민왕 대에 아버지와 함께 귀부한 이성계는 동서남북으로 종횡무진하며 혁혁한 전과를 올립니다. 그가 상대한 적들은 홍건적, 나하추, 여진족, 원나라, 왜구까지 다양합니다. 그리고 그때마다 대승을 거둡니다. 이성계가 이렇게나 강했던 이유는 집안 대대로 내려오던 사병인 가별초家別抄 덕분입니다. 전투병력만 1000명이 넘었다고 합니다.

1362년에는 원나라 군벌인 나하추가 동북면 쌍성(현재 함경남도 홍원)을 침략합니다. 당시 나하추는 장수 다섯 명에게 동시에 이성계를 공격하라 했는데 그는 화살 다섯 개로 장수들을 모두 전사시킵니다. 이를 본 나하추는 전군을 이끌고 공격하지만, 이성계가 유인 포위 작전을 펼쳐 승리합니다. 나하추는 그후 요동으로 이동하였다가 명에 항복합니다. 1364년에는 최유가 충선왕의 셋째 아들 덕흥군을 왕위에 올리려고 쳐들어왔지만 이성계가 홀로 군사를 이끌고 공격해 승리합니다.

1370년에는 기철의 아들 기사인테무르가 점거한 요동성을 공격합니다. 기사인테무르의 장수 중에 처명이라는 용맹한 장수가 있었습니다. 이성계가 재주를 아껴 항복을 권유합니다. 처명이 거절하자 이성계는 활을 들어 처명의 투구를 날려버렸고 두 번째 권유에도 거절하자 허벅다리를 맞춰버립니다. 처명이 상처를 치료하고 돌아와 다시 싸움을 걸자 "이번에 항복하지 않으면 머리를 맞추겠다"고 위협합니다. 결국 처명은 항복합니다. 이후 요동성을 함락시킵니다.

1380년 8월에 500척이 넘는 왜구의 배가 진포(현재 군산)에 침입합니다. 왜구들은 밧줄로 배를 묶어 기지로 활용합니다. 최무선은 자신이 개발한 화포를 실은 전함 100척을 가지고 정박해 있던 왜구들의 배를 모조리 불태웁니다. 이를 진포대첩이라 합니다. 하지만 1만 명의 왜구들은 육지로 상륙해 온갖 만행을 부립니다. 고려군은 사근내역(현재 함양)에서 왜구와 전투를 벌이지만 대패하고 맙니다.

원나라는 고려가 군대를 가지면 자신들에게 위협이 되기 때문에 달갑지 않게 여겼습니다. 그래서 고려군의 힘은 약할 수 밖에 없습니다. 게다가 왜구倭寇들은 이름만 도둑寇이지 실제로는 일본 남북조 시대에 수십년간의 전쟁으로 단련된 남조의 정규군들입니다. 임진왜란에 버금가는 침략군입니다.

고려에서는 이성계에게 출진명령을 내립니다. 이성계는 황산(현재 남원)에서 왜구와 맞서게 됩니다. 당시 왜구의 총대장은 아기발도였습니다. 아기발도의 무력은 대단하여 고려군이 밀리게 됩니다. 이성계의 말이 화살을 맞아 몇 번을 갈아탔으며 이성계 본인도 왼쪽 다리에 화살을 맞을 정도였습니다. 호위무사가 된 처명이 지켜주지 않았다면 위험할 뻔했습니다.

아기발도는 갑옷으로 온몸을 감싸고 있어 화살을 쏠 만한 틈이 없었습니다. 이성계는 의형제인 이지란에게 "내가 저 녀석 투구 꼭지를 쏘아 투구를 떨어트릴 테니 그때 얼굴을 쏘라"고 말하고는 그대로 아기발도의 투구 꼭지를 쏘아 맞춥니다. 기다리고 있던 이지란이 화살을 쏘아 아기발도를 사살합니다. 아기발도가 죽자 왜구들의 사기는 뚝떨어지고 고려군의 학살이 시작됩니다. 왜구는 70여명만 살아남아 지리산으로 도망칩니다. 이를 황산대첩이라 합니다.

왜구는 1383년 120여 척의 함선을 이끌고 다시 경상도로 침공해 옵니다. 전라도 나주·목포 부근에 있던 정지 장군은 47척의 배를 이끌고 관음포로 진격합니다. 왜구들은 20여 척에 배에 각각 군사 140명을 태워 돌격합니다. 하지만 고려 수군은 화포 기술이 더욱 발전하여 이제 움직이는 배에까지 함포사격을 할 수 있었습니다. 20여 척의 배가 박살나고 2800

명이 수장되자 왜구들은 더 이상 서남해로 침공을 하지 못합니다. (215년 후 바로 이 곳에서 노량해전이 벌어집니다.) 1383년에는 여진인 호발도가 4만 명의 군사를 이끌고 동북면을 침공합니다. 이성계는 이 전투에서도 승리합니다.

읽을거리

최영은 신돈이 죽고 전장으로 복귀합니다.

원 간섭기에 제주도는 원나라의 목장으로 운영되었습니다. 목장을 관리하는 사람들을 하치라고 하고 한자로는 말키우는(牧) 오랑캐(胡)라는 의미로 목호(牧胡)라고 했습니다. 이들은 원나라의 세력에 기대어 제주도 백성들을 괴롭히고 수탈하였습니다. 이들은 원나라가 북쪽으로 쫓겨난 후에도 제주도를 점거하고 고려에 대항하여 난을 일으킵니다.

1374년(공민왕 23년) 공민왕은 최영에게 목호를 진압하라는 명령을 내립니다. 최영은 왜구에게서 빼앗은 전함에 2만 5605명의 고려군을 싣고 제주도로 향합니다. 묵호의 난은 진압되었고 제주도는 다시 우리 민족의 땅이 됩니다. 1376년에는 왜구가 충청도 일대에서 기승을 부리자 61세의 나이로 자원 출전하여 홍산(부여)에서 왜구를 크게 물리칩니다. 이를 홍산대첩이라 합니다.

최무선

우리 나라에서 최초로 화약과 화포를 만든 사람은 최무선입니다. 그 이전에도 고려사람들은 화약과 화포에 대해서 알고 있었습니다. 화약은 송나라에서 우연히 만들어졌으며 원나라에서는 이를 더욱 발전시켜 화포를 만들었습니다. 여몽연합군이 화포를 가지고 일본을 정벌하러 갔습니다. 그리고 개경에서는 화약을 이용한 불꽃놀이도 벌였습니다. 하지만 당시 화약은 최첨단 무기였습니다. 그 때문에 화약을 제조하여 팔기만 하고 제조법 자체는 극비였습니다.

최무선은 왜구의 침략을 효과적으로 방어하기 위해 화약을 제조하기로 결심합니다. 그는 원나라의 감시를 피해 비밀리에 화약을 개발하였고 나중에 중국 상인의 도움을 받아 마침내 양산에 성공합니다. 최무선은 이를 도평의사사에 보고합니다. 도평의사사는 이를 시험해 확인하고는 화약국(화통도감)을 설치합니다. 고려는 최무선을 제작 총 책임자인 제조로 삼고 화약 무기를 개발합니다. 이렇게 개발된 화약과 화포는 진포해전에서 처음으로 선보이게 됩니다.

고려가 망하고 조선이 들어서자 태조는 막대한 경비가 든다는 이유로 최무선의 화통도감을 폐지합니다. 그러나 여진족과의 갈등으로 북방이 어지러워지자 화기 전담 부서가 다시 설치되고 최무선의 아들 최해산이 아버지의 뒤를 이어 화약과 화포를 제작하게 됩니다.

읽을거리

원나라에서 화약 제조법은 극비였지만 목화는 극비가 아니었습니다. 때문에 문익점이 붓두껍에 목화씨를 숨겨서 가져올 이유가 전혀 없습니다.

문익점의 이야기 전반부는 당나라 몰래 모자에 누에와 뽕나무 종자를 숨겨 가지고 나온 호탄공주 이야기, 후반부의 중국 승려의 도움을 받아 물레를 만드는 이야기는 최무선의 화약 개발 이야기를 참조해서 만들어진 것일 가능성이 큽니다. 그런데 목화의 보급은 화약 무기의 개발에도 큰 역할을 합니다. 화약에 사용하는 심지가 목화에서 뽑은 면으로 만들기 때문입니다.

위화도 회군 1388년

1388년(우왕 14년) 명나라는 고려에 '철령 이북 지역은 모두 명나라 땅'이라고 일방적으로 통보합니다. 철령 위 지역은 고려가 원나라로부터 회복한 쌍성총관부 지역입니다. 이런 터무니 없는 억지에 분노한 최영은 요동을 정벌하자고 주장했고, 우왕은 최영을 총사령관으로 삼아 요동 정벌을 명령합니다. 그러나 이성계는 사불가론四不可論을 내세우며 반대하는데 내용은 다음과 같습니다.

첫째, 작은 나라가 큰 나라를 치면 이길 수 없다.
둘째, 여름철에 군사를 동원해서는 안 된다.
셋째, 원정에 나서면 왜적이 침공할 것이다.
넷째, 장마철이라 활을 붙여놓은 아교가 녹고 전염병이 돌 것이다.

첫째가 참 자존심 상하는 말이긴 하지만 틀린 말은 아닙니다. 나머지도 마찬가지입니다. 게다가 이성계는 제1차 요동정벌 때 참가하여 점령을 했던 장수입니다. 요동 정벌에 성공한다고 해도 군량이 떨어지고 진격하지 못하면 별 수 없이 돌아와야 한다는 것을 잘 알고 있었습니다. 그런데 최영이 다음과 같이 반박합니다.

첫째, 명나라가 대국이긴 하지만 북원과의 전쟁으로 요동 방비는 허술하다.

둘째, 요동을 공격하면 가을에도 경작이 가능하기 때문에 군량을 확보할 수 있다.

셋째, 왜구는 정규군이 아니기 때문에 충분히 막을 수 있다.

넷째, 장마철이라는 조건은 명나라도 같다.

자신의 주장이 받아들여지지 않자 이성계는 가을철에 추수하고 먹을 군량이 풍족해지면 정벌을 하자고 제안합니다. 그러나 이마저도 거절당합니다. 결국 요동 원정군 5만여 명이 준비가 됩니다. 군대의 총사령관은 최영이었으며, 부사령관은 조민수와 이성계였습니다. 그런데 최영은 우왕이 극구 말리는 바람에 출진하지 못하고 함께 서경에 남습니다. 우왕은 즉위 이후 온갖 막장짓을 하여 주위에 적이 많았고, 최영이 곁에 없으면 안심할 수 없었기 때문입니다.

이성계와 조민수 등은 압록강을 건너가 1388년 5월 7일, 위화도에 도착합니다. 이곳에서 이성계, 조민수 등은 우왕에게 상소를 올립니다. 물이 불어 군대가 고립되었고, 수백명이 익사했으며, 군량미도 떨어졌으니 요동까지 갈 수 없다는 내용입니다. 하지만 우왕과 최영은 이를 거부하고 진격을 명령합니다. 이성계, 조민수는 다시 한 번 회군을 허락해 달라고 요청했지만 돌아온 답은 똑같았습니다.

마침내 이성계는 회군을 결정합니다. 고려군 주력 5만 대군을 이끌고 돌아가는 것은 사실상 반란 행위입니다. 이성계 또한 이를 잘 알고 있습니다. 때문에 위화도 회군이 우발적인 결정인지 아니면 미리 계획되었는지는 논란이 있습니다. 하지만 회군 결정 후 경이적인 속도로 개경까지 진군하는 것을 보면 필자는 계획적이었을 것이라고 생각합니다. 원정군은

400킬로미터를 10일 만에 주파하여 6월 1일 개경에 도착합니다.

이성계는 최영을 제거해달라고 우왕에게 글을 보냅니다. 우왕은 어떻게든 이성계를 달래보려고 하지만 이성계는 거절합니다. 6월 3일 최영군과 이성계군의 전투가 시작됩니다. 하지만 고려의 주력이 모두 이성계에게 가있는 상황에서 최영 장군이 모을 수 있는 병력은 최대 8000명 정도였습니다. 게다가 상대는 최영도 인정한 고려 최고의 장군 이성계입니다. 최영은 70이 넘은 나이에도 불구하고 조민수의 부대를 패퇴시키는 등 끝까지 분전했지만 결국 고려 궁성이 함락되고 우왕과 최영은 붙잡히고 맙니다. 이성계는 최영에게 "이와 같은 사태는 내 본심이 아닙니다. 대의를 따라서 어쩔 수 없이 한 일일 뿐입니다. 잘 가십시오, 잘 가십시오"라는 변명같은 말을 했다고 합니다.

최영은 1388년 참수형에 처해집니다. 그는 유언으로 "만약 내가 평생 동안 한 번이라도 사사로운 욕심을 품었다면 내 무덤에 풀이 날 것이고, 그렇지 않다면 풀이 나지 않을 것이다"라는 말을 남겼다고 합니다. 실제로 최영의 묘에 풀이 나지 않아 그의 묘를 "적분赤墳(빨간 무덤)"이라 불렀다고 합니다. (최영의 무덤은 1976에 떼를 입혀서 지금은 파릇파릇합니다.)

이성계는 우왕을 폐위시키고 창왕을 앉혔다가 곧 공양왕으로 갈아치웁니다.

읽을거리

황금보기를 돌같이 하라는 말은 최영이 한 말이 아니라 최영 아버지가 한 말입니다. 아버지가 한 말을 최영이 평생의 좌우명으로 삼은 것입니다. 그리고 매우 검소하였다고 합니다. 손님이 오면 일부러 밥을 주지 않고 굶긴 후에 간단한 반찬과 밥을 내줬고, 배가 고픈 손님들이 맛있게 먹으면, 웃으면서 "시장이 반찬이고, 이것도 병법"이라고 말했다고 합니다.

사士는 원래 문무를 겸비한 사람을 말합니다. 정몽주는 사士의 의미에 딱 들어맞는 사람입니다. 공민왕 초기인 1360년 과거 시험에 장원으로 합격해 본격적으로 관직에 입문합니다.

1363년에는 여진족 토벌에 참여하여 전공을 세우고 1372년에는 사신으로 명나라에 다녀왔으며 1373년에는 일본 규슈에 사신으로 가서 왜구에게 끌려간 수백 명의 고려인들을 데리고 돌아옵니다.

1380년에는 이성계의 부장이 되어 황산대첩에서 전공을 세웁니다. 1389년 이성계가 우왕과 창왕을 신돈의 태생이라 주장하며 폐위시키고 공양왕을 옹립할 때 동참합니다. 하지만 이때 즈음 신진사대부들은 둘로 갈라지는데 정몽주를 중심으로 고려 개혁을 주장하는 온건 개혁파와 정도전을 중심으로 새로운 나라를 건설하자는 급진 혁명파로 나뉩니다.

1392년 이성계가 사냥 중 낙마했다는 소식을 듣고는 이성계 일파를 제거하려 했으나. 이성계가 큰 부상 없이 돌아오는 바람에 실패합니다. 이후 병문안을 핑계로 이성계의 집에 방문했다가 이방원과 술자리를 같이 합니다. 이성계의 아들 이방원은 〈하여가何如歌〉라는 시조를 읊으며 정몽주를 회유하려고 합니다.

이런들 어떠하리 저런들 어떠하리

만수산 드렁칡이 얽혀진들 어떠하리

우리도 이같이 얽혀져 백 년까지 누리리

하지만 정몽주는 〈단심가丹心歌〉로 회답합니다.

이 몸이 죽고 죽어 일백 번 고쳐죽어

백골이 진토 되어 넋이라도 있고 없고

임 향한 일편단심이야 가실 줄이 있으랴

이방원은 정몽주를 회유하기를 포기하고 살해합니다. 그가 돌아갈 때 조영규 등 너덧 명을 보내어 길에서 기다리게 합니다. 정몽주가 보이자 조영규가 달려가서 쳤으나 정몽주가 이를 피합니다. 정몽주는 조영규를 꾸짖고 말을 채찍질하여 달아나지만 조영규가 쫓아가 말머리를 쳐서 말을 넘어트립니다. 정몽주는 땅에 떨어졌다가 일어나서 달아나지만 결국 조영규 일당에게 살해당합니다. (정몽주가 선죽교에서 죽었다는 이야기는 기록에 없습니다.)

정몽주는 반역자로 낙인찍혀 그의 목은 시장바닥에 매달리게 됩니다. 이로써 온건 개혁파는 몰락했고 고려도 1392년 멸망합니다. 정몽주는 조선 건국에 반대했기 때문에 조선 초기에는 언급하는 것이 금지당했습니다.

그런데 정몽주를 때려잡은 이방원이 태종으로 즉위하자마자 정몽주를 영의정으로 추증하고 익양부원군으로 봉합니다. 아마도 양심의 가책을 느낀 것 같습니다. 세종 이후에 정몽주는 충성의 상징이 되어 《삼강행실도》에까지 실리게 됩니다. 세종대왕은 《고려사》를 편찬하면서 삼은三隱에 대해서 다음과 같이 평가합니다.

목은(牧隱) 이색은 학문은 뛰어나지만 절의를 지키지 못했고, 정치적 역량이 부족하고 관리로서의 재능이 낮다.

야은(冶隱) 길재는 절의를 굳게 지켰지만, 성격이 모난 사람이다.

포은(圃隱) 정몽주는 절의를 지켰고 관리로서 뛰어나며 인품이 순후하고 성실하다.

읽을거리

온건파 신진사대부들은 조선건국에 참여하지 않고 지방으로 낙향해 사림(士林)이라는 세력이 됩니다. 이들은 조선 성종 대에 다시 중앙으로 진출하여 급진파의 후신인 훈구파를 몰아내고 조선의 유일한 정치세력이 됩니다. 이들은 자신들의 뿌리를 정몽주에 두었기 때문에 조선 중기 이후 정몽주는 숭상의 대상이 됩니다.

한편 정몽주의 절친한 후배였다가 최악의 적이 된 정도전은 조선 건국의 공을 세워 무소불위의 권력을 휘둘렀지만 1398년 1차 왕자의 난에서 정적인 이방원에게 살해되면서 생을 마감합니다. 정도전은 조선 시대 내내 역적으로 매도되다가 조선 말인 고종 대에 복권됩니다.

✦ 시조 ✦

시조(時調)는 한국 고유의 정형시입니다. 정확한 등장 시기는 알 수 없으나 고려 말기 즈음에 정형화되었고 조선 시대에 널리 불려집니다. 평시조의 경우 3장(초장, 중장, 종장) 6구 4보격 12음보 총 45자 내외입니다.

> 冬至ㅅ돌 기나긴 밤을 한 허리를 버혀내여
> 春風 니불 아레 서리서리 너헛다가
> 어론 님 오신 날 밤이여든 구뷔구뷔 펴리라
> ─ 황진이 ─

조선 후기가 되면 시조가 사대부들 뿐아니라 중인이나 평민 등에게도 유행하게 되면서 장과 구가 늘어나는 사설시조가 나타납니다.

> 댁들에 동난지이 사오. 져 쟝수야, 네 황화 긔 무서시라 웨는다, 사쟈.
> 외골내육(外骨內肉), 양목(兩目)이 상천(上天), 전행후행(前行後行),
> 소(小)아리 팔족(八足) 대(大)아리 이족(二足) 청장(淸醬) ᄋ스슥 ᄒᄂ 동난지이사오.
> 쟝수야, 하 거복이 웨지 말고 게젓이라 ᄒ렴은.
> ─ 작자 미상 ─

《청구영언》,《해동가요》,《가곡원류》를 한국의 3대 시조집이라고 합니다.

1388년 위화도 회군으로 이성계는 고려의 모든 군사권을 완벽하게 장악합니다. 1392년 공양왕은 살기 위해 신하인 이성계에게 군신 동맹을 맺자는 제안을 합니다. 아마도 무신 정권 시절처럼 이성계가 정권을 잡고 자신은 명목상의 왕이라도 좋다는 생각이었을 것입니다. 하지만 일주일 후 왕대비 안씨의 이름으로 공양왕은 폐위됩니다. 공양왕은 사실 왕이 될 생각이 없었지만 억지로 된 사람이었습니다. 차라리 신라 경순왕처럼 왕위를 넘겼다면 어느정도 대접을 받았겠지만 그러지도 못했습니다.

1392년 8월 7일, 폐주 왕요는 '공양군恭讓君'으로 강등되었고, 오늘날 강원도 원주로 유배를 갑니다. 이후 오늘날 강원도 고성군인 간성군으로 유배지를 옮겼고, 1394년 3월 다시 오늘날 강원도 삼척으로 유배됩니다. 그해 4월 왕요는 왕세자였던 왕석과 함께 교살됩니다.

안대비 왕씨는 폐위와 즉위 전담이었습니다. 1388년 위화도 회군 때는 우왕 폐위, 창왕 즉위 교서를 선포했습니다. 1389년에는 창왕 폐위, 공양왕 즉위 교서를 선포했습니다. 1392년에는 공양왕 폐위, 이성계 즉위 교서를 선포하고 어보(왕실의 도장)를 이성계에게 넘겨줍니다. 이로써 고려는 멸망합니다.

이성계는 한동안 고려라는 국호를 사용하였고, 스스로를 고려의 국사를 임시로 맡아본다는 의미로 권지고려국사權知高麗國事라고 했습니다.

*이후 이야기는 다음 책에서 이어집니다.

교과서가 쉬워지는 이야기 한국사: 고대-고려

1판 1쇄 인쇄 2024년 3월 5일
1판 1쇄 발행 2024년 3월 10일

지은이 강태형
펴낸이 이윤규

펴낸곳 유아이북스
출판등록 2012년 4월 2일
주소 서울시 용산구 효창원로 64길 6
전화 (02) 704-2521
팩스 (02) 715-3536
이메일 uibooks@uibooks.co.kr

ISBN 979-11-6322-123-4 (43910)
값 18,000원